BIOGRAPHIE

DU

GÉNÉRAL BARON TESTOT-FERRY

VÉTÉRAN DES ARMÉES RÉPUBLICAINES ET IMPÉRIALES

ET

EXPOSÉ DES ÉVÉNEMENTS MILITAIRES

de 1792 à 1815

PAR MIGNARD

Rien dans les anciens temps ne ressemble à cela.

(JOMINI, *Vie polit. et milit. de Napoléon*,
t. IV, p. 616.)

~~~

PARIS

AUGUSTE AUBRY, LIBRAIRE

rue Dauphine, 16.

DIJON

LAMARCHE, LIBRAIRE

place Saint-Etienne.

1859

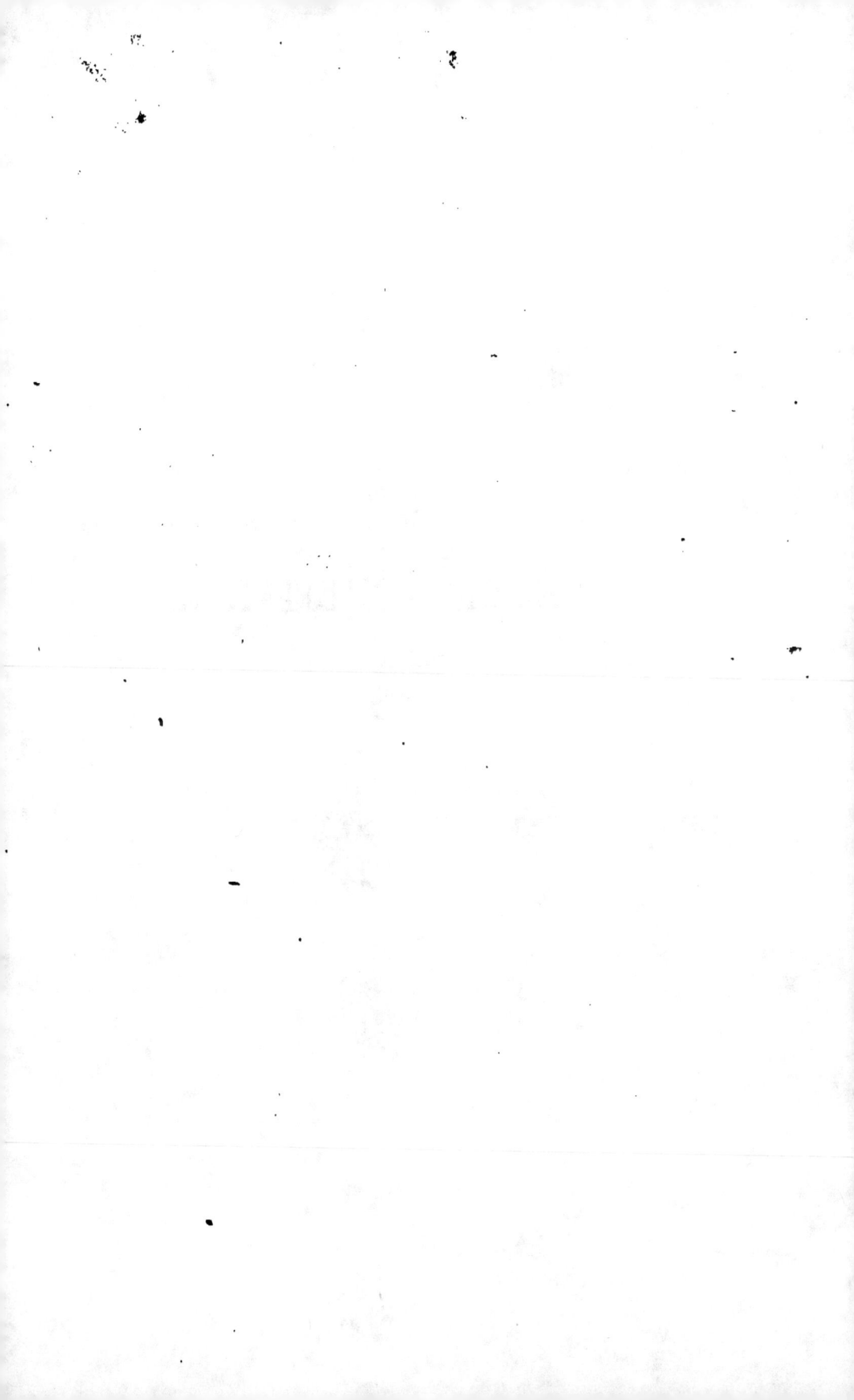

ÉVÉNEMENTS MILITAIRES

DE 1792 A 1815

BIOGRAPHIE

DU

GÉNÉRAL BARON TESTOT-FERRY

VÉTÉRAN DES ARMÉES RÉPUBLICAINES ET IMPÉRIALES

ET

EXPOSÉ DES ÉVÉNEMENTS MILITAIRES

de 1792 à 1815

PAR MIGNARD

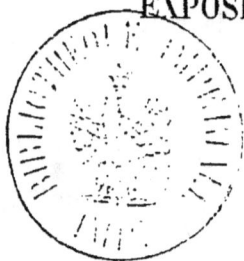

Rien dans les anciens temps ne ressemble à cela.
(JOMINI, *Vie polit. et milit. de Napoléon,*
t. IV, p. 616.)

PARIS

AUGUSTE AUBRY, LIBRAIRE

rue Dauphine, 16.

DIJON

LAMARCHE, LIBRAIRE

place Saint-Etienne.

1859

AVANT-PROPOS

Les lettres ne sauraient mieux s'ennoblir qu'en
célébrant tout ce qui est immortel.

(Paroles de l'Empereur dans JOMINI, t. III, p. 16
de la Vie polit. et milit. de Napoléon.)

J'avais d'abord l'intention d'écrire une biographie simple
et nue de mon héros; mais il m'a semblé, à mesure que j'é-
tudiais cette belle et noble figure, qu'en l'isolant du mouvement de sa grande époque je lui refusais pour ainsi dire les
éléments de sa propre vie. J'ai considéré comme plus logique
de la placer dans le cadre même des événements que de
les citer à son occasion. Rien n'aurait été ni plus décousu
ni plus fatigant pour le lecteur que l'emploi de cette dernière
méthode. Il n'y a point à s'effrayer du contraste des grands
commandements avec de plus humbles. En tenant mon personnage au deuxième ou troisième plan de mon esquisse, je
crois que tout s'enchaîne comme dans un tableau où le colo-
riste tempère les plus fortes teintes par des tons plus doux.
J'ai éprouvé plus d'une fois, dans les beaux sites des Alpes,
qu'un chêne d'une vigoureuse stature repose agréablement
la vue constamment frappée de l'aspect de ces pins magnifiques qui s'élancent vers les nues.

D'ailleurs, un des premiers motifs du plan que j'ai adopté
c'est que l'idée de mon exposé des événements militaires me
vient du général Ferry lui-même; car, à mesure que mes

entretiens avec lui devenaient plus fréquents, je me sentais le désir de les consigner par écrit pour ne les plus perdre de vue. Ce désir est devenu si vif après la mort du brave général, que je n'ai point tardé à mettre à exécution ce que j'avais conçu. Ce livre est donc à la fois le résultat de mes souvenirs provenant de mes conversations intimes avec le général et avec tous les anciens militaires que j'ai consultés, et celui de mes études dirigées avec conscience vers le double but que je me proposais.

En somme, je me suis appliqué à exposer, avec le plus de netteté et de concision et avec le moins de lacunes possible, une époque qui ressemble à une épopée, tant elle est féconde en événements extraordinaires.

J'aurais pu me laisser décourager lorsque le terrain a tout à coup manqué à mes études : en effet, je n'avais plus pour la campagne de France, à l'histoire de laquelle je voulais apporter le plus grand soin, je n'avais plus, dis-je, un guide précieux comme le sera M. Thiers, dont on attend avec une si juste impatience la suite de l'*Histoire du Consulat et de l'Empire*. Cependant j'ai trouvé d'excellents guides dans les ouvrages de Kock, du général de Vaudoncourt, et surtout de Jomini, écrivain net, concis, judicieux, portant au plus haut point l'esprit de stratégie, et jugeant Napoléon avec presque autant d'impartialité que si l'écrivain dont je parle faisait partie du tribunal des grands hommes devant lesquels il se plaît à faire comparaître son héros.

Lorsque Plutarque, il y a dix-huit cents ans environ, composait ses belles notices dans une petite ville de la Béotie (1), son pays natal, il ne se doutait pas qu'il élevait un monument impérissable dont tous les siècles lui sauront gré, parce que rien n'intéresse ni ne moralise mieux les hommes que le portrait exact et fidèle de ceux dont les vertus, les erreurs ou les vices ont eu de l'éclat dans le monde. Parmi nous, l'anti-

(1) Chéronée.

quité a rencontré d'heureux imitateurs dans tous les genres, excepté peut-être dans celui de Plutarque, écrivain sagace et honnête, qui scrute et présente toujours les faits et le caractère de ses personnages au profit des mœurs, de la sagesse et de la morale publique. Bien plus, il a mis en parallèle les hommes marquants des deux plus célèbres nationalités du monde, celle des Romains et celle des Grecs : aussi Plutarque offre-t-il, par ce rapprochement ingénieux, une mine d'instruction féconde, et fera-t-il éternellement les délices des esprits graves et sensés.

Voilà, mon cher lecteur, une façon de préambule un peu ambitieuse pour figurer en tête de la plus modeste des biographies contemporaines : toutefois, je hasarderai de dire, et c'est un devoir de conscience, que la vie tracée par moi dans ce livre est, malgré la faiblesse de l'esquisse, un modèle à suivre pour tous ceux qui embrassent la noble carrière des armes. Je leur recommande cette biographie pour le fond, dans toute la sincérité de mon âme, et avec la pensée qu'ils ne peuvent guère rencontrer de plus salutaires exemples.

Si cet humble monument, que ma profonde estime élève à un homme d'une vertu peu commune, n'était pas destiné à devenir une sorte de titre dans une famille aussi honorable que distinguée, j'aurais, je crois, dédié mon livre à l'armée française, tant il y a là de nobles cœurs disposés à s'enflammer au récit des grandes actions et au spectacle d'un beau caractère.

Je souhaite sincèrement que mon intention soit réputée pour le fait dans l'esprit des jeunes militaires entre les mains desquels ce livre pourra tomber. Toutefois, je ne suis pas le maître d'en étendre la publicité comme le comporterait pourtant la chose, et mon motif, c'est qu'il ne sied point qu'un pur hommage réservé à de rares vertus militaires et civiques puisse paraître le moins du monde une œuvre de librairie.

Je n'ai pas manqué une seule occasion de faire ressortir notre gloire nationale, surtout quand je la voyais éclater dans les rangs de nos braves militaires, comme le 10ᵉ chasseurs, le 12ᵉ hussards, le 13ᵉ cuirassiers, etc., etc.

Je me serais bien gardé de passer sous silence ma belle province de Bourgogne, où les illustrations militaires et celles des hommes d'Etat ne le cèdent pas plus aux illustrations artistiques, scientifiques ou littéraires qu'à celles de l'ancienne et nouvelle magistrature. C'est pourquoi diverses notices toutes neuves s'enchaînent dans mon livre au récit de l'histoire générale. Je suis heureux, j'aime à le dire, d'avoir trouvé dans plusieurs familles bourguignonnes, auxquelles je me suis fait un devoir de m'adresser, les sympathies les plus vives et la bienveillance la plus marquée. Que ces honorables familles me permettent de les en remercier et de leur exprimer le vœu qu'elles ne me trouvent point au-dessous de la tâche aussi noble que difficile inspirée à mon patriotisme par l'entraînement même de mon sujet.

BIOGRAPHIE

GÉNÉRAL BARON TESTOT-FERRY

VÉTÉRAN DES ARMÉES RÉPUBLICAINES ET IMPÉRIALES.

Nemo est omnino negligendus in quo
aliqua virtutis significatio appareat.
(Cicero, *de Officiis*.)

Jadis on conservait à Rome, dans le sanctuaire
du foyer domestique, les images de ceux qui
avaient illustré leurs noms soit à la guerre, soit
dans les magistratures civiles; et, pour donner
plus de pompe et d'éclat aux cérémonies funèbres
des personnages de premier rang, on y faisait con-
courir ces nobles effigies : c'était, à la fois, attester
un deuil profond et s'honorer devant un grand
peuple de la majesté des aïeux. Au temps de
la décadence de Rome, les familles au sein des-
quelles régnaient encore les traditions pures ne
profanaient point ces images vénérées en les faisant

servir d'escorte aux mânes d'un prince détesté. Les produire en pareille occurrence, c'était rendre plus méritoire la retenue de ceux qui osaient s'abstenir.

Les Cicéron, les Pline le Jeune, les Tacite et autres illustres écrivains ont célébré leurs parents ou leurs amis dans des pages immortelles. Alors, plus les familles s'empressaient de garder la mémoire de leurs nobles aïeux, plus il y avait d'émulation en faveur de la gloire et des vertus, au sein de la cité.

Dans notre belle France, non moins jalouse de gloire que l'antiquité, on ne porte pas dans les cérémonies publiques les effigies des grands hommes, et la multitude ne peut voir, eomme autrefois à Rome, les célébrités toujours ainsi vivantes et honorées du respect public. Il faut être, chez nous, d'un certain rang pour avoir droit à certaines effigies qui feront la torture des antiquaires à venir; car le blason et l'art héraldique, dont je suis loin pourtant de répudier la naïve éloquence, ne sont que lettre morte pour la plupart d'entre nous; en effet, ces signes mystérieux ne transmettent à l'esprit de la multitude rien des vertus et de la gloire dont l'auréole est concentrée ainsi au sein des familles. Quelle différence avec le retentissement et l'apparat des illustrations populaires de l'antiquité ! En revanche, on peut douter que Rome eut,

comme nous, ses essaims de biographes, généralement assez peu sévères sur le compte de leurs
favoris. D'ailleurs, en essayant de mettre en scène
ces derniers durant leur vie et avant la maturité
de leur renommée, on commet la gravité de l'histoire et l'historien hasarde son propre crédit. Ce qui
manque surtout aux biographes, c'est le soin de
s'attacher à la mémoire de certains hommes modestes par excès, et dont le plus grand nombre
emportent dans la tombe un nom glorieux à force
de vertus pour le dissimuler. Ainsi, par trop de retenue et de goût pour l'obscurité, peuvent se perdre,
au préjudice des familles et de tous, les souvenirs
des plus nobles existences et le parfum d'une vie
pure et exemplaire.

C'est là un genre de péril moral que les amis
du bien doivent prendre à tâche de conjurer. Je
n'ai, mon cher lecteur, pas d'autre pensée en ce
moment, et l'excellence du motif me servira d'excuse si je reste au-dessous de mon sujet. D'ailleurs,
l'homme remarquable dont je vais parler, oubliant
les distances de l'âge et de bien des sortes de mérite, avait daigné depuis plusieurs années me faire
le confident intime de ses pensées et de ses goûts
littéraires et scientifiques. L'amité des vieillards
d'une haute distinction est aussi douce et aussi aimable que la teinte suave et mélancolique des
derniers soleils d'automne : on trouve dans cette

amitié le calme, la sagesse et l'aménité ; et, comme
la raison, le recueillement de l'esprit et la noblesse
des sentiments président à ces derniers liens, la
mort ne parvient guère à les briser sans retour.
J'ai toujours été fier et heureux de l'affection, qui,
du père, s'est transmise aux enfants : la preuve la
plus flatteuse de cette amitié traditionnelle, est dans
la prière que l'aîné de cette digne famille a bien
voulu me faire de me charger du soin d'une mémoire si précieuse. Voici une sorte d'épigraphe
mise en tête des notes, dont MM. Gustave et Henri
Testot-Ferry m'ont confié le dépôt. Citons-la sans
l'atténuer, car elle est l'expression la plus pure
des nobles pensées émanant du cœur de ces deux
bons fils :

« La vie de notre père a été l'honneur même :
aussi est-ce un devoir pour ses enfants de ne laisser point tomber dans l'oubli sa mémoire, qui forme
la meilleure partie de notre héritage, et de conserver autant que possible le souvenir de ce qu'il
fut, comme un encouragement précieux pour nous-
mêmes et comme un noble exemple pour nos
enfants. »

Je prie le lecteur de ne pas oublier que, tout en
ménageant à mon gré le plan de ce discours, je
respecterai çà et là le texte net, précis et plein de
candeur qui, sous la dénomination de simples

notes, m'a été fourni par la famille. Celui auquel
ce texte est consacré s'y trouvera peint lui-même
par ses propres lettres et par les correspondances
de personnes d'un haut rang qui lui avaient voué
leur affection. Mon seul mérite dans ces quelques
pages sera de mêler aux accents d'une tendresse
éclairée la voix d'un ami sincère.

Le général baron Claude Testot-Ferry naquit
le 20 mai 1773, à Arnay-le-Duc, en Bourgogne,
d'une famille qui, d'ancienne date, a fourni de
sages et fermes magistrats, de dignes ecclésias-
tiques et plusieurs braves officiers de guerre, écrit
l'auteur des *Annales d'Arnay-le-Duc* (1).

Au nom de Testot fut joint celui de Ferry en
1698, par la dernière représentante d'une famille
noble originaire de Normandie, Mlle Catherine
Ferry (2), bisaïeule de notre général. Ce dernier,

---

(1) M. Lavirotte, 1837.

(2) Ainsi que l'établissent les papiers de famille et notamment
les contrats de mariage. Une pièce importante que possèdent
MM. Testot-Ferry fils est intitulée : *Généalogie de la noble
famille de MM. Ferry, enregistrée au Parlement de Paris en
1692.* Ce document fait remonter à l'année 1220 l'origine de
cette famille, dont le chef, y est-il exprimé, est le noble Gilles
Ferry, secrétaire d'Etat de Jean, roi de France. Les armoiries
de cette famille sont décrites dans l'*Armorial général de
France* et dans l'*Armorial de Bourgogne.* Elles sont d'azur à

à la mort de son grand oncle et parrain, Jean-
Claude Testot-Ferry, chevalier de Saint-Louis et
capitaine de grenadiers royaux, qui lui avait légué
les débris d'une fortune épuisée au service de l'Etat,
avait ajouté, suivant le vœu de ce grand-oncle, le
nom de Ferry au sien, addition qui fut confirmée
plus tard par une ordonnance royale du 17 janvier
1815 (2).

Cependant celui dont je trace ici le noble caractère n'avait pas besoin d'un nom tout fait, car il
allait conquérir ses titres sur tous les champs de
bataille de l'Europe. Dans des temps moins extraor-

---

la fasce d'or, accompagnée en chef de deux étoiles, et en pointe
d'un lion passant, le tout d'or.

Au nombre des ancêtres dont s'honore la famille Ferry, on
peut citer le président Chasseneuz, dont les Ferry descendent
par Anne Desplaces, sa petite-fille.

(2) Ce fut Louis XVIII qui délivra à Testot-Ferry les lettres-
patentes du titre de baron, que l'empereur Napoléon lui avait
conféré par un décret du 16 mars 1814, et qu'on n'avait pas
eu le temps de lui expédier, par suite des événements politiques. Le roi accorda au général les armoiries des Ferry, en
y ajoutant en chef une tête casquée accostée des deux étoiles
primitives, et une épée dans la dextre du lion, pour indiquer
que celui qu'on honorait ainsi avait tenu haut et ferme le
glaive des batailles, *more leonum*.

Les Ferry avaient pour devise : *In honore et virtute Ferri*.
Le général l'a bien glorifiée.

dinaires, il aurait acquis plus de gloire qu'il ne lui en eût fallu pour atteindre à la plus haute dignité militaire ; mais l'ardeur était vive et fiévreuse autour du chef ; les lauriers obstruaient de toutes parts sa marche, et, entre les rangs pressés des con-currents de la gloire, beaucoup d'audace amenait aussi beaucoup de fortune : en effet, pendant la guerre comme pendant la paix, les hommes les plus modestes, — on a honte de le dire, — sont les derniers récompensés (1). Quelques-uns de ceux-ci peut-être appartiendraient à Plutarque mieux en-core que leurs émules ! Le chêne le plus robuste, l'arbre le plus noble et le plus majestueux n'attire pas toujours l'attention du contemplateur qui pro-mène ses regards dans la forêt.

En 1789, un vaste mouvement secouait la so-ciété française sur ses bases, et faisait entendre des bruits lointains comme ceux qui, dans l'ordre phy-

---

(1) S'effacer sans cesse était en quelque sorte dans la nature de celui dont j'esquisse la noble vie ; nous en verrons de nom-breux témoignages : Les gens vertueux admiraient cette con-duite pure et désintéressée ; mais, au point de vue du monde, où faire son chemin à tout prix est l'adage reçu, le plus grand nombre pensaient : « Ferry est un preux, mais c'est une dupe. » Voilà, selon moi, un bel éloge, puisqu'il se trouve dans la bouche même de ceux qui auraient tout sacrifié à leur intérêt.

sique, précèdent les tremblements de terre. La
jeunesse surtout écoutait ces bruits avec une avide
anxiété, et se sentait poussée invinciblement vers
un ordre d'idées nouvelles. Testot-Ferry n'avait
alors que seize ans et faisait ses études de latin
comme un bon élève, docile, assidu, et obtenant
des succès. Cependant une impérieuse vocation
assiégeait son jeune cœur : il céda à cette impulsion secrète, quitta brusquement ses études
et entra au service du roi Louis XVI comme
simple volontaire. Il fit ses premières armes au
10ᵉ régiment de chasseurs à cheval, connu alors
sous le nom de chasseurs de Bretagne, et commandé par le marquis de Toulongeon, officier
savant et distingué. Ce noble et brave régiment,
fidèle à l'honneur pendant les plus mauvais jours,
pleurait son roi, gardait obstinément son étendard
royal brodé par la plus infortunée des reines, se
signalait à Valmy, à Mayence, toujours guidé par
des chefs intrépides, et, un peu plus tard, gra-
vissait les Alpes et descendait en Italie en chan-
tant la chanson de Roland ; puis sabrait l'ennemi
à ce cri de guerre : *Allume! allume!* Les généraux Rapp (1), de Champeaux (2), Leclerc d'Os-

(1) Défenseur de Dantzig, aide de camp de l'empereur Napoléon Iᵉʳ, et l'un des héros d'Austerlitz.
(2) Tué à la bataille de Marengo.

tein (1), Ordener (2), Auguste de Colbert (3),
sortirent de cette élite de braves (4).

Testot-Ferry commençait donc sa carrière sous
les auspices d'un des plus nobles exemples, celui
de la fidélité au malheur; aussi le verrons-nous,
à diverses époques de sa vie, pratiquer cette vertu
peu commune. Les temps sont mobiles et chan-
geants : la plus solide conquête que puisse faire un
prince heureux, c'est celle des amis qui sont restés jusqu'au bout fidèles à son prédécesseur.

---

(1) Un de nos meilleurs officiers de cavalerie. Il est mort
dans la campagne d'Egypte.

(2) Il commanda les grenadiers à cheval de la garde impériale.

(3) Il fut tué le 3 janvier à Pietros, en 1809, en Espagne.
« Impatient d'amener les troupes en ligne (dit M. Thiers,
Consulat et Empire, t. IX, p. 524), le général Colbert était
occupé à placer lui-même quelques compagnies de voltigeurs,
lorsqu'il reçut une balle au front et expira en exprimant de
touchants regrets non sur le sacrifice de sa vie, mais sur celui
des services qu'il aurait pu rendre encore dans la belle carrière qui se fermait prématurément devant lui. »

(4) Le 10ᵉ régiment de chasseurs, dit le maréchal Marmont
(t. Iᵉʳ liv. 2, p. 177 de ses Mémoires), était nombreux et en
bon état quand il renforça la cavalerie de l'armée d'Italie.
C'est le premier corps qui, dans cette campagne, se soit fait
une grande réputation. Son vieux colonel, Leclerc d'Ostein,
était l'un des plus braves soldats qu'ait eus la France; jamais
la réputation de ce régiment n'a subi d'altération.

Le jeune militaire retrouvait parmi ses compagnons d'armes les mêmes sentiments d'honneur, de courtoisie et de loyauté qu'il avait d'abord puisés dans sa famille : en voici une première preuve. Il se trouvait en congé pour quelques jours, en 1791, à Arnay-le-Duc, lorsque Mesdames de France, tantes du roi Louis XVI, y passèrent en se rendant en Italie (1). Les populations, mises en rumeur et excitées à l'occasion de ce voyage, se portaient en foule à la rencontre des princesses

---

(1) On lit ce qui suit dans une relation de ce voyage écrite en 1816 par le comte de Chastellux (Paris, 1816) :

Mmes Victoire et Adélaïde, filles de Louis XV et tantes de Louis XVI et de Louis XVIII, s'étaient décidées à quitter la France dès l'instant où il ne leur était plus permis d'y pratiquer la religion dans sa pureté; elles prirent la résolution d'aller passer à Rome un temps malheureux. Sans s'effrayer des menaces de la malveillance, Mesdames entreprirent ce voyage au mois de février 1791; il y eut des rassemblements sur toute leur route. L'arrestation de Mesdames à Arnay-le-Duc fut sérieuse; elle dura onze jours, que ces princesses passèrent dans la maison du curé, où toute leur suite était entassée dans un espace très resserré. Des détachements de garde nationale venaient de toutes parts pour les insulter bien plus que pour leur servir de garde. Le comte de Narbonne, chevalier d'honneur de Mme Adélaïde, fut obligé de retourner à Paris afin d'obtenir de l'Assemblée nationale de nouveaux passeports. Les Dames de France arrivèrent dans la semaine sainte à Rome.

pour protester contre ce qu'on appelait leur émigration. Les nobles dames, obligées de s'arrêter à Arnay, furent conduites à la cure par une foule ardente et hostile. Indigné du traitement qu'on leur faisait subir, le jeune Ferry, revêtu de son uniforme, monta sur un petit mur et les salua ostensiblement de la manière la plus respectueuse et la plus sympathique. Cet acte de courage fut admiré de la foule, et les dames de France ayant témoigné le désir de parler au jeune soldat, il se rendit avec empressement auprès d'elles, et sur la proposition qu'elles lui firent de les accompagner, il leur répondit qu'il aurait l'honneur de les suivre partout où elles le désireraient ; cependant MM. de Narbonne et de Damas, qui accompagnaient les princesses, les ayant dissuadées de ce projet, Testot-Ferry prit congé des deux infortunées filles de Louis XV, après avoir été comblé de leurs démonstrations d'intérêt.

Deux ans après, en 1793, au moment le plus orageux de la tourmente politique, le jeune militaire, alors âgé de vingt ans, et qui faisait partie de l'armée du Rhin, reçut l'ordre d'escorter, à la tête d'un détachement de chasseurs, les prisonniers que Saint-Just envoyait à Paris pour y être jugés par le tribunal révolutionnaire. Le convoi se composait de personnes de tout sexe, de tout rang et de tout âge. Quand Testot-Ferry sut pour quel genre

de service on l'employait, il fut affecté d'une dou-
loureuse impression, et, sans calculer les suites de
son généreux mouvement : « Chasseurs, s'écria-
« t-il, nous ne sommes ni des bourreaux, ni des
« valets de bourreaux, et nous n'avons d'autres
« prisonniers à conduire que nos prisonniers de
« guerre; en arrière donc, demi-tour. » On n'osa
punir ce fait, car le régiment s'associa tout entier
à cette chaleureuse protestation.

Après la campagne d'Italie, le même régiment
étant dans une ville du Midi (1), le parti le plus
exalté de cette ville provoqua contre les militaires un conflit à la suite duquel plusieurs d'entre
eux perdirent la vie. Testot-Ferry, attiré par le
bruit de cette sanglante querelle, se sent hors de
lui-même à la vue des cadavres de ses camarades.
Il groupe tous les soldats qu'il rencontre, fait sonner la générale, et se précipite à la tête d'une
poignée d'hommes sur le rassemblement révolutionnaire et le dissipe. Le colonel Leclerc d'Ostein couvrit son jeune compagnon d'armes de
sa responsabilité, et eut avec le représentant du
peuple une altercation des plus violentes. On fit
immédiatement partir le régiment, qui voyagea
pendant tout l'hiver dans les Cévennes.

---

(1) Aix ou Nîmes.

Testot-Ferry était attaché aux principes monar-
chiques, dans lesquels il avait été élevé; mais,
étranger à tout esprit d'intrigue, il n'eut jamais
d'intelligences avec l'armée de Condé; toutefois,
il était plein de respect et de vénération pour ces
Français exilés qui s'exposaient à tous les sacrifices par un chevaleresque dévouement à leur roi
et à leurs opinions traditionnelles. La plupart des
corps militaires, et notamment le 10ᵉ de chasseurs, comptaient un grand nombre d'officiers dans
les rangs de cette armée. Sans trahir aucunement
leurs devoirs, les anciens compagnons d'armes
des deux camps saisissaient toutes les occasions
de se rendre service. Testot-Ferry mettait un véritable zèle à donner à ses anciens chefs des preuves
de sa sympathie : il se chargeait volontiers de leurs
correspondances et de leurs commissions; souvent
même il en faisait rentrer quelques-uns en France
où leur en facilitait les moyens. Une lettre que lui
écrivait un de ces officiers supérieurs de l'armée
de Condé, M. le vicomte Dubouzet, lieutenant
général, ancien lieutenant-colonel des chasseurs
de Bretagne, donnera une idée de ces rapports
d'affection et du genre de bons offices rendus par
ces braves chasseurs de Bretagne aux derniers
soutiens de la cause monarchique.

« Je ne puis vous exprimer, mon cher Ferry,

combien je suis reconnaissant du plaisir que vous m'avez procuré, en me faisant passer le paquet qu'on vous avait adressé pour moi, sous le nom de François Andermatt. Vu que cela vous a peut-être bien intrigué, j'ai eu tort de ne pas vous avoir prévenu que vous recevriez pour moi des lettres sous ce nom. Avec un enfant que je chéris comme vous, je n'ai rien de caché; quand bien même vous auriez lu les deux lettres que vous m'avez fait passer, je n'en serais nullement fâché, attendu que si vous l'aviez fait, ce serait dans le sein de l'amitié que je chercherais à trouver les consolations qui sont si nécessaires à mon cœur! et je suis bien assuré d'avance que mon cher Testot-Ferry partagerait mes peines avec autant de sensibilité que si elles lui étaient personnelles. Comptant toujours sur cette amitié que vous m'avez renouvelée, je vous envoie le paquet ci-joint, que je vous prie de faire parvenir à sa destination par la voie la plus sûre.

« Je suis bien contrarié de ce que nous ne puissions pas nous voir; cet état de privation est bien pénible pour moi, car je me faisais une fête, avec tous les anciens officiers du corps qui sont ici, de me retrouver au milieu de vous tous et de vous renouveler les sentiments de notre tendre et sincère attachement. Veuillez, je vous prie, me rappeler au souvenir de tous mes anciens enfants :

J'y comprends M. de Saint-Léger. Veuillez lui dire
que je suis bien fâché que nous ne puissions pas
nous voir. MM. les Autrichiens ne prennent point
par là le moyen de me faire la cour; mais vous
savez tout aussi bien que moi qu'il faut vouloir ce
qu'on ne peut empêcher.

« Recevez, mon cher Testot-Ferry, les assu-
rances de mon sincère attachement, et soyez bien
certain que tant que je vivrai il sera aussi sincère
que vrai. Mes compliments à MM. de Foussay,
Jacquin et Blantiot. »

Cette lettre portait pour suscription : *De Mar-
kesleim, à M. de Testot-Ferry, officier au 10ᵉ
régiment de chasseurs à cheval, aux avant-postes
de l'armée française, en avant de Munich.*

Testot-Ferry aimait à se rappeler qu'il avait fait
rentrer plusieurs exilés en France, et notamment
un M. Viole, Dijonnais, qu'il garda pendant plus
de six semaines dans ses cantonnements, et avec lequel il aimait à s'occuper d'études mathématiques.
Il croyait accomplir un devoir en rendant à sa
patrie des citoyens honorables qui pouvaient un
jour la servir utilement.

La vocation du jeune militaire ne se démentit
point : son entrée au service avait été un acte ré-
fléchi, dont l'accomplissement s'était fait sans marques bruyantes, malgré l'effervescence de ses seize

ans. A cet âge même, le noble jeune homme avait
un maintien réservé; il promettait de bonne heure
tout ce qu'il a tenu, mais toujours en doutant trop
de lui-même : car, sans ses états de services, sans
les lettres de ses chefs, sans sa correspondance
avec d'anciens compagnons d'armes, nous ne
saurions rien de ce qui le recommande à tant de
titres à notre estime et à notre admiration. Il ne
parlait jamais de lui; la modestie tenait sa langue
captive jusque dans ses meilleurs épanchements
de verve et de gaieté. Si même on voulait l'arrêter tout court, dans quelques heureux moments
de liberté de cœur ou d'esprit, il suffisait de parler
de ses faits d'armes : il éprouvait instantanément
alors une contrainte visible, et il ne songeait plus
qu'à s'esquiver. Cela ne lui était pas toujours
commode; mais la froideur dont il payait l'indis-
cret ami arrêtait toujours ce dernier aux premiers
mots. Ses enfants s'imposaient à cet égard la plus
grande retenue, afin de ne pas déplaire à cet
homme d'une simplicité antique. Avec quelle avi-
dité ils écoutaient les récits de ses compagnons
d'armes et recherchaient toutes les occasions de se
composer pièce à pièce l'histoire de leur père!
avec quel plaisir je coordonne en ce moment ces
bribes précieuses recueillies par ces pieux enfants!
La correspondance de leur père le trahira du
moins après sa mort, et j'en veux profiter pour le

faire connaître. Il ne s'attendait pas qu'un jour nous le peindrions par lui-même et par les confidences de ses propres amis.

Dans une lettre qu'il écrivait, le 27 août 1790, à M. Lavirotte (1), son premier confident et son meilleur ami, il s'exprimait de la sorte, en le félicitant de sa promotion au grade d'officier d'artillerie : « Te voilà donc militaire! cette pensée seule me fait partager tout le plaisir que tu as dû ressentir en recevant ton brevet. Je ne désespère pas que bientôt nous ne soyons réunis dans un même camp. Que de mouvements se passent dans mon

---

(1) M. Lavirotte, d'Arnay, était le condisciple et le camarade d'enfance du jeune Testot; tous les deux ont passé leur jeunesse dans les camps, et ont fait les campagnes de la République à travers mille vicissitudes. M. Lavirotte était aide de camp du maréchal Brune; mais il quitta l'épée pour prendre des fonctions civiles et devenir inspecteur des finances. A partir de là, les évènements et leurs positions respectives ne permirent plus que rarement aux deux amis de se rencontrer; mais ils ne se perdirent jamais de vue, et se donnèrent des preuves multipliées de la plus franche confraternité. Notre général, lorsqu'il résumait ses souvenirs, ne manquait point de parler de son ami comme on parle d'un homme connu parmi les plus aimables et les plus spirituels de son temps. L'amour des lettres, dont M. Lavirotte fournit depuis longtemps par son érudition les témoignages les plus recommandables, était un lien de plus entre lui et le général, qui a toujours su charmer ses loisirs par l'étude.

âme à cette seule idée !... Je ne puis m'empêcher de désirer la guerre, quoique ce vœu soit contraire à l'amour de l'humanité ! Oh ! si tu savais combien *le militaire* m'est cher ! non, je n'étais pas né pour un autre état. Je t'écris dans un moment d'effusion; pardonne au peu de suite qui se trouve dans ma lettre... L'honneur et l'émulation seront mes seuls guides dans la nouvelle carrière que je viens d'embrasser, et jamais une passion avilissante ne ternira en moi l'amour de la gloire, que tout militaire doit avoir en vue. Adieu; je te salue en qualité de frère d'armes, et je t'embrasse de tout mon cœur. »

Le jeune Testot n'avait alors que seize ans et demi, et déjà toute la vigueur de la vertu qu'il a pratiquée pendant sa vie brillait dans l'épanouissement de ses premières pensées.

Le 23 mai 1793, il écrivait de Fénétrange (Meurthe) à son ami Lavirotte : « L'ordre de partir, que l'on vient de recevoir, me satisfait infiniment; je commençais à m'ennuyer cruellement dans ce pays; j'espère que sous peu je serai récréé par l'aspect des Prussiens, avec lesquels j'irai recommencer à escarmoucher.

« Nous allons d'ici à Hombourg-la-Forteresse, pour, de là, continuer plus loin. Je souhaite que ce soit afin de rejoindre Custine ou Dumouriez.

« Si tu dois partir, je serai satisfait de te voir ici... Nous serions compagnons de bonheur et de malheur ; nous nous aiderions à supporter les obstacles, les fatigues, la misère, toujours inévitables à la guerre ; à ne jamais imiter les murmures quelquefois trop communs, mais qui ne conviennent pas à de vrais soldats, lesquels doivent avoir pour devise : *Patience et persévérance.* »

Il lui mandait de Niderochstatt, entre Spire et Germescheim, le 17 prairial, deuxième année républicaine (5 juin 1794) : « Je n'ai point répondu à deux lettres que j'ai reçues de toi : cela provient des maux que nous avons éprouvés dans la campagne terrible que nous avons faite, et qui, en absorbant momentanément une partie de mes forces physiques, a produit les mêmes effets sur mes facultés morales.

« La constance dans les maux fait que l'on s'habitue à les supporter ; mais souvent, malgré mes réflexions et une attention continuelle à me vaincre, je ne pouvais éloigner de moi un engourdissement fatal dans lequel je ne suis que trop tombé. Une éducation molle a contribué à me rendre dur et pénible le changement du bien-être au mal-être : mais, honteux de succomber tant de fois, je pris, un beau jour, la résolution de rassembler ce qui me restait de forces, et je livrai un dernier combat dont je sortis vainqueur. Depuis ce temps, je suis régénéré, ma santé a repris une nouvelle vigueur, mes forces ont triplé, mon esprit est sorti de cette stupeur à laquelle je ne pense pas sans effroi, et je vais chercher à en réparer tous les torts... »

Il lui écrivait de Laubenheim, près Mayence, le 14 brumaire an III (4 novembre 1794) :

« Mon ami, tes lettres m'encouragent à sortir d'un silence que rien n'excuse près de ma famille et de toi-même. La honte d'un retard aussi coupable m'a empêché de répondre aux lettres qui m'ont été écrites. Quelques prétextes motivés sur les circonstances m'auraient blanchi auprès des miens et de toi; mais alors la politique s'en fût mêlée, et l'ami n'aurait pas existé. La vérité seule s'accorde avec l'amitié; il faut que nous ayons le courage de nous la dire : elle resserra nos liens, elle nous rendra purs, elle nous rendra vertueux, et notre union fondée sur ces points capitaux deviendra inaltérable.

« J'existe depuis trois ans au milieu du carnage; une guerre à mort est la seule que nous fassions : l'antiquité n'offre rien d'aussi terrible. Nous n'avons d'autre tactique que l'audace et la valeur; cette tactique des Français a franchi des obstacles que nul peuple ne surmonterait.

« Il est peu de militaires au corps qui, depuis le commencement de la guerre, n'aient éprouvé des maladies sérieuses; moi, par un contraste bien différent, je n'ai fait qu'affermir ma santé. Ma constitution peut être plus robuste que celle d'un autre ; mais je n'ai jamais fréquenté les cafés, ni les femmes ; j'ai éprouvé la misère jusqu'où elle pouvait s'étendre ; j'ai essuyé, comme les autres, les dangers, les fatigues : rien n'a altéré ma santé. Est-ce le fruit d'une sage conduite ? ne doit-on l'attribuer qu'à un bon tempérament ? Est-ce la patience dans les maux, la tempérance, la subordination, ou l'habitude de toutes ces choses, qui m'ont acquis ce bien précieux, la santé ? Mais aussi, en la conservant, j'ai peut-être contracté de nouveaux défauts ; on me reproche d'être devenu peu sociable ; peut-être croit-on que j'ai de la dureté ? on se trompe. Je n'ai sans doute pas toutes ces qualités aimables qui font briller celui qui les possède et portent ses camarades à l'aimer ; cependant, mon ami, j'ai de la sensibilité, je rendrai service à qui en aura besoin toutes les fois que cela dépendra de moi : voilà ce à quoi j'aspire. Depuis trois ans, j'ai échappé aux hasards d'une guerre sanglante, j'ai payé de ma personne comme tous les autres ; mais jamais je n'ai cherché à faire le fanfaron : j'ai toujours fui ceux qui se vantaient beaucoup, je n'ai jamais sympathisé avec ceux-là... Mon ami, rester à mon poste et ne l'abandonner qu'au dernier soupir, observer mes devoirs de mon mieux, éloigner de moi toute idée d'ambition : voilà quels sont les principes que je me suis tracés, et dont je ne veux pas m'écarter. »

Dirait-on, en lisant ces lettres empreintes d'une mâle énergie et respirant l'honnêteté, le dédain des plaisirs et le noble instinct des plus hautes vertus guerrières, dirait-on qu'elles émanent d'un jeune sous-officier à peine âgé de vingt-trois ans? On les croirait bien plutôt nées de la plume d'un vieil officier supérieur qui aurait blanchi sous le harnais, et qui aurait donné, entre les loisirs des batailles, toutes ses sympathies aux discours politiques et militaires du seigneur de La Noue. Qui sait si notre grave jeune homme ne commençait pas, dès ce moment, la série des lectures profondes auxquelles je l'ai vu se livrer dans sa studieuse retraite de Châtillon-sur-Seine? Il ne pouvait souffrir les romans, et comme il était la courtoisie et la sincérité même, il a dû aimer de bonne heure un livre où tout un chapitre est destiné à attester que la lecture d'*Amadis* n'est pas moins pernicieuse aux jeunes gens que celle de Machiavel ne l'est aux personnes d'un âge mûr (1). Le général affectionnait particulièrement mon édition, de cet auteur, d'un format portatif, et me l'avait empruntée pour

_____

(1) Voir de La Noue, édition de 1590, p. 180, 6e discours.

en faire son *vade mecum* dans ses longues promenades contemplatives. Ce petit volume m'est devenu bien précieux depuis lors. Le général m'a souvent dit, dans nos longues causeries, que la grande
régénération sociale de 1789 avait toujours agi
puissamment sur son âme, et qu'il était demeuré
toute sa vie attaché aux principes d'une sage liberté.
C'était, disait-il, ce mouvement généreux qui, animant tous les hommes de cœur, conduisait le génie
même de Napoléon, et le portait à de si grandes
conceptions au profit de la France.

Nous pouvons suivre le jeune guerrier dans sa
noble carrière par les dates de sa correspondance :
d'ailleurs, ses lettres nous apprennent beaucoup
de détails curieux, soit sur les mœurs et l'esprit de
l'époque, soit sur les évènements mêmes.

L'Autriche et la Prusse s'étaient coalisées contre
la France, et avaient envahi la Flandre et le nord
de la Champagne ; mais ce premier succès n'avait
pas été de longue durée, et c'était le tour de
l'étranger d'être envahi sur plusieurs points et
particulièrement sur le Palatinat, la Savoie et le
comté de Nice. Ces évènements se passaient en
octobre et novembre de l'année 1792. Biron cam-
pait alors le long du Rhin à quelque distance de
Spire, et il devait garder ce poste important
depuis Bâle jusqu'à Landau. Kellermann avait
cantonné autour de Metz ses troupes appelées

l'armée du centre. On le trouva trop prudent et
on le remplaça par Beurnonville. Cependant le
général Custine, plus téméraire, et pensant réjouir
la France et plaire à la Convention nationale par
des conquêtes, prétendait s'emparer de *Manheim*,
au lieu de songer à s'unir à l'armée du Rhin afin
d'écraser les Prussiens. Il croyait, par son plan,
imposer à l'Allemagne; mais il s'exposait bien
imprudemment à être coupé par les Prussiens,
qui remontaient la rive droite du Rhin : aussi,
s'écrie judicieusement M. Thiers (1) : « La France
était tout étonnée de conquérir, quelques jours
après avoir craint d'être conquise. »

La lettre qu'on va lire (2) est une rapide digression sur ce qui se passait alors dans les armées
du Rhin et de la Moselle :

« Mon cher ami, il m'a été impossible de
t'écrire : comme nous composions l'avant-garde,
et que nous étions continuellement en présence
de l'ennemi, c'était une chose impraticable pour
moi d'envoyer ou d'aller au grand quartier général, où est le bureau. Le mauvais temps que

(1) *Révolution française*, t. III.
(2) Ecrite le 11 janvier 1793 par Testot-Ferry à M. Lavirotte.

nous avons toujours eu dans cette campagne nous
a réduits tous, ainsi que nos nippes, en bien mauvais état : nous étions plus malheureux que l'infanterie, n'ayant jamais ni tentes ni paille, sans
autre logement qu'un bois ou le milieu d'un
champ ; quelquefois chassés par l'ennemi, mais
plus souvent encore chassant cet ennemi, qui est
au-dessous des Français pour le courage. Ils redoutaient et évitaient notre rencontre. La seule
charge de cavalerie qu'ils aient acceptée dans le
Palatinat a eu lieu entre *Spire* et *Landau*. Elle
s'est faite sous nos yeux, sans qu'il nous ait été
possible d'y prendre part, à cause d'un marais
impraticable qui nous séparait du premier régiment de dragons, lequel s'est distingué dans cette
journée en chargeant, à trois différentes reprises,
un corps d'Autrichiens plus nombreux qu'eux du
double. Ces cavaliers autrichiens se sont laissé
battre, malgré les chaînettes et les cuirasses dont
ils étaient couverts. Le général *Custine* était en
personne à la tête de nos dragons.

« Dans les environs de *Verdun*, notre régiment
seul a chassé les hussards hessois et prussiens
réunis. Nous nous sommes emparés, malgré leur
nombre et leur infanterie légère, qui faisait sur
nous un feu continu, des hauteurs dominant la
ville ; il ne nous a jamais été possible de les joindre
à l'arme blanche. A *Nouillanpon*, nous avons

pris aux hussards prussiens de l'arrière-garde de l'armée ennemie, qui alors battait en retraite, chevaux, bagages et hommes. Ils redoutaient tellement les régiments de chasseurs, courant sans cesse à leurs trousses, que dans leur retraite ils ont avoué que les *têtes de chats* leur faisaient peur. Ils nous nomment ainsi, à cause de nos coiffures faites en forme de casques sur lesquels il y a une queue de renard (1). Je me faisais une tout autre idée de ces soldats prussiens : je les croyais plus braves et plus courageux; mais quels sentiments peut-on espérer d'hommes qu'une discipline avilissante fait agir, vrais pillards et dévastateurs d'un pays riche autrefois, et n'offrant plus que le triste spectacle d'une contrée ravagée par le fer destructeur de soldats féroces et inhumains? A *Nouillanpon* et à *Spincourt* (Meuse), où nous avons atteint leur arrière-garde, une foule d'habitants de ces deux villages et d'autres pays circonvoisins venaient, à demi-dépouillés et en nous

---

(1) La république n'avait pas le moyen de s'occuper du luxe des uniformes : les peaux de chats remplaçaient l'hermine, à cette époque, dans l'armée du Rhin ; les soldats étaient mal chaussés, presque nus et sans solde ; mais ils n'ont jamais murmuré contre les privations : c'était assez que la victoire les accompagnât toujours. Ils suppléaient au manque de chaussures en s'enveloppant les pieds avec du foin.

montrant les marques des coups qu'ils avaient reçus, se réfugier dans nos rangs. Ils nous appelaient leurs libérateurs, et nous suppliaient de garantir du feu leurs enfants et leurs maisons dévastées. Ce spectacle était poignant : aussi fit-il sur nous un effet prodigieux. Deux cents hommes d'infanterie, deux pièces de canon et deux de nos escadrons donnèrent la chasse à dix mille de ces brigands, qui nous croyaient en plus grand nombre. Nous fûmes assez heureux pour rattraper ce que ces pauvres gens avaient perdu et pour les en remettre en possession. »

Cependant la coalition grossissait ses forces, et à mesure que la patrie était menacée, l'enthousiasme s'accroissait en France. En voici un exemple frappant : A la fin de 1793, trois cents séminaristes ayant été chassés de leur séminaire, prirent la résolution de se rendre à l'armée du Rhin, et demandèrent à prendre rang parmi les chasseurs de Bretagne, ou 10e de chasseurs, qui était le régiment de Testot-Ferry. Leur demande ayant été accueillie, ils se dépouillèrent de leurs habits, qu'on brûla au lieu du campement, et ils prirent de suite l'uniforme du corps. Ces jeunes lévites élevés dans le temple n'avaient fait que changer la nature de leur dévouement, car ils devinrent tous, sans exception, des soldats accomplis, et ils

conservèrent intactes les traditions de vertu et
d'abnégation qu'ils avaient reçues dans leur no-
viciat religieux. Plusieurs d'entre eux parvinrent
à des grades élevés. Testot-Ferry les admirait et a
toujours parlé avec enthousiasme de ces saintes
recrues faites par son immortel régiment.

C'est à l'armée du Rhin que notre jeune militaire conquérait ses premiers grades, par son
intelligence et sa belle conduite. Il en rend compte
à son ami Lavirotte avec une rare modestie (1),
dans les termes suivants :

« Je suis flatté sans doute d'être parvenu au
grade que j'occupe, la confiance m'y a élevé : on
a cru me rendre justice et me récompenser, je
ne sais si j'ai bien mérité cette bonne opinion
que l'on a de moi; mais, dans le temps où nous
sommes, il faut être vraiment courageux pour
accepter un emploi quelconque : l'expérience m'a
déjà démontré que ceux qui n'ont qu'à obéir sont
les plus heureux.

« Une forte canonnade s'est fait entendre pendant trois jours dans les gorges sur notre gauche,
où l'ennemi s'est porté en forces : nous en igno-

---

(1) Lettre datée de Neuhoffen le 5 vendémiaire an III
(26 septembre 1794).

rons encore le vrai résultat; il paraît cependant que tout s'est terminé à notre avantage, le dessein de nos adversaires étant de nous faire abandonner toute cette partie du Palatinat que nous occupons. Ce qui prouve qu'ils n'ont pas réussi, c'est que nous sommes encore dans toutes nos positions devant *Manheim*, que nous n'aurions pas manqué de quitter promptement pour peu que notre gauche eût été repoussée. Ils ont tellement dégarni leurs lignes, que nous allons impunément jusqu'aux barrières de cette place, forte par sa position au milieu du Rhin, mais qui, selon les apparences, n'est défendue dans ce moment que par une faible garnison, etc. »

En 1794, nos armes avaient non-seulement résisté à la coalition, mais triomphé en plusieurs rencontres, et enfin opéré des prodiges. Jourdan, après avoir été victorieux sur la *Roër*, s'était établi en maître sur la rive gauche du Rhin, et, dès ce moment, la Belgique et la Hollande s'ouvraient devant nous. Aussi nos soldats, quoique sans vêtements par un hiver rigoureux, et marchant avec des souliers auxquels il ne restait que l'empeigne (1), allaient chercher l'abondance à

---

(1) Expression de M. Thiers dans son *Histoire de la Révolution française*, t. VII, p. 183.

Amsterdam et dans les plus riches capitales de la Hollande. Nos hussards et nos artilleurs, faisant toutes leurs évolutions de guerre sur la glace, entouraient les flottes du *Zuyderzée* devenues immobiles comme des places fortes, et les sommaient de se rendre. Carnot, du fond de son cabinet, avait pour ainsi dire soupçonné ce résultat inattendu : Jourdan et Pichegru en recueillaient la gloire par une participation active, gloire que ce dernier allait ternir en abandonnant le drapeau de la France : toutefois, cette conquête de la Hollande était, à vrai dire, un de ces coups de main défiant tout calcul et où l'intrépidité du soldat fait principalement la réussite. D'ailleurs nos troupes, au lieu de s'apitoyer sur leur misère, ne voyaient de changement possible dans leur situation que par la victoire. Ces progrès de nos armes se ralentirent bientôt à l'armée du Rhin, à cause de l'indécision calculée et criminelle de Pichegru, et Jourdan fut obligé de se retirer de la forte position qu'il avait prise sur la ligne du Rhin.

Testot-Ferry faisait alors son apprentissage militaire sous les chefs les plus éprouvés, et notamment sous les colonels de Champeaux et Leclerc d'Ostein (1). Le colonel de Champeaux était d'une

---

(1) Le premier fut tué à Marengo, à la tête d'une brigade

habileté sans égale dans les exercices équestres :
il aimait à se précipiter dans les rangs les plus
serrés de l'ennemi, lequel résistait difficilement à
l'impétuosité de cette attaque, à la vigueur des
coups et au sang-froid d'un si audacieux adversaire.
Il avait formé ses officiers et beaucoup de ses
hommes aux exercices du combat individuel,
et il avait rendu par là le 10e chasseurs un des
plus redoutables régiments de l'armée. Testot-
Ferry était un de ses constants émules et parte-
naires : aussi s'attachait-il à ses pas, et on les vit
tous deux faire constamment face à l'ennemi
pendant la retraite du Palatinat. Le colonel de
Champeaux se tenait toujours à l'arrière-garde ;
il manœuvrait en se retirant par échelons près du
dernier escadron, et si rapproché de l'ennemi qu'il
en était souvent entouré : alors il continuait le
commandement d'une voix qui dominait le bruit
du combat ; puis, quand il était sûr qu'on exécutait ses ordres, il se précipitait sur ses nombreux
adversaires, les refoulait par l'élan de son cheval,

---

de cavalerie. Testot-Ferry ne parlait jamais sans un sentiment
profond de vénération de Leclerc d'Ostein, qui fut l'un des
successeurs du colonel de Champeaux, et il le désignait comme
le plus patient, le plus zélé, le plus chevaleresque de ses colonels, et comme le modèle le plus accompli des chefs de corps.

les taillait en pièces, puis reprenait avec le plus
admirable sang-froid le commandement de sa manœuvre favorite.

Pendant l'hiver de 1795, le régiment de Testot-
Ferry était cantonné dans les gorges du Piémont,
où il se trouvait en proie à toutes les privations
et surtout aux souffrances de la faim. Les hommes
étaient rationnés à dix-sept chataignes par jour;
beaucoup se nourrissaient d'écorces d'arbre ou
d'herbes prises sous la neige, et qu'ils faisaient
bouillir. Un grand nombre de soldats succom-
baient : Testot-Ferry, aussi courageux que robuste, supporta tout, non sans beaucoup souffrir,
mais sans que sa santé en fût altérée. Depuis lors
il prétendit plier son corps à ce genre d'épreuves
comme on le façonne aux exercices ordinaires,
et il se privait dans l'abondance, afin d'être insen-
sible aux privations continuelles engendrées par
la guerre (1). Le soldat français est admirable,

---

(1) Il demeurait quelquefois volontairement quarante-huit
heures sans manger, et revenait modérément ensuite à ses
repas habituels. Il bravait toutes les intempéries; il s'était
rendu apte à supporter des fatigues extraordinaires : aussi,
dans cette même année 1795, il fit en moins de trois jours
soixante lieues à pied, pour venir de Chambéry à Arnay-le-
Duc. En Dalmatie, il était constamment en haleine et fatiguait
les Albanais à la course. En 1814, dans la campagne de France,

parce qu'il a toutes sortes d'héroïsmes : il a été impossible d'enregistrer les nombreux actes de courage, d'abnégation, de patience et de résolution qui se produisaient à cette mémorable époque; nul n'y songeait du reste, et Testot-Ferry moins que tout autre.

Cependant un jeune général, à peine âgé de 26 ans, recélant dans un corps fluet et amaigri une âme de bronze, ayant un regard vif et enflammé, parlant aux soldats français comme César aux légions romaines, plus rapide encore que ce dernier dans ses décisions et dans ses marches, et envoyant à Paris des bulletins qui auraient fait pâlir à Rome les éphémérides de ce grand émule de gloire; un jeune général, dis-je, venait conduire en Italie une petite phalange de Français contre des armées autrichiennes nombreuses et aguerries. Il tournait les Alpes, en attendant qu'il les franchît un peu plus tard, comme Annibal.

Du 23 au 28 avril 1796, ce jeune favori de la gloire accomplissait une campagne de cinq jours dans laquelle la renommée enregistrait quatre grandes victoires : *Montenotte, Millesimo, Dego*

---

il ne prit jamais de repos, tant il avait à cœur d'assurer la sécurité des avants-postes et du quartier général, à la garde duquel il avait été spécialement commis.

2

et *Mondovi*. L'armée française, qui tout à l'heure était sans pain, sans vêtements, sans chaussures, et qui pour vivre avait organisé la maraude dans les campagnes du Piémont, était tout d'un coup devenue florissante; le pillage avait cessé et surtout le scandale de voir nos soldats user de violence pour faire accepter aux paysans des assignats sans valeur pour eux comme pour les étrangers (1). La discipline était redevenue la compagne de l'honneur, et la conquête du Piémont était assurée après la défaite de Beaulieu, à Lodi.

Bientôt Wurmser accourait en Italie, avec 60,000 hommes, et, de *Roveredo*, où il avait établi son quartier général, il pensait envelopper l'armée française. En effet, Bonaparte apprend, à son quartier général de Castel-Nuovo, que sa position de Rivoli est forcée, sa ligne de défense sur l'Adige perdue et sa retraite coupée. Alors dans une de ces situations critiques où il faut être doué d'assez de génie pour savoir perdre beaucoup afin de tout reconquérir, Bonaparte abandonne le siège de Mantoue avec toute l'artillerie de siège, immense sacrifice de choses et

---

(1) Le 16 juillet 1796, seulement, il fut statué en France que tout le monde pourrait traiter en monnaie de son choix. L'envoi de 30,000,000 de numéraire fait au Directoire par le général de l'armée d'Italie décida cette mesure salutaire.

d'amour-propre ; puis il rassemble jusqu'à la plus petite fraction de ses forces, et tombe par des détours sur les divisions de l'armée de Wurmser, lancées dans trois directions pour l'envelopper lui-même. Il taille en pièces Bayalitsch et Liptai à Salo et à Lonato, et Wurmser à Castiglione ; C'est la campagne *des six jours*, où l'armée du vieux et expérimenté feld-maréchal autrichien perdit 20,000 hommes. La Lombardie était conquise ; Venise, Rome et Naples étaient terrifiées. Le cardinal Mattei vint faire amende honorable pour la cour pontificale. Bonaparte, afin d'achever sa conquête, alla battre à Roveredo (le 4 septembre 1796), Davidovich, qui avait rallié deux divisions, et il fit neuf lieues à travers des défilés inaccessibles pour couper la retraite à Wurmser. Celui-ci n'eut d'autre moyen d'échapper à son vainqueur que de s'enfermer dans la ville de Mantoue, d'y faire tuer les chevaux de sa cavalerie, et d'en saler la chair afin de nourrir ses soldats.

Toutefois notre petite armée d'Italie, toujours combattant comme une immortelle phalange, avait fait des pertes et avait besoin de renforts. Le général autrichien Alvinzi, à la tête de 40,000 soldats, venait de faire sa jonction avec 20,000 hommes commandés par Davidovich. Bonaparte avait à peine moitié des forces de ses adversaires,

et sa gauche venait d'être compromise près de
Rivoli après une affaire malheureuse à *Caldiero*.
Là il allait être infailliblement enveloppé par les
40,000 hommes d'Alvinzi, auxquels il n'avait à
opposer que 15,000 soldats sans pouvoir remuer
son artillerie au milieu des boues. Il était dans cette
terrible perplexité et l'armée dans la consternation,
lorsque tout à coup une pensée illumine son esprit.

L'ordre est aussitôt donné de sortir de Vérone
pendant la nuit du 24 novembre 1796 et d'observer le plus grand silence. On rétrograde, on
sort de la ville par la porte de Milan pour faire
croire à l'ennemi qu'on bat en retraite ; mais à
quelque distance de Vérone on descend le cours
de l'Adige pendant quatre lieues, on le passe à
Ronco sur un pont qui s'établissait là par l'ordre du
général, et au point du jour on se trouve au-delà
de l'Adige. Par cette habile manœuvre, nos soldats sont ramenés sur les flancs d'Alvinzi, et l'armée française, qui tout à l'heure se croyait perdue,
occupe maintenant les deux chaussées de vastes
marais dans lesquels elle va bientôt jeter l'armée
ennemie. Alors tout change de face ; l'avantage
se trouve dans la position et non plus dans le nombre des combattants. Aussi l'espérance brilla-t-elle
au front de nos soldats, tandis que l'armée ennemie fut déconcertée. C'est là que, sur la rivière de

l'*Alpon*, Augereau et Bonaparte (1) voulurent emporter la position si décisive du pont d'Arcole. La victoire couronna tant d'audace et de génie, et, comme le dit M. Thiers, nos soldats, qui étaient sortis en fugitifs de la ville de Vérone par la porte de Milan, y rentrèrent en vainqueurs par la porte de Venise.

De tels succès enivraient la France, et l'opinion força tellement la main au Directoire, qu'il fut contraint d'envoyer des renforts en Italie. Le

---

(1) On conteste encore à Bonaparte le fait d'intrépidité du pont d'Arcole ; cependant ce fait est bien attesté par ce passage de l'*Histoire de la Révolution française* de M. Thiers, t. X :

« Les deux Conseils, en déclarant, suivant l'usage, que l'armée d'Italie avait encore bien mérité de la patrie, décidèrent de plus que les drapeaux que les deux généraux Bonaparte et Augereau avaient portés sur le pont d'Arcole leur seraient donnés pour être conservés dans leurs familles. »

Voici, au surplus, le texte même du *Répertoire ou Almanach historique de la Révolution française,* (Paris, an VII, 2e partie, p. 15) :

Le 6 pluviôse an V (25 janvier 1797) : Résolution du conseil des Cinq-Cents, qui, sur la motion de Jean De Bry, donne à titre de récompense nationale aux généraux Bonaparte et Augereau les deux drapeaux qu'ils ont saisis à la bataille d'Arcole. — *Du 7 pluviôse id.* : Le conseil des Anciens approuve la résolution du jour d'hier relative à la récompense nationale accordée aux généraux Bonaparte et Augereau. (Bulletin 162, n° 975.)

D'après ce document, le duc de Raguse me paraît très mal fondé à contredire le fait du pont d'Arcole, dans ses Mémoires.

général Bonaparte avait, au commencement de
l'année 1797, 45,000 hommes : il en employa
10,000 à bloquer l'intrépide et malheureux maréchal Wurmser et, avec le surplus de ses forces, il
accomplit cette immortelle campagne de huit jours
qui faisait l'admiration des hommes de guerre.
Testot-Ferry m'en a tant parlé, que c'est lui-même
pour ainsi dire, qui me dicte ces lignes. La bataille
de *Rivoli* le 14 janvier, celle de la *Favorite* le 16,
la reddition de Mantoue ensuite : tels sont les lauriers qui mirent le comble à la gloire du jeune
commandant en chef de l'armée d'Italie.

Heureusement pour les affaires de la France,
le général Bonaparte, qui suivait plutôt ses plans
que ceux du Directoire, avait compris que la meilleure mesure pour éteindre la guerre était de
marcher sur Vienne. Dans ce but il repasse les
Alpes au col de Tarvis, culbute l'archiduc
Charles le 16 mars 1797, à la bataille du Taglia-
mento, et, connaissant aussi bien l'art de traiter que
celui de faire la guerre, il donne, un mois après,
à Léoben, à moins de trois journées de marche de
la capitale de l'Autriche, son ultimatum à l'archiduc. En revenant, il châtie Venise en remplaçant
la puissance du doge par une municipalité et l'action de l'aristocratie par celle des plébéiens. Dans
le traité de *Campo-Formio,* qui était la suite des
conférences de Léoben, les articles secrets reçoi-

vent enfin leur consécration politique : c'était, d'une part, la limite du Rhin et la ville de Mayence cédées à la France, et, d'autre part, Venise abandonnée à l'Autriche.

Après tous ces grands évènements dont le jeune chef de l'armée d'Italie était le héros, il revint à Paris le 5 décembre 1797, et essaya mais en vain, de se tenir à part, dans une modeste habitation de la rue Chantereine, que le peuple nomma la *rue de la Victoire*.

Un congrès fut indiqué à Rastadt pour les arrangements relatifs au traité de Campo-Formio. On y échangea une suite de notes et de contrenotes pendant tout l'été de 1798, pour la navigation du Rhin, pour la possession des îles, pour la démolition des forteresses, et surtout pour les dettes de la guerre.

L'Autriche n'exécutait pas franchement les articles secrets, et elle avait la plus grande répugnance à céder la rive gauche du Rhin. Le Directoire désigna pour plénipotentiaires à Rastadt, Treilhard, Bonaparte et Bonnier ; mais Treilhard, devenu directeur, fut remplacé par Jean De Bry ; Bonaparte, sur lequel veillait l'œil de Dieu, fut remplacé par Roberjot. Mais il fallait d'autres occupations à Bonaparte. Résumons ses premiers travaux : il avait, à l'âge de 27 ans, triomphé dans dix-huit grandes batailles et soixante-sept combats ;

il avait organisé les républiques italiennes, imposé
la paix à plusieurs souverains et à l'empire d'Autriche ; il avait reculé les frontières de la France
et avait enrichi ses musées des chefs-d'œuvre conquis sur l'étranger. Des peuples entiers s'étaient
mis sous son arbitrage, et Gênes lui avait demandé
une constitution.

Plus d'une grande pensée occupera encore
l'univers sous l'influence du vaste génie de Bonaparte. Ainsi, toutes les bourses du continent européen et des autres parties du monde spéculent en
ce moment sur l'exécution d'une de ses vues,
c'est-à-dire le percement de l'isthme de Suez. Il
regardait l'Egypte comme le vrai champ de bataille contre l'Angleterre. La seule manière de
faire équilibre au riche négoce de cette puissance
maritime était, selon lui, d'ouvrir un passage vers
les Indes au commerce de toutes les nations. Judicieuse contre-partie de l'idée du Portugais Alba-
querque (1), lequel ayant conçu l'ambition d'assurer à son pays le commerce exclusif des Indes,
regardait comme nécessaire de détourner le cours
du Nil afin de rendre le passage de ces contrées
impraticable aux autres nations du globe !

---

(1) Vice-roi, vers 1510, des Indes-Orientales, où il avait fait
de brillantes expéditions.

Le Directoire, soit qu'il ait voulu éloigner un maître, soit qu'il ait été séduit par les hauts motifs exposés par Bonaparte, donna les mains à l'expédition d'Egypte et le héros d'Italie partit le 19 mai 1798 pour aller préluder, sur les bords du Nil, aux actes politiques, à la vigueur, au génie et à toute l'adresse d'un fondateur d'empire. Nul ne sut d'abord où se dirigeaient sa mission et sa fortune.

D'éclatantes victoires signalèrent sa présence dans ces contrées qui cachent dans une profonde nuit la renommée de la plus vieille histoire du monde; mais la catastrophe navale d'Aboukir ébranla visiblement la solidité de la paix européenne. La petite cour de Naples, intrigante et haineuse, recommença ses menées jusqu'à ce qu'elle en fût exemplairement punie par le général Championnet. La Russie se coalisa secrètement avec l'Autriche, et dès lors le Directoire se vit forcé de déclarer la guerre à la seconde de ces deux puissances, qui agissait ostensiblement. Il commit la faute de disséminer nos forces sur une ligne trop longue, faute qui amena l'échec de *Stokach* dès le début de la campagne. Jourdan commandait en chef l'armée dite du Danube ; lui-même eut le tort d'isoler de lui le général Saint-Cyr, dans le but trop prématuré d'envelopper les Autrichiens. Il perdit ainsi le point stratégique important de Sto-

kach (1), où se croisent les routes de Suisse et de
la Souabe. Il alla se justifier à Paris, et son corps
d'armée se mit en retraite vers le Rhin.

Notre jeune sous-lieutenant Ferry, alors âgé de
vingt-six ans, lequel abhorrait, disait-il, la politique, se défiait bien à tort de sa sagesse toute précoce. On peut le voir par la lettre suivante, écrite
de Weittnau (2), en avril 1799, à son ami Lavirotte. Dans ce moment, Testot-Ferry appartenait à
la 6° division de l'armée du Danube, aile gauche.
Les appréciations du judicieux officier étaient aussi
celles de beaucoup d'autres militaires. Elles justi-
fient bien les appréhensions que le général Bonaparte ressentait jusque sur les bords du Nil pendant cette fâcheuse période de 1799. Il était temps
qu'il vînt replacer le noble vaisseau de France dans
le majestueux sillage où il l'avait lancé d'abord et
d'où l'avaient fait sortir des hommes impuissants
et qui n'avaient pas reçu d'en haut mission pour
le diriger.

Voici la lettre de Testot-Ferry :

« Depuis et même avant le traité de paix de
Campo-Formio, et pendant que l'on débattait les

---

(1) Les 4 et 5 germinal an VII (24 et 25 mars 1799).

(2) Dans le Frichtal, province autrichienne adjacente aux
cantons de Bâle, Berne et Soleure.

intérêts politiques à Rastadt, l'Autriche, qui pouvait prévoir une rupture avec la France, l'Autriche, occupée à réparer ses pertes, apportait une
activité prodigieuse à amasser des trésors, à com-
pléter ses troupes, à les augmenter, à les mettre
dans le meilleur état, à former des magasins, et à
contracter de puissantes alliances. Telles sont or-
dinairement les causes qui amènent des succès
dans la guerre.

« Examinons un peu celles qui préparent les défaites. Un coup d'œil sur notre pays nous les four-
nira toutes. En France, où, malgré les conquêtes
et les grandes victoires de l'armée d'Italie, l'esprit
national n'était déjà plus ce qu'il avait été ; où les
dilapidateurs de la fortune publique s'érigeaient
en souverains ; où les troupes victorieuses, au lieu
de l'estime et de la reconnaissance qu'elles s'attendaient à y recueillir, recevaient un mauvais accueil ; où la fluctuation continuelle de ces mêmes
troupes, à qui le repos était nécessaire, était pour
elles une cause de découragement autant que d'af-
faiblissement ; en France, dis-je, au lieu de se régler d'après les mesures nerveuses de l'Autriche, on
laissait tout en souffrance, les corps étaient incom-
plets ; les soldats, mal chaussés, mal vêtus, harassés
par les marches et contre-marches, perdaient
chaque jour de leur énergie. Le mécontentement
de l'intérieur où, le plus souvent, ils n'avaient à

essuyer que des dégoûts, s'étendait insensiblement jusqu'à eux, et le découragement en était la suite. C'est dans cet état de choses, et pendant un hiver rigoureux, qu'à la grande satisfaction des sangsues publiques (seule classe qui, en France, désirât la guerre), on a ouvert la campagne de l'an VII (1799).

« La division d'avant-garde, commandée par Lefebvre, commença les hostilités, et fut victorieuse le jour de sa première attaque ; mais, moins heureuse le lendemain, elle plia sous celle du prince Charles, qui, en personne, obligea notre armée à une marche rétrograde jusque sur *Stockach* et les bords du Danube que nous avions passés quelques jours auparavant. Je ne te ferai point le détail des évènements subséquents, je les ignore moi-même ; seulement, je te dirai que notre division, aux ordres d'un bon général (Saint-Cyr), s'est montrée digne de la gloire que nos armées se sont acquise dans les campagnes précédentes, qu'elle a eu des avantages marquants sur l'ennemi, et que, partout, elle s'est conduite avec distinction.

« Ta lettre m'a été remise le jour de la bataille du 4 germinal (24 mars), sur la rive droite du Danube, au moment où une vigoureuse canonnade, dirigée sur le point que nous occupions, commençait à éclaircir nos rangs. Depuis cette journée,

dont tu connais le résultat, nous avons été continuellement en mouvement et absorbés par les
travaux militaires et par le repos si précieux, lorsque, au milieu des alarmes, on trouve à s'y livrer
pendant quelques instants. Telle est, mon cher
Lavirotte, la cause du grand retard de cette réponse que notre inaction actuelle ne me permet
plus de différer. »

On vient de voir, par la lettre précédente, que
Testot-Ferry parle d'une vigoureuse canonnade
dirigée sur le point qu'il occupait. Je dois à son
fils aîné les détails suivants, qui se rattachent à cette
affaire du 24 mars 1799.

Le régiment de Testot-Ferry était formé en bataille devant les lignes ennemies. L'ordre était
donné de ne faire aucun mouvement, quels que
fussent ceux de l'ennemi. Toutefois, les Autrichiens
démasquèrent des batteries dont le feu fut dirigé
sur le bataillon immobile : nombre de cavaliers et
de chevaux furent abattus. Bientôt une terreur panique s'empare de quelques jeunes soldats : l'un
d'eux quitte sa place et s'enfuit au galop ; l'hésitation et le découragement se manifestent alors chez
les autres. Testot-Ferry, tant par son énergie que
par le ton de la bienveillance, les rassure, les reforme, et s'élance rapide comme l'éclair à la poursuite du fugitif. Il le ramène par la bride de son

cheval et le place derrière lui. Quelques minutes
après, un boulet écrase la tête du pauvre soldat
et couvre Testot-Ferry de débris humains. L'intrépide lieutenant, sans perdre rien de son calme
et de son sang-froid, ordonne de serrer les rangs ;
et, malgré les vides continuels faits parmi ses
cavaliers par l'artillerie autrichienne, il ne perd
pas un pouce du terrain qui lui avait été assigné,
sans doute pour tromper les calculs de l'ennemi
ou pour lui imposer. Je me plais à mentionner ce
courage passif et froid qui attend la mort sans
pouvoir la donner : il ressemble au courage civil,
et l'un et l'autre, pour être moins prisés du vulgaire que l'intrépidité dans la mêlée, ne sont pas
inférieurs ni moins dignes d'admiration. Au
reste, j'ai à enregistrer pour le compte de mon
héros tant de traits d'un éclatante bravoure, que
c'est mon devoir de signaler les preuves de son
attitude passive au milieu des plus grands dangers, quand j'en aurai l'occasion.

Cependant le congrès de Rastadt traînait en longueur et il n'y en avait plus que le fantôme. Le respect seul, dû à l'empire germanique, dont l'Autriche
était un membre, retenait encore plusieurs plénipotentiaires, au grand déplaisir de cette puissance.
Elle en voulait à nos ambassadeurs, parce qu'ils
avaient divulgué les articles secrets des préliminaires de Léoben. Quand elle avait signé ces articles,

le général Bonaparte était aux portes de Vienne, et elle s'était vue forcée à des concessions dont le regret l'obsédait maintenant. C'était surtout celui d'avoir abandonné Mayence, un des boulevards de l'empire germanique,- et encore pour le mince appât de quelques parcelles du territoire italien. Aussi, ne respectant plus rien, arrangea-t-elle un complot pour s'emparer des papiers des ministres de France, sans prendre souci des excès que les émissaires de ses ordres odieux pouvaient commettre, ni de la honte d'un aussi grand attentat contre le droit des gens.

Lorsque nos plénipotentiaires partirent, le 9 floréal an VII (28 avril 1799), de Rastadt pour Strasbourg, entre huit et neuf heures du soir, leurs voitures furent assaillies tout à coup par une troupe de hussards et dépouillées de tous les papiers qu'elles renfermaient. Bonnier et Roberjot furent égorgés, celui-ci dans les bras de sa femme.

La voiture où était le plénipotentiaire Jean De Bry avec sa famille se trouvait en avant, et fut, par conséquent, attaquée la première par ces infâmes satellites. Jean De Bry fut jeté hors de sa voiture et accablé de coups de sabre. Pendant qu'il était à terre, baigné dans son sang, un hussard pensa lui donner le coup de grâce en le frappant de pointe sous les côtes, et, pour s'assurer de la réussite, il souleva le bras de sa victime. Le courageux plénipotentiaire laissa retomber inerte le bras que son assassin avait saisi, et dut ainsi la vie à sa rare présence d'esprit. Mme De Bry fut ramenée avec ses enfants au palais du congrès, qui retentit bientôt de leurs cris de désespoir.

Pourtant le plénipotentiaire Jean De Bry n'avait pas été frappé mortellement : la fraîcheur de la nuit ranima ses sens. Un fossé assez large le séparait d'un bois; il se traîna comme il put au-delà de ce fossé, sous les arbres, et il attendit le jour. Des paysans, qui venaient au marché de la ville de Rastadt, le recueillirent. On l'affubla comme on put de vêtements campagnards, tant pour cacher le désordre et les déchirures des siens que pour le rendre méconnaissable, et on lui mit sur la tête un chapeau à larges bords. On le conduisit au palais sous ce déguisement, et le bonheur que ressentit alors sa famille est chose qui ne peut se décrire. Sans aucun doute, J. De Bry avait dû la vie à la précipitation des assassins, qui, ce premier meurtre accompli, avaient intérêt à tomber sans différer sur les autres plénipotentiaires.

Cet inqualifiable guet-appens eut en Europe un immense retentissement, et il excita partout en France et dans nos armées l'enthousiasme de la

guerre et de la vengeance (1). Alors nous n'étions
pas heureux en Italie : Schérer venait d'être battu
par le général autrichien Kray, et Moreau, partant de Novi le 15 août 1799, opérait une retraite
admirable pendant que le vaniteux Souwarow entrait en triomphe à Milan comme un consul ro-

---

(1) Le 21 floréal an VII (10 mai 1799), le conseil des Cinq-
Cents prit la résolution suivante : Dans l'endroit le plus appa-
rent des lieux des séances des administrations, des tribunaux,
et de toutes les écoles soit publiques, soit particulières, il y
aura une inscription en gros caractères portant ces mots :

« Le 9 floréal de l'an VII, à neuf heures du soir, le gouvernement autrichien a fait assassiner par ses troupes les ministres de la République française, Bonnier, Roberjot et Jean
De Bry, chargés par le Directoire exécutif de négocier la paix
au congrès de Rastadt. »

Il sera donné à chaque armée de terre et de mer une ori-
flamme aux trois couleurs, portant cette inscription : « La nation outragée dans la personne de ses plénipotentiaires assas-
sinés à Rastadt par les satellites de l'Autriche. Vengeance ! »

Le 1er prairéal (le 20 mai), Jean De Bry fut élu président
du conseil des Cinq-Cents.

Le 20 prairial (8 juin), une fête funèbre fut célébrée dans
les deux Conseils, en l'honneur des ministres français assassi-
nés à Rastadt.

Le poète J.-M. Chénier prononça au Champ-de-Mars, en
présence du Directoire, des ministres étrangers et des familles
victimes de l'attentat, un discours qui fut répété au même
instant par six orateurs dans différentes parties du cirque.

(*Rép. hist. de la Révol. française.*)

main ; mais il allait payer bien cher l'explosion de sa vanité. Voyons la suite des évènements.

Le Directoire avait investi Masséna du commandement en chef des armées du Rhin et du Danube. Ce général concentra vers la Suisse des forces imposantes, et fit choix pour lui-même d'une forte position sur des hauteurs défendues par une rivière appelée la *Linth* avant Zurich, et la *Limmat* à sa sortie du lac de Zurich. Elle en sort dans cette ville même et la partage en deux parties. C'est dans cette position que 55,000 Russes vinrent, le 25 septembre 1799, attaquer les 35,000 hommes de Masséna. Le général Foy commandait l'artillerie. Par une tactique habile, Masséna était parvenu à enfermer les Russes dans Zurich même, entre deux corps d'armée. Cette malheureuse ville, incendiée de toutes parts, devint une ardente fournaise au milieu de laquelle nos boulets ravageaient les rangs serrés de l'armée ennemie. Le célèbre Lavater périt dans cet affreux cataclysme. Korsakof ramena à peine 13,000 hommes vers le Rhin ; Souwarow, harcelé sur deux points par Molitor et Masséna, perdit encore dans les gorges de Muttental 8,000 hommes sur les 18,000 qui venaient d'échapper à la boucherie de Zurich.

Combien Testot-Ferry parlait avec admiration des généraux Masséna, Lecourbe et Soult, dans la division duquel figurait le 10ᵉ chasseurs, où notre brave lieutenant se couvrit de gloire pendant cette belle campagne!

Ainsi, le 18 septembre 1799, cinq jours avant la bataille de Zurich, on le vit, dans une reconnaissance dont l'avait chargé le général Laval, éclairer avec une habileté et un tact consommés la route d'Uznach et les rives de la Limmat. Il n'avait avec lui que 5 chasseurs à cheval et 5 hommes d'infanterie légère. Avec cette petite troupe décidée et confiante en la valeur de son chef, il pénétra assez avant à travers les postes ennemis, et se trouva en face d'un détachement de lanciers russes, où il fit des prisonniers, circonstance très importante, qui révélait à l'armée française la présence des Russes parmi les Autrichiens à une époque où rien ne transpirait encore de la coalition secrète de la Russie avec l'Autriche.

Le 9 vendémiaire an VIII (2 octobre 1799), très peu de jours après la bataille de Zurich, et pendant que Molitor poursuivait Souwarow l'épée dans les reins, un mouvement rapide de l'armée française laissa le 11ᵉ de ligne tout à fait à découvert et courant le risque d'être coupé par l'ennemi. Il était donc urgent de faire parvenir à ce petit corps de troupes l'ordre de se retirer au plus vite vers un point qu'on lui assignait. Le général Molitor confia au lieutenant Testot-Ferry cette tâche aussi difficile que périlleuse : car il fallait pénétrer à travers les lignes russes ; s'y faire jour à quelque prix que ce fût ; et pourtant étudier le terrain ; choisir les passages les plus couverts et les plus inaccessibles à l'ennemi ; opposer la ruse au nombre ; se concentrer ou se désunir à un moment ou à un signal convenus ; arriver au plus vite, et toujours combattre. Notre lieutenant prit avec lui ses compagnons les plus sûrs dans le 10° chasseurs.

La petite phalange avait déjà pénétré assez avant lorsqu'elle rencontre toute une brigade ennemie dans un pli de terrain. Elle fait une charge à fond; mais elle est décimée par le feu de cette colonne. Après l'avoir traversée, il ne reste plus près de l'intrépide officier que quatre hommes, bientôt eux-mêmes mis hors de combat; quant à lui il est resté sain et sauf au milieu d'une grêle de balles et il gagne de vitesse ceux qui le poursuivent et qui le perdent bientôt de vue. Son cheval s'est déferré pendant cette course rapide. Le bourg de Glaris est devant lui, il y pénètre et y trouve une population sympathique ; mais à peine son cheval est-il remis en état de continuer sa route, que, par un de ces retours fréquents dans le mouvement des troupes légères, le bourg est envahi par une nuée de cosaques. Ferry se précipite sur eux, les étonne de son apparition et de l'énergie de ses coups, profite de leur stupeur, renverse ceux qui le serrent de trop près, et s'ouvre un passage, mais pour tomber au milieu de l'état-major russe, à la tête duquel se trouve Souwarow en personne. Le brave lieutenant, bien décidé à ne pas compter ses adversaires, poursuit sa charge, à laquelle on s'oppose en vain, tombe ensuite au milieu d'un bataillon russe, le dépasse, puis se précipite dans la *Linth* pour mettre cette barrière entre les Russes et lui. Cependant une décharge générale du bataillon tue son cheval, qu'il aimait comme un Arabe aime son généreux compagnon de guerre. Toutefois, il a de l'avance, et, de l'autre rive qu'il a pu gagner, il défie les cavaliers ennemis, et du haut des montagnes voisines il fait rouler sur les Russes des quartiers de rochers. Enfin, l'ennemi disparaît, soit qu'il craignît de s'aventurer en vain, soit qu'il fût las de s'acharner à la poursuite d'un seul homme, et le généreux Ferry peut s'arrêter et reprendre haleine.

Après ces luttes variées et extraordinaires, il n'a aucune blessure, mais ses vêtements ont été mis en lambeaux par les balles et par les ronces, il est accablé de lassitude, épuisé de soif et de faim ; mais il lui reste son sabre, qu'il a rougi de sang, et dont il se promet de faire usage jusqu'à son dernier soupir pour répondre à la confiance de ses chefs. Il continue à gravir la montagne, se désaltère avec de l'eau croupie dans une fente de rocher, et, après une longue et pénible marche à l'aventure et à travers les précipices, il est assez heureux pour rencontrer des villageois maltraités le jour même par les Russes et cherchant un refuge dans ces montagnes. Ils le conduisent dans un châlet où il trouve une réfection rustique. On lui donne au foyer la place d'honneur auprès d'une bonne vieille grand'mère qui filait sa quenouille en parlant du temps passé et en racontant des histoires de revenants. A la pointe du jour et après un sommeil réparateur, il quitte ses hôtes, et remercie Dieu de la protection dont il l'avait si visiblement entouré.

Un de ces bons paysans ayant bien voulu lui servir de guide, Testot-Ferry eut le bonheur de parvenir, après une marche longue et des plus périlleuses, jusqu'au corps auquel il portait l'ordre d'opérer sa retraite. Elle put s'exécuter à temps, et Ferry revint au milieu de ses compagnons d'armes, qui le croyaient mort d'après le récit des autres chasseurs du 10ᵉ, lesquels avaient été assez heureux pour sortir sains et saufs de la trouée qu'ils avaient faite avec leur intrépide chef dans la brigade ennemie. Les officiers du 10ᵉ ne pouvaient en croire leurs yeux. C'était à qui fêterait avec le plus de cordialité celui qu'ils appelaient le *revenant*. Ils se cotisèrent pour le vêtir et lui acheter un cheval (1).

_____

(1) Tout ce récit est puisé dans le souvenir d'une lettre que

Mais laissons notre héros nous raconter lui-même, trop modestement peut-être, ce fait glorieux dans une des lettres suivantes, écrites par lui à son ami Lavirotte et renfermant d'ailleurs des passages intéressants sur cette campagne de Masséna et sur ses habiles manœuvres stratégiques de la Linth-Limmat pendant une période de douze jours dont le glorieux emploi fut tel que la France se vit sauvée d'une invasion.

Première lettre écrite de Mont-Albis en date du 30 thermidor an VII (17 août 1799) :

« Un mouvement général de presque toute l'armée a eu lieu le 27, à deux heures du matin. Le but de ce mouvement était d'enlever à l'ennemi plusieurs postes importants et qui étaient autant d'obstacles à l'attaque projetée des Autrichiens sur le Saint-Gothard dont on veut s'emparer pour rendre nos communications avec le Valais plus promptes et plus sûres. On s'est battu les 27 et 28 avec un grand acharnement. Trois escadrons de notre régiment ont été très maltraités par le feu de l'artillerie et de l'infanterie. Celui dont je fais partie,

---

Testot Ferry écrivait à sa mère, et dans laquelle il lui demandait l'argent nécessaire pour rembourser ses camarades. En parlant des cosaques, il disait qu'il avait été l'*assassin légitime* de tous ceux qui s'étaient trouvés sur son passage.

moins malheureusement posté, n'a eu pour mission
que de côtoyer le lac de Zurich pour y observer
l'ennemi, qui y avait quelques bâtiments. De nombreux rapports s'accordent à nous annoncer que
la droite, aux ordres de Lecourbe, a fait beaucoup
de progrès; mais nous ignorons encore si le but de
l'expédition a été parfaitement rempli. »

Deuxième lettre écrite de Reichemberg, canton
de Linth, le 4e complémentaire an VII (20 septembre 1799) :

« L'ennemi, par suite des succès du général
Lecourbe sur ses flancs, a été forcé d'évacuer toutes
ses positions sur la rive gauche du lac de Zurich et
de repasser la Limmat, de l'autre côté de laquelle il
occupe une position que l'on dit être la plus militaire et la plus avantageuse de toute la Suisse (1).
Le voisinage où j'en suis me permet effectivement
de la considérer comme excellente. Malgré sa force,
on publie (sûrement avec beaucoup d'adresse)
qu'il se prépare sur toute la ligne, depuis Bâle jusque dans les rochers occupés par Lecourbe, une
attaque sérieuse et générale, et qu'un passage sur

---

(1) Zurich est le point de convergence des routes de Suisse
et d'Allemagne; et c'est le meilleur passage de la Limmat.
(Théoph. Lavallée.)

la *Limmat* sera tenté au point où notre régiment est placé, vis-à-vis lequel les Autrichiens se sont assez fortement retranchés. J'aperçois, en effet, quelques préparatifs. »

Troisième lettre écrite des mêmes lieux et après la bataille de Zurich :

« Malgré la publicité de ce grand mouvement dont je t'ai annoncé l'exécution comme très prochaine, il a complètement réussi. Le passage de la Limmat, hérissé de difficultés presque insurmontables, est quelque chose de sublime. Il a été conçu et exécuté par le général de division Soult, et les suites de ce prodigieux succès auraient été incalculables si *Souwarow*, arrivant d'Italie avec tous ses Russes après avoir forcé les passages difficiles du Saint-Gothard, ne nous eût forcés à une puissante diversion sur nos derrières. Les forces dirigées contre ce brave général, après avoir livré plusieurs combats, furent tellement disposées, que Souwarow, enfermé dans une gorge étroite (celle de Muttental), n'avait plus d'issue pour en sortir, et il y aurait infailliblement été pris, si de trop grands détours n'eussent été un obstacle pour envoyer à temps au général qui commandait à l'entrée de cette gorge près de Glaris, des forces suffisantes pour s'opposer avec succès aux efforts d'un corps d'armée que l'on a évalué à plus de 20,000 hommes.

« C'est sur ces entrefaites, le 9 vendémiaire (2 octobre), que je me trouvai engagé tout seul au milieu de l'infanterie russe que j'eus la prétention de traverser pour rejoindre ma troupe, dont j'avais été coupé. Poursuivi par des cosaques, j'eus le bonheur d'échapper à un péril extrême, en retournant sur mes pas. Je traversai au grand galop la ville de Glaris à la barbe d'un état-major dont Souwarow était le chef, et, tournant à ma gauche, je franchis la Linth dans un endroit fort peu guéable ; puis, contraint de me jeter dans les neiges et dans le voisinage des glaciers des hautes Alpes, qui couvrent tout le pays où j'étais alors, je parvins, après trois jours d'une traversée des plus pénibles, à descendre sur les rives du lac de Walenstadt, d'où je rejoignis mon corps. J'y fus pris pour un revenant du séjour des taupes.

« Les Russes, exténués de faim et de fatigue, affaiblis par les efforts qu'ils avaient faits pour s'ouvrir un passage à travers des sentiers impraticables, furent forcés, le quatrième jour de leur arrivée à Glaris où ils avaient pris position, à une retraite où ils furent on ne peut plus maltraités. Ils y perdirent leurs équipages, les cosaques abandonnèrent leurs chevaux, et grand nombre d'officiers de marque tombèrent au pouvoir du vainqueur.

« Je ne suis ni assez habile ni assez instruit de ce qui s'est passé sur les autres points pour pou-

voir te faire le détail et te présenter l'ensemble
de l'affaire du 3 vendémiaire (25 septembre
1799) : partout elle a été couronnée de succès ; l'é-
vacuation de la plus grande partie de la Suisse
par les Austro-Russes en a été le résultat, et la
ligne que l'armée entière occupe aujourd'hui est
tracée par le Rhin et le lac de Constance. »

Ainsi, depuis l'absence du général Bonaparte, il
n'y avait que la Suisse où nos soldats eussent sauvé
l'honneur de nos armes. L'Italie et l'Allemagne
étaient perdues pour la France, et les Anglais occupaient la Hollande.

Le Directoire, qu'on avait laissé paisible pendant
la prospérité des affaires, était maintenant attaqué
avec violence par tous les partis. On condamnait
ses plans militaires, son apathie pour le renouvellement des forces dans les diverses armées de la république, le mauvais choix des généraux, la dilapi-
dation des fournisseurs, qui avaient dévoré les pays
conquis ; on allait jusqu'à lui reprocher ce qu'on
appelait l'ostracisme de Bonaparte. Chose trop habituelle dans le monde ! Barras, le plus paresseux,
le plus débauché et le moins probe des directeurs,
était le plus en faveur dans l'opinion. Pour la vérité et pour la honte de l'époque, disons que Barras
étant le plus souple et le plus indulgent pour les
meneurs et les fripons, il en était aussi le plus

ménagé. Ceci est un exemple entre mille du joug
de l'opinion contemporaine. L'appréciation équitable des hommes publics n'est pas une chose de
leur temps. En un mot, les esprits étaient pleins
d'aigreur. On disait que Bonaparte, en s'éloignant,
avait emporté la fortune de la France; qu'il fran-
chissait en ce moment l'*Indus* comme un autre
Alexandre, et qu'au lieu de laisser l'illustre général
consumer sa vie sous un ciel de feu, il était temps
de le rappeler pour qu'il rendît à la France son ancien prestige et sa force. Le gouvernement, disait-
on, est désorganisé et flottant. Il a besoin d'unité;
il faut un chef politique ferme, puissant et orga-
nisateur, qui donne aux principes de 89 la meilleure
marche et la meilleure sanction. Ainsi, toutes les
espérances se tournaient vers Bonaparte. Mais
quand vient-il donc? s'écriait-on de toutes parts
avec anxiété. Saluait-on autrement, chez les Ro--
mains, celui qu'on voulait faire empereur?

Pendant ces perplexités et le 22 août 1799, le
général Bonaparte, se rendant sur une plage écartée, partait d'Egypte pour la France. A peine
l'ancre était-elle levée que le calme survint. Le
navire était immobile, et le pilote voulait rentrer
à Alexandrie. «Soyez tranquille, lui dit le général,
nous passerons. » C'est le mot de César. Le 16 octobre suivant, Bonaparte était dans sa maison
de la rue Chantereine, et à peine le nouveau siècle

s'ouvrait-il que celui à qui la providence confiait
nos destinées et tous les mouvements du cœur de
la France revêtait aux Tuileries la pourpre con-
sulaire.

La France pouvait alors offrir la paix à l'Autriche, et le moment était bien choisi pour la dignité des deux puissances, puisqu'elles venaient
d'être victorieuses, l'une à Zurich et l'autre en
Italie.

Une proclamation émanant des consuls et commençant par ces mots : « Français, vous désirez la
paix. Votre gouvernement la désire avec plus
d'ardeur encore, » fut communiquée le 17 ventôse
an VIII (8 mars 1800) au Corps Législatif par
Boulay de la Meurthe, et au Tribunat par Cham-
pagny. Vainement Girardin, Bérenger, Chauvelin et Thiessé, orateurs du parti de la guerre,
s'empressèrent-ils de rappeler les actes d'agression
et de perfidie de l'Angleterre, alliée de l'Autriche, et d'invoquer la fortune et le génie du premier consul; Jean De Bry demanda que le Tribunat répondît par un vœu solennel à la proposition
de paix. On confia, séance tenante, à Jean de Bry
la rédaction de ce vœu, et le lendemain, 18 ventôse
(9 mars), il le fit adopter en ces termes remplis
de dignité : « Que le peuple français, pénétré du
sentiment de ses intérêts les plus chers, de celui
de son existence, de son honneur, de son indé-

pendance, réunisse autour de son gouvernement tous les moyens qui peuvent les lui garantir; que tous les sacrifices nécessaires soient consentis par la nation pour qu'elle se conserve le prix des sacrifices qu'elle a déjà faits; que le premier consul de la république revienne vainqueur et pacificateur! Tel est le vœu du Tribunat. »

Jean De Bry, avec Chauvelin et Bérenger, fut chargé de porter immédiatement ce vœu aux consuls. Le Corps Législatif y adhéra, et le Sénat, entre autres termes de sa délibération, s'exprimait ainsi : « Le Sénat conservateur, en partageant les intentions pacifiques du gouvernement, s'unit aux sentiments du Corps Législatif et du Tribunat, soit pour voir une paix honorable prévenir la victoire, soit pour voir la victoire commander glorieusement la paix. »

Il était on ne peut plus honorable pour Jean De Bry d'être un des premiers fauteurs de la paix avec l'Autriche, lui qui en avait éprouvé dans sa personne la plus criminelle déloyauté. C'est ce que lui exprima le premier consul dans une lettre du 27 ventôse an VIII (18 mars 1800), et dont voici la teneur :

« *Au citoyen* Jean DE BRY, *membre du Tribunat.*

« Je reçois, citoyen tribun, votre lettre du 19 (ventôse). Je crois qu'il n'était pas convenable que vous portassiez le vœu du Tribunal : vous devez le sentir par la réponse que j'ai faite.

« Comment, effectivement, annoncer l'espoir de la paix, vous présent, sans, au préalable, témoigner un désir de vengeance de l'affront qui a été fait à la nation entière dans votre personne ?

« Vous ne seriez pas juste si vous doutiez de l'empressement que je mettrai à saisir la première occasion de vous donner une preuve de l'estime toute particulière que j'ai pour vous.

« Je vous salue.   Bonaparte. »

Jean De Bry était un des hommes remarquables de cette époque si féconde en illustrations. Il fut deux fois honoré de la présidence du conseil des Cinq-Cents. Attaché jusqu'à l'exaltation et jusqu'à l'abnégation de lui-même à la gloire et aux intérêts de son pays, il avait une grande fermeté de principes et une probité austère. Non seulement son pays (1), mais toute la diplomatie et les mi-

---

(1) Voici une lettre que lui écrivait Joseph Bonaparte, frère du premier consul, le 15 floréal an VIII (6 mai 1800).

« Je ne puis rien ajouter sans doute, mon cher ami, à la sensation d'horreur et de regret que vous devez avoir pressentie lorsque vos amis et, en général, tous ceux de la patrie entendaient la lecture de votre lettre. Elle est fidèle et ne tire que des faits toute l'impression qu'elle a faite. Le Corps légis-

nistres étrangers lui exprimèrent une vive sympathie. Comme administrateur, il a laissé dans

---

latif a frémi ; nous espérons que la république sera bientôt en mesure d'en tirer une vengeance éclatante. Je vous assure que nous avons bien partagé vos périls et les moments plus affreux encore qui ont suivi votre assassinat, lorsque, cherchant vos enfants, un asile, vous avez été reporté sur le champ du massacre... Mais il est inutile de revenir sur de si horribles images. J'ai éprouvé quelque consolation en apprenant que vos blessures vous font espérer une prompte guérison. Tous vos amis vous attendent avec impatience ; je vous répète en mon particulier que je passerai le printemps à la campagne. Si vous ne passez pas votre convalescence chez vous, je vous offre l'hospitalité de l'amitié avec votre famille. La nature n'est nulle part plus belle qu'au lieu que j'ai choisi (Morfontaine, département de l'Oise) Nulle part vous ne serez plus cordialement accueilli et ne trouverez des goûts et des mœurs plus simples. Ma femme se joint à moi pour faire agréer cette offre à votre épouse et à vos filles. Croyez à la vérité de mon affection ; j'espère que Sieyès sera porté au Directoire. Tous les patriotes vont se réunir pour le triomphe de leur cause. Salut et amitié. — Bonaparte. — »

Je dois la communication des originaux de ces précieux documents à l'obligeance de M. le baron De Bry, préfet de la Côte-d'Or, fils du législateur Jean De Bry, et dont l'empressement à favoriser tout ce qui peut être utile à l'histoire contemporaine et aux lettres n'a jamais fait défaut à personne. Ce n'est pas un médiocre éloge dans une ville élégante et renommée, mais où pourtant les gens de lettres ne trouvent plus les mêmes encouragements qu'à l'époque où cette ville était la capitale d'une des plus belles provinces de France.

la Franche-Comté et dans l'Alsace tous les bons souvenirs qui s'attachent à un homme intègre, impartial, conciliant et éclairé, et il est sorti des fonctions qu'il a remplies, pendant trente années, plus pauvre qu'il ne l'était en y entrant. Il était l'ami le plus intime de Charles Nodier; et leur correspondance, à laquelle j'ai eu le plaisir d'être initié, est remplie d'élévation et de sentiment.

Cependant l'Autriche, mue par l'Angleterre, avait repoussé les propositions pacifiques de la France, malgré l'archiduc Charles, qui venait d'être disgracié par l'influence du parti de la guerre et remplacé aux armées par le baron de Kray. A cette époque, Testot-Ferry passa sous le commandement de Moreau, parce que l'armée d'Helvétie se réunissait à celle du Rhin. Notre intrépide lieutenant allait être témoin de belles opérations militaires et y prendre sa part de la façon la plus honorable.

Les deux plus illustres guerriers de ces temps héroïques rivalisaient de gloire et de renommée au même moment; mais le génie a des tempéraments divers : Bonaparte était d'avis de faire passer le Rhin à toute l'armée en masse et à l'improviste, pour surprendre Kray et l'enfermer entre le Rhin et le Danube ; Moreau préféra diviser ses forces. Bonaparte s'élança sur l'Italie en s'écriant : « Ce que Moreau n'ose pas faire sur le Rhin, je vais le faire sur les Alpes. »

Moreau commença son mouvement le 25 avril 1800; et, dans l'espace d'un mois, il remportait deux grandes victoires, celles d'Engen et de Mœsskirch, et tenait l'armée autrichienne en respect devant Ulm, en lui interceptant l'Italie.

D'un autre côté, le passage des Alpes, au col du Saint-Bernard, commença dans la nuit du 14 au 15 mai. Bonaparte se mit en route le 20, monté sur un mulet et enveloppé d'une redingote grise, accoutrement devenu plus populaire que l'uniforme splendide et le cheval fougueux représenté se cabrant sous les lueurs de la foudre. A chacun son goût : j'aime mieux l'histoire nue que les caprices des peintres ou des poètes.

La bataille de Montebello, gagnée le 14 juin, prépara au général Bonaparte la plus belle couronne du monde, et valut à la France la conquête de l'Italie et le pas sur toutes les puissances de l'Europe. On n'avait pas encore vu ni un plus illustre vainqueur ni des lieutenants plus dignes de leur chef : c'étaient Masséna, Kellermann, et surtout Desaix, qui demeura enseveli dans son triomphe et mêla tout à coup à ses lauriers une sombre couronne d'immortelles.

Moreau n'avait pas si rapidement terminé sa campagne contre le baron de Kray que le premier

consul contre Mélas. Cependant le général Lecourbe ayant passé audacieusement le Danube en
face de l'ennemi (1), Moreau gagna la bataille
d'Hochstett, où, le 19 juin 1800, il releva nos
armes de l'échec qu'elles y avaient souffert le 13
août 1704, un peu moins d'un siècle auparavant.
L'ennemi évacua Ulm et se mit en pleine retraite.
Moreau s'attacha à le débusquer des fortes positions qu'il s'était assurées dans les montagnes et
sur plusieurs cours d'eau. A cet effet, il lança
contre ces diverses positions de forts détachements
qui livrèrent des combats acharnés. Ce fut à l'un
de ces engagements que, le 18 messidor an VII (le
7 juillet 1800), Testot-Ferry se distingua et fut mis
à l'ordre du jour de l'armée. Il commandait la
2ᵉ compagnie du 10ᵉ chasseurs, lorsque, dans une
charge, il vit les 1ᵉʳ et 4ᵉ escadrons fléchir. Tout
aussitôt il se porta avec impétuosité sur le flanc de
l'ennemi, parvint à le rompre, dégagea son régiment, et fit, par surcroît, 45 hussards autrichiens prisonniers. Dans la mêlée son cheval fut
blessé d'un coup de feu. Certes! il fallait du coup-

---

(1) Sur l'invitation du général Lecourbe, les meilleurs na-
geurs de la division allèrent sous une grêle de projectiles, prendre sur la rive opposée plusieurs barques pour établir un pont
de bateaux.

d'œil et du sang-froid pour convertir ainsi en victoire un échec imminent.

Le premier consul, aussi profond politique que profond tacticien militaire, songeait à assurer la paix, mais surtout la paix maritime, comme la plus fondamentale. Des conférences s'ouvrirent à Lunéville; mais, comme on ne put pas s'entendre sur tous les points, les hostilités recommencèrent le 28 novembre 1800. Moreau, placé entre l'Isar et l'Inn, en Bavière, avec une armée de 130,000 hommes, avait pour adversaire l'archiduc Jean. Ce dernier, trop fier d'un premier avantage remporté au combat d'Ampfing, livré le 1er décembre, prétendit forcer la position où Moreau venait de s'établir au centre de la forêt de *Hohenlinden*. Le 3 décembre eut lieu la célèbre bataille de ce nom. La victoire acheva de grandir la renommée de Moreau, lui donna de l'ombrage contre une autre gloire plus éclatante que la sienne, et fit naître en lui les aiguillons de l'envie qui tourmentèrent son existence et lui devinrent funestes. Il fut bien secondé dans cette glorieuse journée par le zèle et par l'habileté des généraux Richepanse et Decaen, lesquels opérèrent de la manière la plus opportune sur les derrières de l'armée autrichienne.

Dans cette mémorable campagne de Hohenlinden, Testot-Ferry, auquel on avait confié un poste des plus importants à la lisière d'un bois, y demeura inébranlable et en défendit l'accès pendant toute une journée. Il repoussa constamment, par des charges brillantes et réitérées, un ennemi supérieur en nombre. A la fin de la journée ses habits et sa selle avaient été mis en lambeaux par les balles et les coups de sabre. Le manteau qu'il portait en bandoulière était criblé de projectiles qui s'étaient fixés dans les plis serrés de ce vêtement. Aussi notre vaillant et pieux militaire s'écriait-il à ce souvenir : « Là, comme toujours, Dieu me protégeait ! »

Les résultats de la victoire de Hohenlinden furent immenses : les Autrichiens perdirent 20,000 hommes tant tués que blessés et prisonniers, et ils laissèrent tout leur matériel aux mains des Français. L'archiduc Jean alla, avec le reste de son armée, prendre position sur la Salza devant la ville de Salzbourg. L'ennemi, en se retirant, avait détruit les ponts et couvert la rive opposée de tirailleurs afin de retarder la poursuite de notre armée ; mais comment arrêter l'impétuosité de soldats français victorieux ! L'intrépide Testot, suivi de 30 de ses chasseurs, lança son cheval dans les eaux froides et profondes de la Salza, et se précipita sur ces tirailleurs incommodes, dont il débarrassa nos troupes. Dans cet acte non prescrit et d'un dévouement spontané, il eut son cheval tué sous lui.

La victoire de Hohenlinden aplanit singulière-

ment les dissidences diplomatiques, et la paix générale fut signée à Londres le 1ᵉʳ octobre 1801 (1)
Nos braves soldats avaient bien besoin de repos et
fondaient déjà quelques espérances sur une meilleure situation, à en juger par les lignes suivantes,
écrites d'une étape près de Montbéliard, par notre
héroïque lieutenant, à son ami :

« Dis—moi ce que tu penses du nouvel ordre de
choses : ne te semble-t-il pas que les noires va-
peurs qui bornaient notre horizon et qui nous
présageaient tant de désastrés commencent à
perdre de leur perspective menaçante et à nous
pronostiquer un avenir moins terrible ? Nous sommes faits pour voyager éternellement. Il semble
même que, pendant chaque hiver, nous soyons
particulièrement destinés à nous abonner aux
grandes routes ; aujourd'hui ici, demain là, et toujours, de village en village, etc. »

On ne peut se faire une idée de l'ivresse qu'excita
à Londres comme à Paris cette paix générale. Le
premier consul avait à cœur une autre paix encore :
c'était celle de l'Eglise ; et malgré le peu de sym-

---

(1) Un évènement grave entraîna surtout l'Angleterre à la
paix générale : ce fut la capitulation du Caire, le 27 juin
1801, et la restitution de cette conquête à la Turquie par
suite du consentement mutuel de la France et de l'Angleterre.

pathie qu'il rencontrait sur ce point dans son entourage guerrier et parmi les savants (1) et les philosophes, nourris du scepticisme désolant du XVIIIᵉ siècle, il comprenait que le vertige anti-religieux, né de l'abus des révolutions, ne tiendrait pas longtemps si le chef de l'Etat donnait aux sentiments profonds, refoulés dans les consciences, un moyen de s'épanouir. Il rétablit le dimanche, fête immémoriale si chère au peuple. Bonaparte, fidèle à ses souvenirs d'enfance, avouait que le son des cloches des villages voisins de la Malmaison remplit dès lors son cœur des plus vives émotions. Que serait-il advenu si ce grand homme n'eût été qu'un guerrier comme Charles XII, et que le soin d'une religion eut appartenu à des rêveurs ou à des utopistes? Déjà le protestantisme levait la tête; mais le premier consul confondit les raisonneurs par cet axiôme sans réplique : « L'institution la plus admirable est celle qui fait maintenir l'unité de la croyance par un chef indépendant de tous les souverains. »

Le Pape Pie VII seconda les vues du premier consul avec un désintéressement rare. Il songea moins, en effet, que ses cardinaux, à réclamer en ce moment les Légations, c'est-à-dire Bologne,

---

(1) Monge, Lagrange, Laplace, etc.

Ferrare et la Romagne, trois provinces dont la guerre avait dépouillé le Saint-Siège. Malgré des difficultés sans nombre et après bien des pourparlers, un concordat fut signé le 15 juillet 1801 avec le souverain Pontife. Le Conseil d'Etat en reçut la communication avec dédain ; mais qu'importait au premier consul de n'être pas approuvé par quelques voltairiens incorrigibles, quand toutes les familles de France battaient des mains !

Un guide providentiel et d'une sagesse prématurée était évidemment donné à la France pour faire disparaître les traces de l'horrible tempête qui l'avait ravagée et pour féconder les germes heureux nés de la révolution. Une active vigilance s'établit sur toutes choses, administration, armées, routes, ports de mer, législation. Profitant de la paix, le premier consul avait fait rechercher les meilleurs traités sur le droit et s'était enfermé pendant de longues journées, comme un étudiant d'Allemagne, pour s'assimiler les principes généraux de cette science. Il avait reconnu qu'il était temps de substituer une législation civile uniforme aux coutumes variables de la France : aussi le vit-on discuter, avec les plus savants légistes du Conseil d'Etat, tous les éléments d'un corps de droit français ; et, comme si un homme d'un profond génie était tenu d'être universel, le plus illustre des guerriers devint tout à coup le plus sage, le plus judicieux et le plus profond des législateurs : car, lorsqu'il y avait conflit d'opinions, c'était toujours le premier consul qui déduisait les conclusions les plus sensées et donnait le meilleur avis.

Pourrait-on croire à présent que cet immortel travail fut en proie aux plus violentes critiques (1), et qu'on lui reprochait sa simplicité, comme si les œuvres de génie devaient le moins du monde rester obscures et compliquées. Il a fallu la sanction du temps pour attester que ce chef-d'œuvre de législation suffirait à lui seul pour immortaliser le nom de celui duquel il émane principalement. Mais de quoi ne profite point l'esprit de parti? La raillerie est presque toujours une grimace aux dépens de la conscience, et elle attend surtout pour se déchaîner l'instant où rien ne manque à la prospérité publique. Pendant que ce dévouement du premier consul aux progrès de nos institutions civiles était en France l'objet d'un stupide dédain, les étrangers louaient hautement ce nouveau Périclès, contre lequel des insensés tentaient vainement un ostracisme. L'illustre Fox

---

(1) Jh. Chénier, Andrieux, Ginguené et autres poètes alors frivoles et inconsidérés, qualifiaient le Code civil de compilation de procureurs commandés par un soldat. — Faire de l'esprit aux dépens du bon sens, est, a été et sera à toute époque un de nos travers les plus communs.

était venu l'admirer jusque dans le palais de la vieille monarchie française; la reine de Naples, son ennemie jurée, le proposait sans cesse pour modèle aux princes d'Allemagne ses petits-fils; et les Italiens lui conféraient le titre de président de la république cisalpine (1).

---

(1) Il y a cela à noter que lorsqu'il fut proclamé à Lyon en cette qualité, le 25 janvier 1802, au milieu des députations italiennes, il fit ajouter à son nom de famille son prénom de *Napoléon*, lequel allait être si populaire et dominer désormais dans l'histoire.

Il avait chargé son ministre de la guerre Pétiet, dans lequel il avait la plus grande et la plus légitime confiance, de lui proposer une Constitution applicable à la République cisalpine. — Claude Pétiet, un des hommes les plus honnêtes de son époque, naquit le 10 février 1749 à Châtillon-sur-Seine, où son père était lieutenant général du bailliage. Voici des faits qu'aucun de ses biographes ne raconte, et que je tiens de sa famille : Dans les commencements de sa carrière militaire, il désirait entrer dans la compagnie des lanciers rouges de Lunéville, si je ne me trompe. On le recommanda donc chaudement à des amis de la capitale qui voyaient assez souvent Diderot; mais on fit comprendre au jeune homme que le seul moyen de parvenir était d'éviter ce même Diderot, qui était fort mal en cour. Il évita donc le philosophe; mais point d'avancement dans les affaires de notre jeune homme pendant six mois, pendant une année, et tant qu'il compta sur les amis auxquels on l'avait exclusivement adressé. Un jour pourtant, il rencontra Diderot parmi les trop discrètes personnes chargées de sa fortune, et l'on s'apitoya. Le philosophe qui n'avait rien dit, obtint dès le lendemain pour le jeune Pé-

Le premier consul ajouta à toutes ces institutions nouvelles la création des lycées et celle des

---

tiet un brevet d'officier dans la compagnie tant convoitée.
Ainsi va le monde : nos meilleurs amis sont quelquefois ceux
auxquels nous ne pensons point !

On sait que le jour de l'entrée de Louis XVI à Paris pendant
les fêtes de son mariage un grand nombre de personnes
furent étouffées sur la place Royale. Pétiet se trouvait dans ce
fatal encombrement; mais avec ses six pieds de taille et sa
large carrure il se fit bientôt faire place. Une jeune et jolie
personne l'ayant supplié, avec larmes, de lui prêter aide, il la
plaça sur ses épaules en lui recommandant de le tenir ferme
par le col, et, avec ce précieux fardeau, il redoubla d'efforts;
mais, poussé et ballotté vers des démolitions où se présentait
une sorte de fondrière, il se vit bientôt au milieu de la plus
étrange et de la plus dangereuse presse. Pétiet n'en continua
pas moins sa route; mais dès qu'il put respirer, qu'aperçut-il
sur ses épaules ?.... une vieille femme hideuse, qui vraisem-
blablement, armée des ongles d'une harpie ou d'un démon,
avait précipité de son trône la belle jeune fille et avait pris sa
place. Dire la confusion et les regrets du beau jeune homme
ce serait renouveler la plainte du dauphin qui, à la place
d'Amphion, avait trouvé un singe établi sur sa croupe.

Pétiet eut mille moyens de s'enrichir, notamment dans une
organisation nouvelle dont l'avait chargé le premier consul,
et qui avait pour but un remaniement de l'armée et une
réduction de solde d'officiers. Comme on connaissait la netteté et la précision de ses comptes, on lui confia toujours les
opérations les plus délicates en fait de gestion militaire. Il
aurait pu suivre impunément un trop fréquent exemple de
profits illicites, mais il n'en eut pas même la pensée, et se mon-

hautes écoles (1), et organisa un vaste système d'enseignement. Enfin, et comme corollaire, il sembla au premier consul qu'après tant d'aliments donnés à tous les genres de dévouement, il fallait une récompense éclatante et propre à stimuler l'é-mulation publique : de là lui vint l'idée de l'ins-

---

tra au contraire, en tout lieu et à toute époque, le modèle d'une austère probité.

Puisque je parle de vertus civiques, c'est le cas de ne pas omettre ici le nom de Carnot, une de nos célébrités bourguignonnes contemporaines. Il était né à Nolay en 1753; on trouvera un résumé exact de sa vie au *Supplément de la Biographie universelle* de Michaut, et, entre autres, ces lignes remarquables : « Pour le désintéressement et la probité, c'était un vrai Spartiate. On cite de lui un trait bien louable, et pour lequel il n'a peut-être pas eu un seul imitateur. Ayant été chargé en 1800 de faire, comme ministre de la guerre, une tournée à l'armée du Rhin, il reçut en partant 30,000 francs pour ses frais de voyage, et à son retour il remit au trésor la moitié de cette somme qui lui restait. »

(1) L'Ecole polytechnique fut régénérée, et l'on y ajouta celle des ponts et chaussées, de nouvelle création. Chose remarquable! Napoléon assignait la première place à l'étude des langues anciennes, c'est-à-dire aux lettres, et la seconde aux sciences mathématiques et naturelles. On fait le contraire aujourd'hui, sans peser les motifs élevés qui dirigeaient alors un homme de génie. Aujourd'hui que le cercle des études s'est élargi, il me semble que la nécessité d'être polytechnicien à vingt ans au lieu de vingt-deux, par exemple, arrête et atrophie le double et indispensable concours des études littéraires et scientifiques.

titution de la Légion-d'Honneur. Croirait-on que cette pensée si ingénieuse, et dont la réalisation devait engendrer tant de héros et de célébrités diverses, provoqua une opposition des plus vives? Mais la meilleure preuve que le premier consul avait bien saisi le fond de l'esprit français éclata dans l'empressement que tous les gens de cœur mirent à gagner de nobles insignes, sans excepter les opposants même les plus décidés contre ce projet. Carnot, qui s'exagérait tout, et jusqu'à la vertu du désintéressement public, ne voulait pas de cette institution.

Le traité d'Amiens, confirmatif de celui de Lunéville et formulant la paix générale, venait d'être présenté au Sénat par Rœderer, Berlier et l'amiral Bruix. Cambacérès, qui depuis longtemps scrutait, mais en vain, la pensée de Bonaparte concernant une élévation ou un renouvellement de pouvoir, avait pris occasion de cette solennité pour émettre le vœu d'une récompense nationale en faveur du premier consul. Le Sénat avait voté une prorogation du consulat pour dix ans; mais la nation, plus généreuse et plus juste, envoya quatre millions de suffrages en faveur du consulat à vie, et ce grand et solennel témoignage de gratitude universelle fut proclamé le 3 août 1802.

Le premier consul, à qui la paix donnait les

moyens de s'appliquer à la prospérité publique, s'employa de tous ses efforts à aplanir les difficultés qui pouvaient rendre chancelante une paix imposée par le plus fort. Il proposa à l'Allemagne un plan habilement conçu pour l'indemnité des princes ou seigneurs dépossédés par suite des conquêtes qui plaçaient notre territoire jusque sur la rive gauche du Rhin. Dans le même temps eut lieu l'expédition de Saint-Domingue contre une sorte de Spartacus entreprenant et cruel, mais habile. Le général Leclerc, commandant en chef de cette expédition, le général Richepanse et plusieurs autres officiers supérieurs succombèrent à l'action délétère de ce climat.

Cependant la paix avait ramené l'abondance et la prospérité en France; mais l'Angleterre s'offusqua de voir sa rivale tout à coup florissante et élevant sa prépondérance en Europe au-dessus du niveau ordinaire. Le commerce anglais, qui de tout temps vise au monopole des mers, voyait avec un envieux mécontentement les navires de tous les Etats lui faire concurrence. Les partis se déchaînèrent, et la fournaise des conspirateurs, dont l'Angleterre a toujours entretenu le feu criminel, s'alluma de nouveau.

De ce que le premier consul, dans un acte de simple médiation, pacifiait la Suisse, on affecta de se plaindre qu'il en violât l'indépendance, et une

note intempestive fut envoyée dans ce sens par
l'Angleterre. Il était facile de repousser ces insi-
nuations et de répondre que la France avait exécuté de bonne foi, et sans délai, toutes les conditions du traité d'Amiens, tandis que l'Angleterre
en était encore à évacuer Malte depuis dix mois
révolus. L'illustre orateur Fox, tout en conservant
en lui l'orgueil national, disait que, *quoique la
France fût plus grande que ne doit le souhaiter
un bon Anglais*, ce n'était pas un motif pour manquer de foi ni pour exposer son pays aux terribles
chances de la guerre. C'en était assez pour que les
marchands de Londres le fissent remplacer au
Parlement par le fougueux Pitt. Le premier consul, dont l'esprit était net, et qui détestait les subter-
fuges, posa, avec l'énergie du bon droit, cette
simple formule à l'ambassadeur lord Withworth :
« Malte ou la guerre. » César aurait été aussi laconique, mais peut-être un peu plus maître de lui-
même.

Le premier consul voulant prendre à témoin le
reste de l'Europe de la mauvaise foi anglaise,
comme Scipion aurait signalé à l'opinion de ses
contemporains la foi punique, écrivit en particulier à l'empereur de Russie pour se soumettre à sa
médiation. En mars 1803, le colonel de Colbert
fut chargé d'aller à Saint-Pétersbourg afin de remettre à l'empereur Alexandre une missive dans

laquelle le premier consul énumérait les torts de l'Angleterre, et exposait le désir de la France de respecter le traité d'Amiens. Le colonel de Colbert, sentant le besoin d'un officier instruit et intelligent pour le seconder dans une mission de cette importance, fit choix de Testot-Ferry.

Cette démarche pacifique près de la cour de Russie n'aboutit point ; et, après un séjour assez prolongé à Saint-Pétersbourg, le colonel de Colbert et son compagnon s'acheminèrent vers la France ; mais les agents de l'Angleterre avaient semé dans toute l'Allemagne l'insinuation que la France seule était infidèle au traité d'Amiens, et nos voyageurs se virent grandement exposés en traversant une foule de populations hostiles et surexcitées par la nouvelle de la rupture de la paix. Ils n'échappèrent à l'irritation croissante qu'à force d'énergie et de fermeté. Pour être plus sûrs des conducteurs de leur chaise de poste, Testot-Ferry se plaçait à côté d'eux sur le siège, et, surmontant leur mauvais vouloir par la force, il imposait à la multitude par sa belle prestance et par son air martial. A leur arrivée à Berlin, ils reçurent un parfait accueil du roi de Prusse et de ses officiers, et on les invita aux manœuvres de Postdam. Le duc de Brunswick ayant demandé à Testot-Ferry son sentiment sur les charges exécutées par la cavalerie, celui-ci répondit qu'elles auraient plus d'efficacité si les escadrons étaient séparés, comme en France, par des intervalles, et il signala plusieurs vices résultant pour la cavalerie prussienne d'une disposition contraire. Le duc de Brunswick trouva ces observations fort judicieuses, et dit à cette occasion quelques paroles flatteuses et aimables à l'officier français, qui les accueillit avec sa modestie accoutumée.

Testot-Ferry était bien supérieur à son grade par la considération dont on l'investissait. On ne le voyait, sous aucun prétexte ni dans aucune circonstance, s'écarter de ses principes ni de la règle qu'il s'était tracée : aussi, dans ses rapports avec ses chefs, l'affection de ces derniers était-elle le lien dominant. Le général Ordener qui, plus tard, eut le commandement des grenadiers à cheval de la garde impériale, écrivait à la mère du jeune officier, avec plus de cœur que de style : « Si j'ai voué mon amitié à votre fils, c'est à sa conduite, probité et talents qu'il faut l'attribuer. Je vous félicite particulièrement, Madame, d'avoir élevé un enfant avec tant de caractère, qui est vraiment l'exemple de ses concitoyens. »

Ce fut surtout entre le général Auguste de Colbert et le jeune lieutenant que s'établit une de ces solides amitiés dont parle Cicéron, lesquelles sont plus fortes que les distances hiérarchiques et confondent en un seul, comme par une affinité réciproque, l'inférieur et le supérieur, sous l'empire de leurs belles qualités. « Convenons, dit l'orateur philosophe, que ceux qui, dans leurs actions et dans leur conduite ne montrent que bonne foi, intégrité et justice, sans mélange de désirs intéressés ni de passions honteuses et violentes, et qui sont invariables dans leurs principes, comme les hommes que j'ai nommés tout à l'heure, méritent le nom d'hommes de bien, parce qu'ils suivent la nature, guide excellent et le meilleur pour bien vivre (1). »

La carrière de ce noble ami fut courte, mais glorieuse. Le jeune et brillant général devait trouver en Espagne, dans un combat d'avant-poste, une fin prématurée. Après cet évènement, un vide profond et irréparable demeura dans le cœur de Testot-Ferry; on le savait, et quand Dieu rappela à lui le vieux soldat, on eut soin de placer sur son cercueil l'épée du général de Colbert, qu'il avait reçue de ce dernier en signe d'estime et de confraternité militaire.

---

(1) Qui ita se gerunt, ita vivunt ut eorum probetur fides, integritas, æquitas, liberalitas, nec sit in eis ulla cupiditas, vel libido vel audacia, sintque magna constantia, ut ii fuerunt modo quos nominavi : hos viros bonos, ut habiti sunt, sic etiam appellandos putemus, qui assequuntur, quantum homines possunt, naturam, optimam recte vivendi ducem, etc. (CICERO, *De amicitia*, § 19.)

L'honnêteté et le dévouement respirent dans la lettre suivante, écrite par ce général à son jeune compagnon d'armes. On n'y trouve point le langage d'un supérieur à un subordonné, mais bien les conseils d'un ami qui en gourmande un autre pour sa trop grande modestie, très peu propre à avancer ses affaires. Cette lettre est du 17 vendémiaire an XII (10 octobre 1803) :

« *Vos étonnements*, mon cher Ferry, me confirment que vous êtes le plus honnête homme du monde, que vous avez une âme pure et belle; mais ce n'est point assez pour l'existence : il faut connaître les hommes, les juger et ne point les haïr, car on doit vivre avec eux.... Ne tournez pas à la misanthropie. Croyez-vous que parmi les officiers du corps il y ait beaucoup de franchise? Ils paraissent moins faux, parce que la *puissance* est moins grande, et qu'ils *espèrent* moins que dans un grand état-major où le chef peut beaucoup. Les hommes sont partout les mêmes; les mêmes humeurs les dirigent, les mêmes passions les tourmentent. Connaître les hommes, c'est savoir vivre avec eux. Au reste, prêcher à une personne aussi désintéressée que vous la conduite qui seconde l'ambition, serait absurde : il faut donc que je vous répète que vous êtes fait pour en avoir. Sachez donc vous mettre à votre place, et vous vous rendrez plus de justice.

« Adieu, mon enfant; je regarderais comme un jour heureux celui où je vous reverrais. »

Un peu plus tard, le même général engage son cher protégé à accepter les fonctions d'aide-de-camp de Marmont :

« Comme j'ai pensé avant tout, mon cher Ferry, à votre intérêt, j'ai cru que la position d'aide-de-camp auprès du général Marmont pourrait vous convenir; vous seriez sûr de trouver dans Marmont un homme éclairé et plein d'honneur : le grade de chef d'escadron vous attendrait à la première bataille, et, dans le cas où il n'y aurait point de guerre, vous ne le quitteriez jamais sans ce nouveau grade. Telles sont les offres que vous fait votre meilleur ami; réfléchissez, et répondez-moi de suite si je puis engager votre parole.

« En résumant tout, je crois que vous ferez bien d'accepter; vous avez trente ans et vous n'êtes que capitaine; une chance favorable se présente, Marmont a du crédit et un emploi considérable, je vous établis bien dans son estime.... Voyez!

« Moi seul je perdrai à tout ceci, et je sais la perte que je vais faire; mais je ne la regarde que comme momentanée; et puis, il faut aimer ses amis pour eux.

« Adieu, mon enfant; je vous embrasse comme je vous aime. »

Quelques jours après, le général de Colbert cherche encore à relever l'assurance de son protégé. Sa lettre est curieuse en ce qu'elle renferme l'esquisse de deux grandes figures, dont la moindre a peut-être perdu depuis lors de son éclat et du lustre qu'elle pouvait prendre sous la plume d'un compagnon d'armes. En effet, si l'on envisage les rapports personnels de Marmont avec ses inférieurs, le peu d'ardeur de son dévoûment à leur égard et son penchant à être flatté, la suite prouvera que le général de Colbert jugeait son collègue avec trop de condescendance, relativement à Testot-Ferry principalement.

Voici cette lettre :

« En vous éloignant de moi, mon cher Ferry, je n'ai point cru pouvoir rompre les liens d'une amitié fondée sur l'estime et l'habitude, mais bien changer votre sort en l'améliorant. Marmont, je vous le répète, est un homme d'honneur, amant de la gloire, et ne la cherchant que par de beaux moyens. Son accueil est froid, son cœur est sûr ; il a ses faiblesses comme les autres hommes : il fait cependant plus de cas de l'attachement sincère que de la flatterie. Elève d'un grand homme, il a un de ses défauts essentiels ; il n'aime que jusqu'à un certain point la modestie, qu'il appelle pusillanimité. Tâchez de secouer votre défiance de vous-même, et sachez vous targuer de l'assurance qui convient à un homme capable et à une âme fière. Quelle que soit l'issue des évènements, vous serez sûr de sortir d'auprès de Marmont avec un grade supérieur, et puis votre vie sera plus douce et plus aisée.

« Ecrivez-moi souvent, faites-moi votre confident ; en qualité d'ami, je puis réclamer ce titre.

« Adieu, mon très cher ami ; je vous embrasse tendrement. »

Testot–Ferry recevait ces lettres au camp de Montreuil, où son régiment, le 10ᵉ de chasseurs, était parmi les troupes placées sous les ordres du général Ney. Il reçut de ce chef illustre des marques toutes particulières de considération, et plus tard, lorsque Ney devint maréchal, ce dernier songea à s'attacher Testot–Ferry comme aide-de-camp ; mais ce projet resta sans exécution par suite d'une foule de circonstances qu'il serait trop long de déduire ici. Assurément la fortune de notre jeune officier aurait suivi avantageusement son cours sous les auspices de ce chef plus rude, mais plus équitable que Marmont. Autour des hommes mondains et pénétrés de ce qu'ils valent, il faut être souple, adroit, ambitieux à l'excès, mobile dans ses principes, serviteur obséquieux et assidu ; il faut être aussi aimable qu'ambitieux, et l'être en tout temps et à tout prix ; mais le nouvel aide–de-camp avait une franchise nette, laconique et quelquefois un peu verte ; tout ce qui lui semblait le moins du monde contrarier sa conscience et son devoir provoquait ses répugnances, et il avait jusque dans ses dehors quelque chose de l'austérité de ses vertus.

Le 9 février 1804, il fut nommé capitaine aide-de-camp du général Marmont, et se maria sur la fin de la même année à Fontainebleau, où son régiment avait été envoyé en garnison après la paix d'Amiens. Testot-Ferry épousa (1) Mlle Eugénie Marchand-Dunoue, nièce des généraux Marchand de Villionne et Plauzonne. Ce dernier, qui était un homme de guerre de la plus haute distinction, fut tué à la tête de sa brigade au début de la bataille de la Moskowa (2). La jeune épouse dépassait, par ses qualités et la distinction de son esprit et de ses manières, l'éloge délicat qu'en avait fait, dans sa correspondance, un des amis du nouvel aide-de-camp, par ces mots, et avant de la connaître : « La femme de Ferry ne peut être qu'une femme de mérite, aimable et bonne. »

Aussitôt que son nouveau grade lui avait été an-

---

(1) Le 21 décembre 1804.

(2) Thiers, 14e vol., p. 322.

noncé, Testot-Ferry avait quitté le camp de Montreuil pour celui d'Utrecht, où Marmont commandait 24,000 hommes. En quittant ses compagnons d'armes, Testot leur dit avec une émotion bien partagée par eux tous : « Le drapeau du 10°, c'était mon clocher; je ne le reverrai plus ! »

A cette époque, des préparatifs formidables se faisaient en vue d'une descente en Angleterre. La marine recevait une immense impulsion sur tous les ports et à toutes les embouchures de rivières. La flottille destinée à aborder les côtes d'Angleterre se composait de plus de 2,000 petits bâtiments de diverses formes et de divers noms. Boulogne était le centre de cet armement général et d'une activité peu commune. L'esprit national recevait un tel élan par suite de l'indignation causée par la déloyale levée de boucliers de l'Angleterre, que la France s'imposa spontanément des sacrifices. Le département de la Côte-d'Or, à lui seul, voulut faire les frais de cent pièces de canon de gros calibre, dont la commande fut adressée au Creuzot.

Devant Boulogne, la flotte anglaise jonchait notre sol de projectiles de toute nature pendant que nos soldats s'y livraient joyeusement à des jeux animés, et préludaient ainsi à la guerre qu'ils allaient porter bientôt chez les ennemis les plus acharnés contre la grandeur et la prospérité de la

France : c'était bien la fête des cœurs guerriers;
car elle se célébrait tous les jours au bruit solennel
de cinq cents canons qui garnissaient nos rivages,
et répondaient au feu de la flotte anglaise en la tenant à distance.

A Utrecht, au camp de Zeist, le général Marmont s'était fait une sorte de gloire de ne laisser
dépasser par aucun émule des autres camps le
renom de ces fêtes militaires. Tous les régiments
y prenaient part et avaient pour juges des officiers
de chaque corps. Testot-Ferry s'y distingua par sa
vigueur, par son adresse et par son agilité. Armé
de pied en cap, le sabre à la main, une carabine
en bandoulière, il s'élançait soit du côté droit,
soit du côté gauche, soit en croupe sur son cheval
sellé et paqueté, et à toutes les allures (1). Il
cueillait ainsi de pacifiques lauriers dans ces nouvelles plaines de l'Elide, en attendant ceux que lui
réservait son héroïque courage sur de nombreux
champs de bataille.

Pendant que l'Europe était attentive aux efforts
que la France allait tenter, l'Angleterre laissait

---

(1) Un vieux soldat, aujourd'hui plus qu'octogénaire, demeurant à Allerey, près d'Arnay, et qui avait été témoin de
ces jeux, disait que Testot-Ferry n'avait pas son pareil dans
les exercices du camp d'Utrecht, et qu'il y remportait tous les
prix.

tramer dans l'ombre, et sous la protection de ses lois dangereuses pour le repos de l'Europe, la plus honteuse des machinations contre la vie du premier consul. Il s'agit du projet d'assassinat conçu par Georges Cadoudal avec d'autres chouans fanatiques, projet déjoué par la pénétration de celui dont la vie était menacée, plutôt que par la police de son gouvernement.

On ne peut se faire une idée de la profonde douleur du premier consul en se voyant en butte à d'odieux attentats de la part de ceux mêmes qu'il avait comblés de bienfaits (1), comme si ce n'était pas chose trop commune de faire des ingrats dans les adversaires politiques qu'on pense ramener par le dévouement! L'irritation du premier consul fut surexcitée au-delà de toute expression : il en résulta comme un anéantissement passager de ses forces et de sa prodigieuse activité, et comme une prostration momentanée de son génie : aussi, le réveil fut terrible. Malheureusement la colère du premier consul tomba sur une victime de trop, mais fatalement dévouée à un triste sort, parce que toutes les circonstances et les probabilités se rassemblaient

(1) Pichegru, Moreau et plusieurs émigrés, qui tous avaient plus ou moins éprouvé la bienveillance du premier consul, furent incriminés dans le procès.

contre elle. Que ne se trouva-t-il à la Malmaison, au milieu de ces angoisses de la politique, un courageux écho de quelques vers de Corneille pour invoquer la clémence! Quoi qu'il en soit, il n'y eut qu'un cri d'indignation en France pour flétrir les abominables et incessants complots (1) dirigés contre un illustre chef d'Etat investi de la confiance universelle. On le lui prouva bien en reconstituant la monarchie à son profit. Napoléon, et c'est ainsi que nous allons désigner désormais le héros le plus complet des temps antiques et modernes, Napoléon choisit le titre d'empereur avec autant de raison que Charlemagne l'avait substitué à celui de roi : ce titre d'empereur était, en effet, plus éclatant et plus nouveau, et la France le lui déféra avec l'espérance qu'elle allait se reposer enfin dans la gloire et dans l'hérédité de la famille qu'elle élevait sur le pavois.

Le pape Pie VII traversa les monts, et vint à Notre-Dame de Paris sanctionner l'élection populaire par l'huile sainte (2).

Cependant l'Europe s'agitait, et, malgré la sage

---

(1) L'attentat de la machine infernale du 3 nivôse (24 décembre 1801), était un crime du même parti que le complot avorté dont il s'agit en ce moment.

(2) Le 2 décembre 1804.

politique de la France et son désir de conserver
la paix, une troisième coalition s'était formée à
Saint-Pétersbourg, sous l'influence de l'Angleterre.
Il ne fut pas difficile d'entraîner l'Autriche, qui
voyait avec dépit Napoléon replacer sur sa tête
l'ancienne couronne de Lombardie (1).

Sans les hésitations de l'amiral Villeneuve (2),
qui sait si Napoléon, en opérant sur les côtes d'Angleterre une descente formidable préparée depuis
plus de deux ans, qui sait si ce nouveau Guillaume
n'aurait pas tranché le nœud gordien en étouffant,
en son foyer même, la guerre universelle? mais le
temps pressait. Napoléon avait beau interroger
l'espace : aucune voile ne paraissait sur l'étendue
des mers. Après plusieurs jours et plusieurs nuits
d'anxiété, l'illustre capitaine abandonna son projet
de descente immédiate en Angleterre, et alors un
plan de campagne sur le continent, contre la coalition, fut conçu par son génie aussi promptement

---

(1) Napoléon fut sacré à Milan roi d'Italie par le cardinal
Caprara, le 26 mai 1805.

(2) L'amiral Villeneuve avait reçu l'ordre d'arriver sur
Brest, de débloquer l'amiral Ganteaume et de faire voile avec
ce dernier dans la Manche, en y amenant cent cinquante vaisseaux, afin de favoriser l'expédition de la flottille. Au lieu de
cela, Villeneuve, craignant de rencontrer Nelson, s'était dirigé vers Cadix, pour son malheur et pour celui de notre
pavillon.

que Minerve, selon les poëtes, jaillit du cerveau de Jupiter.

Cette grave résolution, prise au milieu du mois d'août, fut mise à exécution incontinent, et Napoléon alla tomber sur ses ennemis comme la foudre, avant qu'ils eussent seulement soupçonné qu'il pût être instruit de leurs propres mouvements. La France vit avec surprise les corps d'armée tout à l'heure échelonnés sur les rivages de l'Océan pour une expédition maritime, traverser tout à coup son territoire avec une rapidité sans égale, et toucher au Rhin en moins de vingt jours.

La première action se passe à Wertingen, où, le 8 octobre 1805, Murat fait 4,000 prisonniers aux Autrichiens; le lendemain, le maréchal Ney acquiert pareille gloire à Guntzbourg. Le 11, à Albeck, le général Dupont, avec 6,000 braves, passe sur le corps de 25,000 Autrichiens et leur fait 1,500 prisonniers. Le 13, le maréchal Soult emporte Memmingen. Mais rien n'égale le succès de Napoléon. Il avait, par des marches habiles, cerné le général autrichien Mack dans Ulm, et le 20 octobre 28,000 prisonniers de guerre défilaient devant lui, consolés par la courtoisie et la magnanimité du vainqueur (1). Il fallait tout l'éclat de

_____

(1) La contre-partie de la faible résistance de Mack fut

ce triomphe pour atténuer dans les cœurs français le désastre maritime de Trafalgar, qui avait lieu le même jour. Les lignes suivantes des Mémoires de Marmont témoignent d'une admiration sincère pour le magnifique fait d'armes d'Ulm. Que le duc de Raguse n'a-t-il été aussi juste dans toutes ses appréciations!

« 28,000 hommes passant sous les fourches caudines! un pareil spectacle ne peut se rendre, et la sensation en est encore présente à mon souvenir. De quelle ivresse nos soldats n'étaient-ils pas transportés! quel prix pour un mois de travaux! quelle ardeur, quelle confiance n'inspire pas à une armée un pareil résultat! Aussi, avec cette armée il n'y avait rien qu'on ne pût entreprendre, rien en quoi l'on ne pût réussir. »

Cette capitulation d'Ulm était une belle préface de l'entrée dans Vienne, et surtout de la mémo-

---

donnée le 11 novembre à Diernstein, où 4,000 Français, commandés par le maréchal Mortier, tinrent pendant dix heures contre 30,000 Russes, et passèrent en emmenant 1,300 prisonniers et quatre pièces de canon.

Ce lieu de Diernstein, petite ville de la haute Autriche, à peu de distance de Krems, sur le Danube, était déjà célèbre. Là, sur une hauteur qui domine des gorges profondes, se voient encore les ruines du château de ce nom, dans l'enceinte duquel a été retenu captif le fameux Richard Cœurde-Lion, à son retour de la Palestine.

rable victoire d'Austerlitz, remportée le 2 décembre 1805 sur les armées russe et autrichienne. Les pertes des vaincus en hommes et en matériel, furent immenses, et l'Autriche demeura tellement affaissée sous ses défaites, qu'au traité de Presbourg du 26 décembre, elle s'abandonna à la générosité du vainqueur. Il fut douloureux pour elle de céder, entre autres provinces, tout le territoire vénitien avec le Tyrol, et surtout la Dalmatie, voisine de l'empire ottoman, et avec elle Trieste et les bouches du Cattaro. Napoléon refit la carte de l'Allemagne. Le royaume de Naples et plusieurs principautés devinrent des apanages de sa famille, et vingt-deux duchés héréditaires furent créés dans le nouvel empire français en faveur des grands services militaires (1).

Cette prodigieuse campagne avait duré l'espace de soixante-dix jours ; mais il ne faut pas croire que Napoléon ait rien dû au hasard ni à la fortune. Jamais son génie ne s'était livré à de plus vastes combinaisous et n'avait pris de plus sages mesures. Deux armées françaises lancées en sens inverse faisaient en même temps tête à deux armées enne-

---

(1) Joseph Napoléon fut roi de Naples. Ses sœurs, les princesses Pauline et Elisa, reçurent des principautés en Italie. Eugène de Beauharnais épousa la princesse Auguste de Bavière.

mies et se couvraient mutuellement dans leurs opérations. Trois camps avaient été formés pour les
réserves, et par suite d'alliances avec la Bavière, le
Wurtemberg et Bade, aucune hostilité ne menaçait
les derrières de l'armée française. Ney et Bernadotte
observaient les défilés du Tyrol; Augereau nettoyait le Voralberg (1); Baraguay d'Hilliers surveillait la Bohême, et Davout la Hongrie. Tous les
passages par où l'ennemi aurait pu déboucher sur
les flancs de l'armée française et tous les points de
retraite étaient soigneusement gardés. Marmont
avait été posté sur le faîte des Alpes de Styrie pour
surveiller les mouvements des archiducs d'Autriche
et particulièrement du prince Charles, qui, après
la bataille de Caldiero, marchait sur Vienne pour
couvrir cette capitale. Le général Marmont était
naturellement placé pour se voir départir un peu
plus tard le commandement de la Dalmatie et pour
tenir en échec les Monténégrins, achetés par les
Russes. Nous le verrons occuper avec succès ce
poste important, et y devoir à son aide de camp
Testot-Ferry les services les plus éminents et la
coopération la plus active et la plus dévouée.

Que manquait-il alors à la gloire de Napoléon?

_____

(1) Contrée montagneuse précédant le Tyrol, et où étaient
plusieurs corps ennemis.

Il reconstituait l'Allemagne sous une confédération nouvelle dont il devenait le protecteur; la France lui votait une colonne Trajane et plaçait l'anniversaire de sa naissance au nombre des fêtes publiques. La paix du continent ne semblait plus pouvoir être troublée de longtemps, et il la désirait plus que personne dans l'intérêt des grandes institutions civiles qu'il méditait.

Un traité avait été signé le 14 décembre 1805 avec la Prusse à Schœnbrunn. Pouvait-on penser qu'après les immenses succès que Napoléon venait d'obtenir, cette puissance allait oser se mettre en lutte avec lui? Elle choisissait bien mal son temps : car Napoléon, éclairé par un manque de foi de l'Autriche (1), avait suspendu le retour de l'armée française et lui avait fait prendre ses cantonnements dans la Franconie. Chose remarquable! cette levée de boucliers était aussi impopulaire en Prusse qu'intempestive et dangereuse de la part de ses auteurs. Elle était l'œuvre de l'aristocratie du pays, et surtout de la reine, qui paradait dans les camps et soufflait parmi les chefs la haine contre nous. C'était bien là l'esprit d'imprudence et d'erreur dont parle un de nos plus grands poètes!

La Prusse fut écrasée le 14 octobre 1806 à *Iéna*,

_____

(1) Contrairement au traité de Presbourg, l'Autriche venait de livrer aux Russes les bouches du Cattaro.

comme l'Autriche l'avait été le 2 décembre 1805 à Austerlitz. Le maréchal Davout avec 26,000 hommes tint glorieusement tête à 70,000 fuyards exaspérés de leur défaite, et qui s'étaient ralliés à Auerstaedt. Il avait été abandonné à ses seules ressources ; car le maréchal Bernadotte, entraîné par ses sentiments haineux, lui avait refusé tout concours. Napoléon entra à Berlin le 28 octobre, et s'établit dans le palais des rois, pendant que ceux-ci fuyaient à l'éxtrémité orientale de leur royaume, à Kœnigsberg. Le même jour 16,000 hommes d'élite capitulèrent à Prenzlow sous l'épée de Murat. L'armée française accueillait partout Napoléon aux cris de *Vive l'empereur d'Occident!* si ce titre ne fut pas sanctionné par la politique, il n'en eut pas moins l'auréole populaire.

Restait le général Blucher, renfermé dans Lubeck ; le maréchal Soult le força de capituler avec le reste de l'armée prussienne. Toute cette conquête s'était opérée en un mois, et il ne resta plus à Frédéric-Guillaume qu'à maudire ceux qui l'avaient entraîné dans une ruine aussi profonde et aussi humiliante (1).

---

(1) D'après une lettre écrite de Stettin par le maréchal Lannes à l'Empereur, le 2 novembre 1806, le roi de Prusse traitait de coquins tous ses courtisans. Que de princes devraient faire de même !

Napoléon, voulant profiter de la victoire, projeta de porter la guerre jusqu'au *Niémen*, disant qu'il fallait vaincre *la mer par la terre*, c'est-à-dire, atteindre le commerce anglais dans tout le continent européen. On eut à vaincre bien des difficultés pour s'établir successivement soit sur l'Oder, soit sur la Vistule, soit sur d'autres importants cours d'eau, comme la Passarge, l'Ukra, la Narew; il fallut faire le siège de plusieurs places fortes, comme Glogau, Breslau et Dantzig. Les routes étaient impraticables dans ces plaines continues et souvent trempées d'eau pendant la saison où l'on était entré. Napoléon établit ses quartiers d'hiver en Pologne, au milieu d'un peuple dont l'affection lui était démontrée, et pendant que l'ennemi mourait de faim, l'armée française était pourvue d'approvisionnements de toute espèce. On cite toujours ce fait comme un modèle de prévoyance et d'activité de la part de Napoléon.

Après plusieurs combats où les Russes reçurent de graves échecs (1), Napoléon atteignit toutes leurs forces à Eylau le 8 février 1807. La journée fut sanglante; le corps d'armée d'Augereau fut presque détruit. L'infanterie russe ne put résister aux charges impétueuses de la cavalerie de Murat. L'arrivée du général prussien Lestocq avait rétabli

---

(1) A Czarnowo, Golymim, Soldau, Pultusk, Mohrangen, Wallersdorf, Hoff.

l'ordre parmi les Russes; mais le maréchal Ney parut à son tour et décida la victoire.

Il s'agissait maintenant de conquérir la paix, que les Russes désiraient autant que nous, car ils s'apercevaient qu'ils étaient les instruments de l'Angleterre; mais c'est sur le Niémen qu'il fallait signer ce traité, et de grandes épreuves attendaient encore les deux armées. Napoléon, toujours sur le qui-vive, fut plus de quinze jours sans se débotter, ne vivant que de pommes de terre, et à peine abrité dans une grange au village de Mérode (1), d'où partaient ses décrets et ses ordres pour le gouvernement de l'empire. Enfin, le 14 juin 1807, jour anniversaire de celle de Marengo, eut lieu la bataille de *Friedland;* la fortune de Napoléon n'y fut pas moindre. Par une manœuvre d'une grande habileté il avait détruit les ponts et précipité l'armée russe dans la rivière de l'Alle. 25,000 Russes étaient restés sur le champ de bataille.

De septembre 1805 à juin 1807, l'armée française avait accompli une des plus prodigieuses campagnes des fastes militaires. L'entrevue de Tilsitt, entre Napoléon, l'empereur de Russie et le roi de Prusse, termina la guerre le 25 juin 1807. L'empereur Alexandre, subjugué par le génie de Napoléon, adopta toute la politique de ce dernier, la-

_____

(1) En Pologne.

quelle tendait à imposer ses lois à une grande partie
de l'Europe, et à forcer l'Angleterre à demander
la paix pour ne pas se voir ruinée par les entraves
mises dans tous les ports sur le transit de ses mar-
chandises. En ce moment Napoléon semblait tenir
entre ses mains puissantes les destinées de Constantinople ; mais il n'était pas temps encore que
ces destinées s'accomplissent, et pour en reculer
le terme, la France vient naguère d'employer son
influence et d'augmenter sa gloire.

Dans cette célèbre entrevue de Tilsitt l'infortuné
roi de Prusse avait l'attitude de la profonde humiliation qu'il s'était attirée. La vieille Prusse seule
fut reconstituée ; Napoléon disposa de toutes les
autres provinces soit en faveur du roi de Saxe, son
allié, soit en faveur du prince Jérôme, son frère,
pour lequel il créa le royaume de Westphalie. La
belle reine de Prusse alla pleurer à *Memel* la ruine
de sa maison.

Napoléon, plus puissant qu'aucun prince de la
terre, était de retour à Paris le 27 juillet 1807, et
il alla méditer dans la magnifique solitude de
Fontainebleau une foule d'améliorations et d'institutions utiles à la prospérité publique. Ainsi la
Cour des comptes fut établie, les grandes routes et
les canaux reçurent une vive impulsion, le Code de
commerce prit place à côté du Code civil, l'Université fut établie sur des bases larges et solides,

et la littérature française, que les excès de la révolution avaient compromise, fut l'objet d'une protection d'autant plus éclatante que l'empereur savait
combien notre beau pays doit de splendeur au génie
des lettres. Napoléon était d'ailleurs lui-même,
comme César, aussi grand écrivain que grand capitaine ; comment n'aurait-il pas été frappé du
péril à la vue de la décadence de notre littérature
nationale ? En ce moment, en effet, nous nous ab-
jurions en demandant tous nos modèles à l'Allemagne ; mais ces habits d'emprunt, lourds et sans
grâce, défiguraient et empesaient notre ancienne
désinvolture, la plus vivace et la plus estimée de
toute l'Europe.

J'ai promis de revenir sur la marche du général Marmont à travers l'Allemagne en 1805. Son
armée faisait diversion, et avait pour but d'observer les Autrichiens et les Russes, et surtout de tenir en échec, concurremment avec Masséna et Davout, les archiducs d'Autriche Charles et Jean.

Napoléon, avant de s'élancer sur l'Allemagne,
avait calculé tous ses actes et pris toutes ses dispositions pendant qu'il était encore au milieu de
son armée du camp de Boulogne. Il avait ordonné
à Marmont de partir de suite pour Mayence et de
là pour Würtzbourg en Franconie, et de traverser
sans hésitation la province d'Anspach. Ce fut là,
plus tard, un des griefs exposés par la Prusse

contre Napoléon, parce que ce territoire était compris dans la ligne de neutralité. Le corps d'armée du général Marmont était de 20,000 hommes, dont 15,000 Français. Le 29 septembre 1805, on arrivait à Würtzbourg après vingt journées de marche de suite sans alternative de repos, et il ne manquait que 9 hommes à l'appel (1).

Marmont partit de Steyer sur l'Enns (haute Autriche) le 7 novembre. Les ordres étaient que sa cavalerie éclairât la route de Steyer à Léoben (2). Il suivit avec prudence des défilés dangereux et que les frimas rendaient encore plus impraticables, et harcela le corps d'armée de Merfeldt. C'est pendant cette expédition que son aide-de-camp, Testot-Ferry, se couvrit de gloire au village de

---

(1) M. Thiers (*Cons. et Emp.*, t. VI, p. 68) raconte ainsi la chose : « Un fait sans exemple dans l'histoire de la guerre donnera une juste idée de la qualité de ces troupes. Elles venaient de traverser une partie de la France et de l'Allemagne et de marcher vingt jours de suite sans s'arrêter. Il y manquait neuf hommes en tout en arrivant à Würtzbourg. »

Testot-Ferry rappelait avec enthousiasme cette marche dont il avait été témoin. Il ne croyait pas qu'il eût jamais existé de pareils soldats. Les Allemands, en parlant d'eux, disaient que ces soldats étaient *ailés*. Les exercices du camp d'Utrecht n'avaient pas peu contribué à leur donner une trempe vigoureuse. N'oublions pas que Testot-Ferry y était pour tous le modèle d'une indomptable activité.

(2) Mémoires du duc de Raguse, t. II, p. 329 et 357.

Reifling, sur la rive droite de l'Enns, le 25 novembre 1805.

Il faut d'abord laisser parler Marmont, sauf à faire intervenir Testot-Ferry lui-même pour rectifier une assertion erronée des Mémoires du maréchal (1) :

« Arrivé à Reifling, je voulus avoir des nouvelles du mouvement des troupes ennemies qui se retiraient par les montagnes. J'envoyai en reconnaissance le capitaine Testot-Ferry, un de mes aides-de-camp, bon soldat et homme de guerre très distingué, avec 200 chevaux du 8ᵉ de chasseurs, et je le chargeai de remonter la *Salza*. Lorsqu'il fut à une lieue de la grande route, des paysans l'informèrent qu'un bataillon autrichien venait d'arriver et de camper à une lieue plus loin. Voulant le reconnaître avant de rentrer, il passa la revue de la ferrure de ses chevaux, et ne prit que ceux qui pouvaient marcher plus facilement sur le terrain couvert de glace. Il laissa en arrière le reste pour lui servir de réserve, et se mit en route avec *cent vingt chevaux.* Arrivé près du lieu où on lui avait annoncé le camp de ce bataillon, il traversa seul un bois pour observer sans être aperçu, et il vit le bataillon sans

---

(1) Mém. du duc de Raguse, t. II, liv. VIII, p. 331.

défiance, n'ayant placé aucun poste de sûreté, entièrement occupé à son établissement. Il rejoignit son détachement, laissa ses trompettes à la lisière du bois, où elles sonnèrent la charge au moment même où il se précipitait sur le camp avec sa troupe, renversant et brisant les fusils. Il fit réunir immédiatement le bataillon sans armes, et me l'amena prisonnier à mon quartier général. Ce bataillon était fort de 450 hommes et de 19 officiers. Ce trait est certainement une des actions de troupes légères les plus jolies qu'on puisse citer. »

Ce fragment des Mémoires du duc de Raguse ayant été communiqué à Testot-Ferry par la fille adoptive du maréchal, la veuve du général Denis Danrémont, avant que les Mémoires ne fussent en voie de publication, Testot-Ferry, alors octogénaire, écrivit une note (1) pour servir d'éclaircissement ; car une circonstance importante avait été omise par le maréchal : c'était celle du poste de surveillance, qu'il fallait enlever sans bruit et sans coup férir avant de surprendre le gros de la troupe. Une autre circonstance dont l'excès de modestie habituelle à notre brave militaire l'a empêché de se prévaloir dans la note dont on parle ici, c'est qu'au lieu de 120 cavaliers, il n'en avait

_____

(1) Cette note est du 7 juillet 1852.

que 50. Cela résulte positivement de ses états de service (1). Je me fais un devoir de reproduire cette note, et la voici textuellement :

« Dans une contrée montagneuse très boisée, sillonnée par de nombreux ravins, et alors couverte de frimas (province autrichienne de Styrie), le bataillon s'était couvert, à moins d'un quart de lieue de distance, par un poste de 30 hommes, dans une position d'un difficile accès ; cependant, à la faveur des escarpements et des aspérités de ce rude pays, nous avions pu, sans trop courir les risques d'être découverts, examiner soigneusement le fort et le faible d'une pareille localité, et faire nos dispositions en conséquence. Il importait que notre attaque soudaine ne fût pas éventée par une fusillade dont les détonations successives, faisant échouer notre projet de surprendre le gros de cette troupe, nous aurait, en outre, singulièrement compromis. Par cette considération toute

---

(1) Voici ce que portent les états de service : « Il partit, sur l'ordre du général en chef commandant le deuxième corps d'armée, pour aller en reconnaissance dans la petite vallée de Salza (Styrie) avec un détachement de *cinquante* chasseurs à cheval du 8ᵉ régiment. Il joignit l'ennemi au village de..., après avoir traversé et tourné ses avant-postes. Il le chargea sans délibérer, au milieu des obstacles dont il avait tiré parti pour se couvrir, et lui fit 500 prisonniers.

puissante, nous manœuvrâmes de manière à opérer sans coup férir, au fond d'une étroite et profonde vallée, une capture préliminaire sans
laquelle, dépourvus de toute infanterie, nous
eussions infailliblement succombé dans notre téméraire et périlleuse entreprise. »

Marmont, plein de confiance en son aide-de-
camp, qui éclairait si bien la marche de son armée, put s'assurer que les Autrichiens se retiraient
par les montagnes et évitaient la plaine. Il déboucha dans la vallée de la Muhr et se dirigea vers
Léoben, où il avait reçu l'ordre de se rendre. Il
était en observation à Gratz, le 2 décembre 1805,
lorsque la bataille d'Austerlitz se livrait. Voulant
se rapprocher de Vienne, il entrait à Neustadt
lorsqu'il apprit les évènements et l'armistice con-
clu le 6 décembre à Austerlitz. Il revint alors en
Styrie, et il occupa le Frioul jusqu'au 14 juillet
1806, époque à laquelle il fut envoyé à Zara avec
le titre de général en chef de l'armée de Dalmatie (1). Marmont fit de Zara le centre de ses opérations, releva les fortifications de Raguse, soutint l'activité de ses soldats, soit en comprimant les
Monténégrins, soit en faisant de belles routes (2),

(1) Mémoires de Marmont, t. II, p. 381 et 406.
(2) Je suis disposé, autant que qui que ce soit, à rendre jus-

qui changèrent la face de ce pays. L'administration du général y fut bienfaisante et lui acquit,
en même temps que ses travaux, beaucoup de po-
pularité. Il s'attendait à une grande récompense (1), mais il ne devait l'obtenir qu'un peu plus
tard et sur les champs de bataille. En attendant, il
fut, à la fin de décembre 1807, élevé à la dignité
de duc avec la dotation de la ville de Raguse, dans
la province qu'il administrait.

Un biographe consciencieux a bien résumé les
droits de Marmont au titre de gouverneur des provinces illyriennes ; voici comment s'exprime l'auteur (2) : « Abandonné à lui-même dans ce pays
avec une poignée de soldats en proie aux privations et aux maladies, Marmont gagna, le 31 octobre 1807, la bataille de Castel-Nuovo en Alba-
nie, avec moins de 6,000 hommes contre 7,000
Russes et 10,000 Monténégrins ; acheva de réduire la Dalmatie, Raguse, Cattaro, et mérita

---

tice aux travaux entrepris par Marmont dans les marais de la
Narenta (Dalmatie) ; mais je n'aime point l'encens qu'il se
donne en ces termes : « Certes, les Romains n'ont rien fait
de plus beau, de plus difficile et de plus admirable ! »
(Mémoires, t. III, p. 66.) L'aide de camp était aussi modeste
que le général avait de propension à se faire valoir.

(1) Le bâton de maréchal.

(2) Notice biographique sur le maréchal Marmont, par
M. Lapérouse, président du Tribunal civil de Châtillon.

d'obtenir, avec le titre de duc de Raguse, la souveraineté honorifique d'un pays civilisé par la sagesse de son administration aussi bien que conquis par ses armes. »

La gloire resplendissait alors de toutes parts sur l'armée française. Cependant l'étoile de l'honneur n'apparaissait encore que çà et là sur la poitrine des braves, et il fallait plusieurs actes d'un rare dévoûment pour l'obtenir. Ainsi ce ne fut que le 14 mars 1806 que Testot-Ferry, alors en Dalmatie, reçut le titre de chevalier.

Cette contrée lui fut bientôt connue avec toutes ses positions militaires : aussi les reconnaissances qui lui étaient confiées avaient-elles pour résultat des renseignements certains pour le général en chef, auprès duquel il prit une part glorieuse et active à la bataille de Castel-Nuovo. Ce n'est pas tout : il fallait civiliser ces populations à demi-barbares, et leur apporter le bien-être en même temps qu'à la petite armée qui avait mission de les contenir. Testot-Ferry s'y employa de tous ses moyens en se rendant populaire parmi les Albanais. Il les étonna par son énergie, par sa résolution et par sa vigueur. Il s'était attiré leur considération au point qu'un pacha turc, d'une station prochaine, ayant entendu parler de lui, voulut le voir. L'officier français inspirait sans doute beaucoup d'estime au pacha, car ce dernier envoya

chaque jour, pendant un assez long temps, un es-
clave qui venait se mettre à la disposition de notre
aide-de-camp avec un cheval de main. Testot-
Ferry ne manquait pas de se rendre à ce gracieux
appel le plus souvent possible. On l'introduisait
avec le cérémonial turc dans la tente du pacha,
qui l'invitait à se reposer près de lui sur un so-
pha, lui faisait fumer des feuilles de rose dans un
long calumet oriental, puis lui offrait un incomparable moka dans une large soucoupe. Après
cette entrevue aussi longue que possible par les
instances du pacha, mais pendant laquelle les
deux interlocuteurs échangeaient seulement quelques gestes, l'officier français reprenait le chemin
du quartier général dans la compagnie de son
guide silencieux et plein de respect.

Marmont, qui mettait alors toute sa gloire à se
faire civilisateur, était heureux de se voir seconder de la sorte par son aide-de-camp. Il disait
qu'un reflet de l'éclat du trône impérial et de Paris devait frapper les nouveaux sujets, lesquels
n'avaient qu'une idée confuse de notre grandeur (1). « J'étais, dans toute l'étendue du terme,
disait-il encore, un vice-roi dont le pouvoir n'a-
vait pas de bornes » (2).

---

(1) Mém., t. III, p. 426.
(2) Id., p. 338.

Le général Marmont avait tout ce qu'il faut
pour attirer les regards et produire de l'effet. Son
tempérament d'acier résistait à toutes les fatigues ;
il possédait un génie de détails et une facilité de
mémoire qui le rendaient on ne peut plus propre
à la prospérité de toute administration difficile et
nouvelle. Il avait une taille majestueuse et portait
la tête haute ; son front, bronzé par le soleil d'E-
gypte, était élevé et hardi ; ses yeux, vifs et péné-
trants, lançaient le feu sous une double arcade
sourcilière noire et plantureuse qui accentuait
avec avantage sa physionomie pour le commandement. Son sourire était aimable et fin ; sa voix,
pleine et bien timbrée, prenait parfois des modula-
tions sonores, flatteuses ou originales : car il était
conteur érudit, et avait une conversation étince-
lante. Il avait trop de propension pour le trait, ce
qui ne manquait pas d'ahurir les personnes modestes, tout en attirant les rieurs et ceux qui sacri-
fient à la fortune. Il était taquin et immiséricor-
dieux pour les gens ridicules comme pour les
flatteurs exagérés ou indécis. On lui aurait par-
donné cela s'il avait un peu mieux aperçu autour
de lui le mérite modeste ; mais il fallait toujours
qu'il eût le sceptre de la conversation parmi les
hommes et qu'il fût le plus aimable parmi les
femmes. Lui-même s'est peint d'un seul trait par
ces mots : « Je menais de front les affaires et les

plaisirs avec une grande facilité (1). » Il aimait passionnément le faste, et le grand homme auquel il devait sa fortune était beaucoup plus simple que son lieutenant (2). Je ne résiste pas au désir de donner ici quelques détails pour achever mon esquisse imparfaite (3).

---

(1) Mém., t. III, p. 428.

(2) D'une excentricité fort innocente au sujet de l'étoile à laquelle Napoléon disait au cardinal Fesch que son sort était attaché, Marmont fait un acte d'orgueil qu'il censure en ces termes (p. 338 et 366 de ses Mémoires) : « On retrouve sans cesse, comme je l'ai remarqué et comme je le remarquerai encore, le besoin qu'avait Napoléon de chercher à rattacher au ciel son origine. — L'orgueil a toujours été un des traits les plus marquants du caractère de Napoléon. »

Assurément il y a plus de passion que de logique dans ce langage. En effet, Napoléon, en semblant voir son sort attaché à une étoile, se laissait tout au plus entraîner à une sorte de superstition vers l'astrologie judiciaire ou genethliaque, faiblesse plus commune qu'on ne pense, et dont fait foi le *Traité astrologique* de Henri Rantzau, qui a eu une grande vogue au XVIIe siècle et en a peut-être encore de nos jours. Si les réflexions du duc de Raguse prévalaient, il n'y a pas de raison pour qu'on ne prête point un jour à Napoléon le même travers que l'histoire impute à Alexandre-le-Grand, en lui reprochant d'avoir prétendu descendre de Jupiter-Ammon.

(3) Je dois ces détails curieux et presque textuels au Dr B....., homme d'esprit, et médecin particulier du duc de Raguse à l'époque de son exil volontaire à Venise, pendant la dernière période de sa vie.

Le général Marmont s'était fait établir une chaise
de poste qui aurait défié tout le génie des Lucullus
modernes. Entre les deux vasistas du devant, sous
l'entre-deux qui sépare les glaces, était posée à demeure, sur un socle, une pendule de voyage ; au
moyen d'un ressort, on pouvait, pendant la nuit,
arrêter la sonnerie pour qu'elle n'interrompît pas
le sommeil des voyageurs. Voulait-on lire au lieu
de dormir, on pesait sur un autre ressort incrusté
au-dessus du dossier de la voiture, et l'on donnait
immédiatement passage aux reflets d'une lampe
brûlant dans l'intérieur d'une petite cage en cris-
tal ; puis on ouvrait un des tiroirs placés sous le
siège, et là, on pouvait choisir parmi une cinquan-
taine de volumes appartenant à notre meilleure
littérature, tels que Corneille, Racine, Molière,
Pascal, Montesquieu, etc. Enfin, le besoin d'une
légère collation se faisait-il sentir, on trouvait des
provisions de bouche empruntées aux cantines, et
laissant la facilité de prendre un à-compte sur le
dîner futur. Pour en finir avec cette voiture digne
des *Mille et une Nuits*, selon l'expression du docteur B..., elle permettait, au moyen d'une manœuvre intérieure d'un instant, de convertir les
deux places du siège en deux lits improvisés dans
lesquels deux voyageurs pouvaient se laisser bercer
mollement au bruit monotone des grelots dont l'at-
telage remplissait l'air et la nuit.

Puisque j'ai parlé des cantines, je veux décrire au lecteur celles que Marmont, lorsqu'il était général en chef en Hollande, avait fait établir pour son usage personnel. Je ne puis, toutefois, m'empêcher de sourire à l'idée conçue par ce général, que Napoléon s'était montré envieux de ces cantines (1). Elles se composaient d'un certain nombre de marmites en argent massif; contenaient toutes les préparations usitées pour un menu délicat, telles que fricassées de poulet et autres viandes assaisonnées, salmis, crêmes, primeurs, etc. Il suffisait de faire réchauffer ces mets par l'emploi du bainmarie pour avoir à l'instant, et dans l'endroit le plus désert, un confortable dîner. Vins fins, liqueurs, café, sucre, conserves confites et chocolat; rien ne manquait à ces provisions ambulantes. Ici je laisse parler le docteur B... lui-même :

« On se fera une idée de ce que pouvait être ce service des cantines de Marmont, lorsque j'aurai dit que plus tard, à l'armée d'Espagne, elles étaient divisées en deux sections portées chacune par quinze mulets. Cette division dans les cantines avait été faite pour le cas où l'une d'elles aurait été prise par l'ennemi; car il eût fallu dîner par cœur si les cantines saisies n'eussent pu être immédiate-

---

(1) Je tiens encore du Dr B..... cette circonstance singulière.

ment remplacées par la division de réserve. Le duc
de Raguse, en m'en parlant un jour, me disait
que jamais un officier d'ordonnance ne lui apportait une dépêche ou un message quelconque sans
qu'aussitôt il ne lui fût servi un bon morceau et
un flacon d'excellent vin. Aussi, ajoutait Marmont,
c'était à qui, parmi les officiers de l'armée, m'ap-
porterait un ordre. »

Marmont avouait que personne, parmi ses officiers, ne le secondait mieux que Testot-Ferry,
soit dans les opérations stratégiques, soit dans
l'exécution des plans conçus pour le bien-être et
la civilisation des provinces illyriennes. Un des
loisirs les plus chers à notre laborieux aide de camp
était de suivre avec le plus grand intérêt, sur les
cartes, les moindres mouvements de la grande armée et de tous les autres corps, et comme il étu-
diait aussi scrupuleusement ses cartes pour les évolutions qu'il avait à faire lui-même, on peut juger
par là de l'intelligence avec laquelle il remplissait
les ordres de ses chefs.

La tactique, la stratégie, l'art de la guerre étaient
principalement les objets d'étude dont il s'occupait avec plusieurs officiers distingués, notamment
avec Richemond (1), Plauzonne, Leclerc de Mont-

---

(1) Chef d'état-major de Marmont, et tué à Leipsig en
1813.

pic (1), quelquefois même avec le général en
chef, assez disposé à la discussion et finissant toujours par rendre justice à la sagacité de son aide
de camp. Selon ce dernier rien ne saurait remplacer la pratique de la guerre, mais il n'y a point
d'officier réellement distingué sans une solide théorie. Il aimait à répéter que l'art de la guerre doit
être étudié au point de vue philantropique et dans
les vues de la moindre effusion de sang possible.
Il considérait la science militaire comme une obli-
gation étroite pour tout homme de guerre d'un
certain ordre.

Autant Testot-Ferry avait d'abandon dans les
communications mutuelles ayant pour objet ses
études favorites, autant il était, dans ses autres
rapports, d'une humeur silencieuse et réservée,
comme tous les hommes sérieux, réfléchis et portés au recueillement; de plus, il était susceptible,
à la façon de tous ceux qui sentent ce qu'ils valent
quand justice ne leur est pas faite. Il se tenait
même un peu à l'écart et pouvait bien par là ne
pas satisfaire Marmont, qui aimait les gens empressés. Le général Plauzonne écrivait à cette occasion, à son neveu Ferry, ces paroles sensées
(le 5 mai 1808):

---

(1) Officier d'une grande distinction, mort à Salamanque
des suites de ses blessures.

« Parlons un peu de votre position. Dans une conversation assez longue que j'ai eue à votre sujet avec le général en chef, je me suis aperçu qu'il professe pour vous des sentiments d'estime très prononcés. Il ne tiendrait qu'à vous qu'ils ne devinssent ceux de l'amitié. Je vous avoue que, bien que convaincu que vous avez été négligé pendant longtemps, je n'ai pu cependant ne pas être sensible aux témoignages d'intérêt prodigués par le général, et qui ont le mérite de la sincérité, puisque sa position ne peut lui inspirer aucune feinte à votre égard. »

Un peu plus tard (le 4 août suivant), le même général écrivait à sa nièce :

« Grondez donc un peu ce mari de mettre tant d'insouciance dans ses intérêts. »

A cette époque plus pacifique pour lui, comme pendant les jours les plus agités des camps, Testot-Ferry, tout en visant d'abord au perfectionnement de son éducation militaire, ne négligeait ni la culture de son esprit par les lettres, ni les hautes études philosophiques et morales. Ses fils possèdent les livres et agendas portés et annotés par lui au bivouac. On y lit les maximes suivantes, qui sont comme le résumé de lui-même :

« Laissez agir le cours des évènements et parler votre mérite pour vous avancer : si les places ne viennent pas vous chercher, contentez-vous de la dernière et croyez, sur ma parole, que c'est la meilleure.

« Surtout priez Dieu qu'il vous éclaire, car il n'y a de science que par lui, et l'on est dans les ténèbres quand on ne suit pas sa lumière.

« Le jour qui s'écoule est le seul qui nous appartienne, et nous nous occupons d'un lendemain sur lequel nous n'avons aucun droit.

« L'homme qui réfléchit ne reconnaît de grandeur que dans ce qui le détache des objets corporels.

« Je ne trouve point de meilleur moyen de le guérir de l'ambition que de voir souvent ceux qui sont parvenus : quel assujétissement ! quelles inquiétudes ! quelle agitation !

« Il n'y a point d'occupation plus digne d'un être qui pense, que celle d'augmenter les lumières de l'âme et de diminuer les besoins du corps.

« L'art de se taire est une grande vertu : heureux qui ne dit que ce qu'il doit dire.

« Une seule sorte de politesse convient à des êtres libres : c'est celle qui consiste dans une franchise aimable, dans un air prévenant, et dans le désir sincère d'obliger.

« Les circonstances décident presque toujours

du sort des hommes : l'un étouffe son aptitude aux sciences parce qu'il devient soldat ; l'autre se rend recommandable par son érudition, parce qu'il mène une vie privée; et c'est la Providence qui dispose de tout pour le mieux. »

Notre studieux aide de camp ne perdait jamais un moment en dehors du service. Il trouvait moyen de s'occuper de mathématiques, de chimie et de physique avec ses amis Boissac, de Villehaut et le docteur Fabre. Il allait jusqu'à utiliser, au profit de la botanique, les reconnaissances militaires qui lui étaient ordonnées en Dalmatie ou dans les provinces contiguës. On peut voir en effet, par le passage d'une lettre du docteur Fabre (1), chirurgien en chef de l'armée de Dalmatie, que Testot-Ferry prenait goût à cette aimable science dans la compagnie de ce savant distingué, dont Marmont dit, dans ses Mémoires, que c'était l'homme le plus excellent, le plus capable et le

---

(1) Cette lettre était écrite de Spalatro, à la date du 1er janvier 1807. Spalatro, ville fortifiée, est la capitale de la Dalmatie vénitienne. On y voit encore des vestiges d'un palais de Dioclétien. Cette ville est l'antique *Salone*, patrie de cet empereur, et où il alla passer sa vieillesse après avoir abdiqué l'empire (en 305). Il disait qu'il trouvait plus de bonheur à cultiver son jardin qu'à gouverner le monde. La cathédrale de Spalatro avait été jadis un temple de Diane.

plus digne d'estime et d'amitié qu'il ait jamais connu (1).

Or, les lettres du docteur Fabre offrent de l'intérêt en ce qu'elles montrent bien la position du général Marmont et la suite des évènements de la Dalmatie. Voici donc ce qu'il écrivait le 1er janvier 1807 à l'aide de camp du duc de Raguse :

« D'après des lettres reçues de l'ambassadeur Sébastiani, le général (Marmont) a expédié Lafosse à Udine avec une dépêche pour le vice-roi (2) et une autre pour l'empereur. Lafosse a ordre, si le prince n'est pas à Udine, de lui envoyer sa dépêche par un autre et de pousser droit sur Varsovie. L'ordre du jour d'aujourd'hui ordonne à tous les officiers d'état-major, ceux du génie et d'artillerie compris, de se monter promptement. Joignez à cela un contentement qui perce dans toutes les actions du général en chef. Leclerc, le capitaine Boutin (3) du génie, et quelques

---

(1) Mém. du maréchal Marmont, t. IV, p. 145.

(2) Le prince Eugène de Beauharnais, parce que l'armée de Marmont était devenue une division du 2e corps de l'armée d'Italie.

(3) Le même qui a péri de mort violente dans une mission en Asie, et que lady Stanhope, nièce du célèbre Pitt, a vengé d'une manière éclatante. Les peuplades des environs de Palmyre l'avaient proclamée leur reine, et elle usait de son crédit pour protéger les Européens.

autres officiers d'artillerie, vont partir sous peu de jours pour Constantinople.

« Les Russes, comme vous le savez sans doute, se sont emparés de Curzola (1). Le *digne* commandant de cette place, *Orfengo*, dont vous aviez si mauvaise opinion, a été déjà diffamé par un ordre du jour, et il doit être traduit à un conseil de guerre (2).

« Depuis la prise de *Curzola*, les Russes infestent les canaux de la Dalmatie, de manière qu'il est impossible de voyager par mer.

« Toute l'armée est rassemblée autour de Spalatro. On a évacué sur Zara tous les gros équipages, et nous n'avons conservé que ce qui est absolument nécessaire pour faire la guerre.

« Jugez d'après tout cela, mon cher Ferry, de ce que l'on doit croire; joignez-y les renseignements que vous avez de votre côté. Je désire fort que vous reveniez nous joindre. Nous ne resterons pas longtemps en Dalmatie, du moins d'après nos conjectures. Un voyage à travers la *Bosnie*, vers

---

(1) Petite île sur la côte de Dalmatie, avec un château fort à quelque distance de Raguse.

(2) Il avait remis lâchement la place de Curzola à l'amiral russe Siniavin. Condamné à quatre ans de prison par le conseil de guerre, il s'évada, et alla prendre du service en Russie contre la France.

les rives du *Dniester*, rit assez à mon imagination, surtout si nous pouvions quelquefois nous égarer ensemble dans les jardins de Flore.

« Je ne sais si l'on vous a appris que, dans une explication assez vive entre les aides de camp et le général en chef, celui-ci est convenu *qu'il avait été injuste envers vous*, et *que vous seul aviez droit de vous plaindre de lui*. Cet aveu, mon cher Ferry, témoigne que le général sait vous apprécier, et j'espère que ce sentiment chez lui ne sera pas toujours infructueux.

« Adieu, mon ami; quelque part que vous soyez, que vous reveniez nous joindre ou que vous nous abandonniez tout à fait, comptez sur la plus vive amitié de ma part. Elle durera éternellement : car elle est fondée sur une parfaite estime. »

Deuxième lettre du docteur Fabre, datée de Spalatro, le 16 février 1807 :

« Lafosse est revenu hier de Varsovie. Il a apporté au général en chef une lettre de la main propre de l'empereur, qui lui annonce que lui, général Marmont, commandera une armée de 25,000 hommes, avec lesquels il entrera en Turquie, et que son départ n'est ajourné que jusqu'au moment où l'empereur Napoléon recevra du grand-seigneur le firman relatif à cette opération. Le général est dans la joie de son cœur, comme vous l'imaginez facilement, et l'armée en est très contente pour son compte; car, par ce mouvement, elle cessera de faire le triste métier de garde-côte.

« Les Russes infestent nos canaux, de manière que l'on ne peut plus voyager sûrement que par terre. Dans le moment où je vous écris, le général est à Zara, en tournée, et nous ne l'attendons que dans une huitaine.

« Depuis l'affaire de Curzola, les Russes n'ont fait aucune tentative sur aucun point de la côte. On a cru longtemps qu'ils attaqueraient *Lezina*; mais ils se contentent de venir croiser jusque sous notre moustache. Hier soir, une jolie corvette de vingt-huit pièces s'est approchée tout près de la batterie de gauche du port de Spalatro, où elle a été prise d'un calme plat pendant plus d'une heure. Elle se trouvait à portée des coups de fusil. On lui a tiré une centaine de coups de canon; mais, grâce à la maladresse de nos canonniers, elle a profité d'une brise de terre pour se tirer de ce mauvais pas, où il y avait cent à parier contre un qu'elle resterait. Elle en a été quitte pour quelques avaries, et tous les boulets qu'elle a lancés sur le port et sur la ville n'ont causé d'autres dommages que d'abattre quelques tuiles. »

Depuis trois années, Marmont, passionné pour

la gloire, se fatiguait de se voir confiné en Dalmatie, et, pour me servir de ses propres expressions, *il rêvait la grande guerre comme on rêve le
bonheur* (1). Il ne faut pas s'étonner de l'enthousiasme qu'excita dans son entourage une lettre de
Varsovie, en date du 29 janvier 1807, laquelle
laissait entrevoir que l'empereur allait envoyer au
duc de Raguse 25,000 hommes, afin de le faire
rentrer dans le système de la grande armée, et
marcher vers la Turquie à la rencontre des Russes; la dépêche ajoutait l'ordre de publier que
cette armée était prête et n'attendait, pour commencer ses opérations, que les firmans de la Porte,
alors alliée de Napoléon (2); la dépêche disait pourtant que ce projet n'était encore qu'hypothétique.
Au fond, l'intention de l'empereur était d'intimider
les Russes. On voit bien aussi, par la première
lettre du docteur Fabre, que l'ambassadeur de
Constantinople avait pris les devants sur la dépêche impériale, pour répandre la nouvelle qui
causait tant d'émoi parmi les officiers de Marmont. Tout ce fracas aboutit à détacher quelques
officiers du génie et d'artillerie de l'armée du duc
de Raguse pour les envoyer à Constantinople, afin
d'exercer les Turcs à tirer sur la flotte anglaise qui

(1) Mém., t. III, p. 56.
(2) Ibid., p. 86.

menaçait les Dardanelles ; encore ces officiers reçurent-ils contre-ordre en route.

Dans cet état de choses, et malgré ses brillants états de service et ses trente ans, Testot-Ferry restait capitaine aide de camp du général en chef Marmont. Celui-ci, ayant sa fortune personnelle en regard comme une idée fixe, ne soupçonnait pas qu'il avait tous les jours à ses côtés un homme de cœur dont les droits à l'avancement étaient incontestables. Il n'y avait qu'une voix pour blâmer le général de ne pas y mettre comme un empressement de conscience (1). Les uns attribuaient à l'excès de zèle de Testot-Ferry l'inconvénient de se rendre trop indispensable ; ils niaient l'esprit de dévoûment et de gratitude chez les supérieurs ou chez les hommes devenus puissants. Les autres, et c'était l'opinion du général de Colbert, pensaient que l'aide de camp se faisait plus simple et plus modeste qu'il n'aurait fallu selon les idées de Marmont.

Toutefois, aucune demande ne fut faite par Testot-Ferry ; aucune plainte ne lui échappa devant son chef ni devant toute autre personne, et, malgré cette injuste et blessante tiédeur à son égard,

---

(1) On a vu, par la lettre précédente du Dr Favre, que les autres aides de camp de Marmont avaient protesté en faveur de leur camarade Ferry.

le modeste aide de camp montra toujours le plus grand respect et l'attachement le plus sincère pour Marmont, ce qu'il fit dans la bonne comme dans la mauvaise fortune de ce dernier. Mais, à l'époque où nous sommes, il se contentait d'exprimer son chagrin en ces termes, bien peu acrimonieux, à son ami Lavirotte : « Nous vieillissons sans retirer de fruit de nos travaux. Ce n'est point par choix que je suis devenu aide de camp : il a fallu céder à celui qui avait engagé ma parole (1). Il m'eût été bien plus avantageux de rester dans mon corps. »

L'amitié est pénétrante : le général de Colbert s'aperçut bien du découragement de son cher protégé par le seul indice de son silence.

« Vous ne me parlez point de vous, mon cher Ferry, dans toute votre lettre. Quel est votre sort? Etes-vous bien avec votre général? Voilà ce qui m'inquiète; instruisez-moi de cela. Je ne sais si Marmont regrette de ne point être maréchal de France; je l'ai désiré, mais il y a encore deux vacances.... D'ailleurs, il ne peut être oublié en tout ceci. Quant à moi, mon cher ami, j'ai beaucoup à me louer de Duroc et de Murat, et je suis porté sur la liste formée pour la composition de la maison de l'empereur. Duroc m'écrit qu'il espère être

---

(1) Le général de Colbert.

assez heureux pour me procurer une place qui me convienne. Au reste, il ne me dit pas laquelle : ainsi je suis dans l'attente. N'oubliez pas de me rappeler au souvenir de Grouchy et de Pajol. Croyez, mon cher Ferry, que dans quelque position que je me trouve je ne vous oublierai jamais, heureux si je pouvais rapprocher mon existence de la vôtre; mais c'est du temps qu'il faut attendre un tel rapprochement. A présent, il faut pousser à la roue et vous faire chef d'escadron. »

Le général de Colbert s'expliqua chaleureusement avec Marmont lui-même sur le déni de justice fait à son ami Testot. « J'ai regretté, écrivait-il à ce dernier, de ne point vous voir à Clagenfurt, au passage de Marmont. Il m'a parlé de vous comme le veulent les sentiments d'estime qui vous sont dus. *J'ai eu une dispute avec lui à votre sujet.* Vous méritiez d'être chef d'escadron pour votre belle conduite à Reifling ; mais je connais l'homme, il faut attendre. »

Le fin mot de l'énigme, c'est que Marmont, ayant dans la personne de Ferry un aide de camp des plus distingués et qui unissait le zèle à une haute intelligence, tremblait qu'avec de l'avancement on ne donnât une autre destination à cet aide de camp; mais Marmont fut battu dans sa tactique par sa confiance même, comme on va le voir.

Il tenait essentiellement à ce que ses ordres et ses communications fussent toujours confiés à des officiers sûrs, garantie vivante, disait-il, de la notoriété et de la légalité de la transmission.

Napoléon, qui, depuis l'entrevue de Tilsitt, désirait avoir les renseignements les plus circonstanciés sur la Turquie au point de vue stratégique, avait chargé le duc de Raguse de les lui transmettre. Le travail se trouvant prêt dans les premiers jours de janvier 1808, et le duc ayant, en outre, des instructions importantes à demander à l'empereur, qui était de retour à Paris (1), voulut confier à Testot-Ferry le soin de cette grave mission, et lui recommanda la plus grande diligence. L'aide de camp partit à franc étrier et *dévora l'espace* (2), pour me servir d'une expression familière à Napoléon lui-même. Le grand homme interrogea Ferry avec intérêt et le félicita de la rapidité avec laquelle il venait d'exécuter son

---

(1) C'est de Testot-Ferry que parle l'Empereur au commencement de sa lettre du 26 janvier 1808, quand il écrit : « Monsieur le général Marmont, votre aide de camp m'apporte votre lettre du 9 janvier. » (Mém. du duc de Raguse, t. III, p. 158).

(2) J'ai souvent entendu dire, dans la famille de Testot-Ferry, que ce dernier n'avait guère employé que quarante-huit heures à faire le trajet de Venise à Paris.

Le vrai peut quelquefois n'être pas vraisemblable.

message. Il reçut de l'officier des réponses nettes,
pleines de convenance et de mesure. Aussi l'empereur, qui aimait les hommes de cette trempe, le
regarda avec satisfaction, lui témoigna une bienveillance marquée, et le nomma immédiatement
chef d'escadron. Ainsi, une circonstance fortuite
donna lieu à Napoléon lui-même, à qui rien n'é-
chappait, d'ouvrir à un officier de premier mérite la voie qui lui avait était fermée jusqu'ici.

L'empereur avait l'habitude de se réserver la
destination des officiers d'état-major auxquels il
conférait de l'avancement. Il décida donc que le
nouveau chef d'escadron ne retournerait pas auprès de son général, mais resterait à la disposition
du ministre de la guerre. Testot-Ferry s'empressa
d'écrire cela au duc de Raguse, et c'est alors que
l'ancien aide de camp put s'apercevoir de l'estime
et de l'affection qu'il avait inspirée à son général.

Le duc de Raguse lui répondait de Trieste, le
8 février 1808 :

« J'ai reçu, mon cher Ferry, les souhaits que
vous m'adressez, et dont je vous remercie ; vous
savez ceux que je fais pour vous, et le désir que je
forme de vous voir heureux et content, *et employé comme il convient à un homme de guerre
qui, comme vous, est de beau nom.* Je serai dou-
blement satisfait de vous retrouver, et de vous re-

trouver à la guerre ; mais, malheureusement, je
n'ai pas la perspective de la faire de sitôt, et si la
fortune m'a comblé de beaucoup de faveurs, elle
ne me traite pas mieux que vous sous ce rapport-là.
Adieu, je vous embrasse de tout mon cœur. »

En Espagne (1), au milieu de l'été de 1808

---

(1) Il est bon de renouer ici la chaîne des évènements.

Une amère rancune contre l'Espagne était entrée dans le
cœur de Napoléon la veille même de la bataille d'Iéna, car il
avait appris que cette puissance, gouvernée par Emmanuel
Godoy, indigne favori d'une cour tombée en décrépitude, venait d'entamer des intelligences secrètes avec l'Angleterre.
Aussi ne se gêna-t-il point pour faire franchir la frontière d'Espagne (octobre 1807) par le général Junot, chargé d'envahir le
Portugal. Déjà il était dans sa pensée de disposer de la royauté
de ce pays en faveur d'un membre de la famille impériale, et
son génie ne s'arrêtait pas plus dans les combinaisons de sa
politique que dans celles de la guerre. L'Espagne, languissante
et déchue, avait besoin d'être relevée de son abaissement :
le prétexte avait du poids ; mais comment populariser tout à
coup dans les provinces espagnoles un autre nom que le sien
propre ! Là était la difficulté, là aussi fut la complication qui
rendit chancelante la guerre avec les autres nations subju-
guées. Murat prit possession de Madrid le 23 mars 1808, et
Napoléon vint s'installer au château de Marac à Bayonne, où
bientôt après tous les membres de la famille royale d'Espagne
étaient à ses pieds. Ils traitèrent eux-mêmes de leur déchéance, et Joseph apprit à Naples qu'il était devenu roi d'Espagne et des Indes. Une guerre terrible s'alluma ; car la vieille
Espagne venait de se ranimer, et les peuples ont plus de cœur
que les vieilles dynasties. Le maréchal Bessières remporta

(le 22 juillet), la capitulation du général Dupont venait d'avoir lieu. Testot-Ferry, bien avant ce désastre (le 30 mai), avait été désigné par le ministre pour aller remplir le grade de chef de bataillon au 2ᵉ régiment provisoire faisant alors partie du corps d'armée du général Dupont ; mais cet ordre n'ayant pas été transmis à temps, le nouveau titulaire put arriver seulement en août dans ce régiment, qu'il trouva désorganisé et dans une situation déplorable.

Assez inquiet de sa situation, Testot-Ferry adressait ses doléances au général Ordener, l'un de ses anciens colonels, tout en confessant qu'un soldat doit se plier aux circonstances et savoir en tirer parti. Marmont, soit dit à la louange de ce général, voulut l'aider de sa bourse (1) et de son crédit près des maréchaux Ney, Moncey et Lannes, et près des généraux Junot et Suchet, sous le com-

---

une brillante victoire à Rio Seco (juillet 1808). Malheureusement la fatale capitulation du général Dupont à Baylen, ainsi que l'évacuation du Portugal par l'héroïque petite armée de Junot, amortirent les effets moraux de cette victoire, et exaltèrent le fanatisme des Espagnols au point de les porter à massacrer partout nos malades et nos soldats isolés ou marchant en petit nombre.

(1) Ferry avait été forcé de passer six mois à Paris pour attendre la décision du ministre, et ses effets ainsi que ses chevaux étaient restés en Dalmatie.

mandement desquels Testot-Ferry ne tarda pas à se couvrir de gloire dans les campagnes de 1808 et 1809. Disons, en passant, qu'il ne fit pas usage d'aucune lettre de recommandation, parce qu'il prétendait devoir à lui-même ses titres à l'avancement. Il fut toujours ainsi, ne cédant qu'à une ambition pure et légitime, et ne laissant entamer ni son cœur ni son esprit par l'appât de la fortune. Aussi n'en fut-il traité que comme un favori trop discret.

En écrivant de Vittoria au duc de Raguse pour lui témoigner sa reconnaissance, l'ancien aide de camp se plaignait un peu de n'avoir été envoyé en Espagne que pour recueillir les débris d'un régiment de grosse cavalerie. Il se disait embarrassé dans sa cuirasse et avouait ne pas voir sans soupirer un hussard ou un chasseur. Il ajoutait ces réflexions :

« Je crois qu'on n'attend plus que l'arrivée de grandes forces pour repasser l'Ebre, envahir les Espagnes, et mettre fin à cette guerre singulière et, jusqu'à ce moment, si peu digne de nos armes. »

Marmont lui répondait de Zara (Dalmatie), le 15 novembre 1808, la lettre suivante :

« J'ai reçu, mon cher Ferry, la lettre que vous m'avez écrite de Vittoria ; je regrette que celle

que je vous ai adressée ne vous soit pas parvenue,
vous y auriez vu l'expression de mes sentiments
pour vous ; mais, puisqu'il en est ainsi, je vous
répéterai que votre changement de destination m'a
affligé, quoiqu'il me fût annoncé depuis longtemps, parce j'aurais attaché beaucoup de prix à
vous conserver près de moi. Personne ne vous
porte plus d'estime et un plus vif intérêt que moi,
parce que personne n'est plus pénétré que moi de
tout ce que vous valez, et comme ami et comme
homme de guerre. Je ne doute pas, mon cher
Ferry, que vous ne justifiiez toujours l'opinion que
j'ai de vous, et j'espère que la campagne qui va
s'ouvrir vous sera utile et glorieuse. J'apprendrai
avec un vif intérêt tout ce qui vous y arrivera, et
vous devez répondre à cet intérêt en me donnant
souvent de vos nouvelles.

« J'éprouve encore le regret de rester dans le
repos lorsque tant d'autres ont le bonheur de
faire la guerre ; vous me connaissez assez pour
juger de ce que je souffre. Si jamais le mauvais
destin cesse et qu'il me soit permis enfin d'entrer
en lice, je désire vivement, mon cher Ferry, que
les circonstances nous rapprochent, et je ferai tout
ce qui sera en mon pouvoir pour l'obtenir ; mais
dans toutes les circonstances, de près comme de
loin, je ne perdrai jamais l'occasion de vous donner des preuves de l'estime que je vous porte et de

l'amitié que je vous ai vouée, et vous devez compter sur moi comme sur vous-même.

« Adieu, mon cher Ferry, je vous embrasse de tout mon cœur.

Le général en chef de l'armée de Dalmatie,

« Duc de Raguse. »

Pour montrer tous les regrets de Marmont de n'avoir pas alors une part active à ce qu'il appelait la *grande guerre*, citons encore la lettre suivante, écrite de Trieste le 5 février 1809 :

« J'ai reçu, mon cher Ferry, votre lettre du 5 janvier; je vous remercie des souhaits qu'elle contient; j'espère qu'un jour ils se réaliseront et que, la porte de l'Orient venant à s'ouvrir, je réaliserai, par une belle campagne, les vœux de bien des années. De quelque côté que la guerre se présente, je suis bien placé pour y prendre part, et cette perspective me console un peu de ne pas aller en Espagne. Je voudrais bien, mon cher Ferry, que nous puissions faire la première campagne ensemble.

« J'ai écrit au prince de Neufchâtel et au ministre de la guerre pour vous recommander à eux, et je désire beaucoup que vous obteniez promptement un régiment, et pour vous et pour l'em-

pereur, et jamais régiment n'aura été mieux commandé.

« Adieu, mon cher Ferry; comptez toute votre
vie sur mon estime et mon amitié. Je vous embrasse.   « Duc de Raguse. »

Mais les regrets exprimés par Testot-Ferry de
ne pas appartenir à ce qu'il appelait un régiment
définitif ne furent pas de longue durée. Il finit
par s'apercevoir qu'en faisant choix de lui pour
organiser le régiment, dont un décret spécial avait
ordonné la constitution, on avait reconnu en lui
un officier supérieur énergique, expérimenté, et
capable de donner une impulsion vigoureuse à une
chose difficile (1). Ce corps nouveau prit rang dans
l'arme des cuirassiers sous le numéro 13, et devint célèbre pendant toute la durée de la guerre
d'Espagne (1808-1813), par ses services signalés
et par des faits d'armes sans précédents (2). D'ailleurs notre chef d'escadron fut bientôt l'idole des

---

(1) Testot-Ferry agissait sous les auspices du général Belliard, et avait à choisir ses hommes dans les 1er et 2e régiments provisoires de grosse cavalerie, qui avaient eux-mêmes
été composés de détachements des 1er et 2e de carabiniers et
de divers détachements de cuirassiers.

(2) C'était le seul corps de l'arme des cuirassiers qui se
trouvât en Espagne. Il était fort de 1,200 chevaux, et commandé par le colonel d'Aigremont. (Thiers, t. XII, p. 215 et
296).

officiers et des soldats de ce brave régiment, qui devint la terreur des Castilles, de Valence, de l'Aragon et autres provinces de l'Espagne, comme nous le verrons en temps et lieu et en suivant les dates historiques.

Un grand spectacle occupait en ce moment l'Europe et tendait à rabattre les espérances de l'Allemagne, ennemie prudente et silencieuse, mais persévérante, parce qu'elle avait été humiliée par d'éclatantes défaites. Les conférences d'Erfurt venaient de s'ouvrir (27 septembre 1808), et là, Napoléon, entouré de l'empereur de Russie, du prince Guillaume de Prusse, des rois de Saxe, de Bavière et de Wurtemberg, de tous les princes, ducs et archiducs de l'empire germanique, avec leurs généraux, leurs ministres et une foule de personnages de haut rang, était honoré comme le plus puissant monarque du monde. Le soir, la scène française, par les plus magnifiques productions de son génie, défrayait les loisirs de cette auguste assemblée, et c'est à la lettre que l'acteur Talma avait, pour l'écouter, un parterre de princes. Les hommes les plus distingués de l'Allemagne et, entre autres, Goëthe et Wieland s'y trouvaient mêlés, comme pour rendre témoignage que l'éclat des lettres ne peut s'effacer nulle part. Napoléon en donna une preuve manifeste en conversant longuement avec eux dans un jour d'apparat.

L'empereur de Russie gagna à cette célèbre entrevue moins qu'il n'ambitionnait, car, au lieu de
Constantinople et des Dardanelles, il n'obtint que
la Moldavie et la Valachie. Napoléon voulait bien
s'assurer l'alliance des Russes, mais il voulait aussi
préserver l'Europe de leurs empiétements. Une
ligue offensive et défensive contre l'Angleterre et
ses alliés fut signée le 12 octobre entre Napoléon
et Alexandre; on se sépara le 14, et Napoléon
était de retour à Paris le 18; il en partit pour
l'Espagne le 29 octobre, et alla s'établir à Vittoria
pour régler lui-même les mouvements de ses divers corps d'armée. A peine y était-il que le maréchal Victor remporta une victoire signalée à Es-
pinosa (Vieille-Castille), sur le général Blake, le
10 novembre. Les restes de la gauche de l'armée
espagnole, dispersée et presque détruite par ce maréchal, n'étaient pas encore ralliés, que le maréchal Lannes mit en complète déroute, à Tudela
(Navarre), le 23, la droite de cette armée.

Le chef d'escadron Testot-Ferry et ses compagnons d'armes du 13e de cuirassiers se couvrirent de
gloire dans cette bataille. Ce régiment, après avoir
passé l'Èbre à Logrono et s'être réuni à la brigade
du général de Colbert, avait attaqué et harcelé la
veille, sur la rive droite du fleuve, l'ennemi qui,
en se retirant, concentrait toutes ses forces sur les
hauteurs de Tudela.

Le jour de la bataille l'ennemi occupait une forte position au village de *Cascante*. Là, le 13e de cuirassiers, malgré le désavantage de lieux plantés de vignes, et où ses évolutions ne pouvaient avoir l'aplomb désirable, soutint sans se rompre et sans sourciller le feu de douze mille Espagnols, et parvint, avec l'infanterie de la division Lagrange, à débusquer l'ennemi de sa position. Il y eut un engagement des plus vifs, car les Espagnols avaient crénelé les murs et les maisons, et avaient mis à profit, pour leur défense, les vergers, les haies et les jardins formant pour eux autant de retranchements naturels. Nos cuirassiers poursuivirent chaudement l'ennemi dans la direction de Saragosse.

On arriva le 25 devant cette ville, et, tandis que le maréchal Moncey l'investissait sur la rive droite de l'Ebre et le maréchal Ney sur la rive gauche, le 13e de cuirassiers bivouaqua pendant quarante-huit heures sous le feu des batteries de l'ennemi, et vint investir le redoutable fort de *Monte-Torrero*.

Pendant la durée du siège mémorable de Saragosse, à toutes les péripéties duquel assista Testot-Ferry, et qui s'acheva sous le commandement du maréchal Lannes, le 13e de cuirassiers, posté à *Monza-al-Barba*, fournissait tous les jours un détachement qui, placé près du couvent de l'Inquisition, à portée des ouvrages de la place, paralysa, par sa belle contenance et par son intrépidité, les sorties de la cavalerie espagnole, quoique celle-ci fût protégée par le feu des remparts.

On a vu que le général de Colbert et Testot-Ferry s'étaient rejoints pour partager les mêmes périls et la même gloire; mais ce bonheur dura peu. Le général de Colbert dut suivre le maréchal Ney, qui allait poursuivre l'armée anglaise, l'épée dans les reins, du côté de la mer. Les Pylade et les Oreste, toujours cités en fait de noble amitié guerrière, n'avaient pas plus d'épanchements l'un pour l'autre que nos deux amis. Les belles qualités du cœur et la solidité d'esprit de Testot-Ferry enchaînaient, près de ce dernier, le général, dans l'âme duquel se développait un secret penchant à la mélancolie. Il fit les plus vives instances à son ami pour qu'ils ne demeurassent plus séparés; mais le nouveau chef d'escadron avait reçu une mission de confiance dont il ne pouvait se départir. Le général de Colbert avait alors de cruels pressentiments sur sa fin prochaine et les confiait à son ami. Ils n'étaient que trop fondés : aussi Testot m'a-t-il souvent parlé de cette circonstance avec la plus profonde émotion, tant les affections sont plus vives et autrement réelles parmi les dangers et les péripéties de la guerre que dans la mollesse et l'affadissement des loisirs de la vie ordinaire! En se quittant, Testot-Ferry reçut du général l'épée et la montre de ce dernier en signe d'affection éternelle et de confraternité d'armes. Jamais gages précieux n'ont été mieux placés !

Rien n'est touchant comme la correspondance de M. de Colbert avec son digne compagnon d'armes. Je voudrais pouvoir l'éditer ici tout entière; mais le cadre que je m'impose me force à ne plus citer que ces dernières lignes d'adieu du général : « Je compte toujours sur vous, mon cher Ferry, et mon esprit et mon cœur se reposent sans cesse sur votre amitié. La solidité de votre belle âme est pour ma pensée une consolation et un point où je la fixe fréquemment. Les agitations que j'éprouve à cette heure donnent à ma nature un besoin d'épanchement que je connais rarement, et, lorsque je dois le satisfaire, c'est dans votre sein que je dépose mes inquiétudes avec le plus de douceur. »

Madrid se trouvant découvert par suite du double désastre de l'armée de Blake, Napoléon marcha sur cette capitale, culbuta, avec l'aide du général Montbrun, les Espagnols sur les pentes de *Somo-Sierra*, et, le 4 décembre 1808, réduisit la ville de Madrid à lui ouvrir ses portes. Peu de jours après, le maréchal Saint-Cyr entrait à Barcelone, après avoir gagné, sans artillerie, la bataille de *Cardeleu* sur les forces réunies du général don Juan de Vivès. L'impulsion donnée par l'empereur amenait sur tous les points des succès éclatants en Espagne, et si sa vaste pensée n'avait pas embrassé dans le même moment d'autres champs de bataille, il aurait terminé glorieusement la guerre dans la Péninsule.

L'année 1809 est mémorable pour l'importance des évènements militaires. Ainsi, 30,000 Anglais, commandés par les généraux Moore et David Baird, prétendaient surprendre l'armée française en Castille ; mais Napoléon s'était rendu à Valladolid avec sa garde, afin d'être mieux à portée de conduire la guerre, et, par suite d'habiles manœuvres conçues et ordonnées par lui, l'armée anglaise, cernée de toutes parts et sur le point d'être réduite à mettre bas les armes, se hâta de gagner le port de la Corogne, en laissant tout son matériel et le tiers de ses forces aux mains des maréchaux Soult et Ney. Pendant cette retraite précipitée, le général Moore, afin d'arrêter la poursuite des Français, résolut de livrer un combat d'arrière-garde à Pietros, en avant de *Villafranca*. Ce fut près de ce village de Pietros, le 3 janvier 1809, que le général de Colbert (1), en disposant ses troupes, reçut une balle au front. Sa première

---

(1) Officier du plus haut mérite, dit M. Thiers. (T. IX, p. 525.)

pensée fut pour son pays, la seconde pour l'ami de son cœur..... Ses pressentiments ne l'avaient pas trompé ! Le général Moore fut aussi tué en soutenant la retraite, et le général Baird blessé mortellement à la bataille de la Corogne (1), dont la malheureuse issue pour les Anglais les força à s'embarquer à la hâte et à abandonner l'Espagne et le Portugal. D'autre part, et le même jour, l'importante victoire d'Uclès (Castille) ouvrit les portes de Madrid au roi Joseph, qui y fit son entrée le 22 janvier, pendant que Napoléon rentrait à Paris.

Le maréchal Lannes, pour l'un de ses derniers triomphes, planta, le 20 février 1809, le drapeau de la France sur les ruines fumantes de Saragosse, que les Espagnols défendirent avec le courage du désespoir, et où il fallut faire autant de sièges qu'il y avait d'édifices (2). Après la réduction de cette ville, le régiment de Testot-Ferry passa dans le corps d'armée du maréchal Mortier, et vint occuper différents postes sur la *Cinca*, affluent de l'Ebre. Il investit la forteresse de *Mequinenza*.

---

(1) Le 16 janvier 1809.

(2) Testot-Ferry, témoin oculaire, ne parlait qu'avec une sorte d'horreur du siège de Saragosse. « Il a fallu, disait-il, faire le siège de chaque maison, et quels sièges ! »

Pendant que ce beau régiment stationnait à *Monçon*, un détachement de 50 cuirassiers fut envoyé de cette petite ville en reconnaissance sur la rive gauche de la Ciuca. Il était absent depuis plusieurs jours, et l'on s'étonnait de n'en pas avoir de nouvelles, lorsque, s'étant trouvé opposé à des forces supérieures, pressé et suivi de toutes parts avec acharnement au milieu d'un pays inconnu, difficile et partout insurgé, il parvint, par un long détour et à travers les obstacles les plus difficiles, à opérer sa retraite sans se laisser entamer. Bien plus, il franchit à la nage, avec armes, chevaux et bagages, sous une grêle de balles, en présence d'un corps ennemi de troupes régulières et d'une population nombreuse, armée contre lui, cette même Cinca, grossie par des pluies torrentielles, et couvrant de ses eaux débordées une grande étendue de terrain. Il reparut au moment où l'on avait perdu toute espérance de le revoir, et fut fêté comme il en était digne.

La campagne se continua sous le commandement du général en chef Suchet. L'ennemi ayant rassemblé des forces considérables dans le dessein de nous expulser de Saragosse, était parti de Valence sous les ordres du général Blake, et avait commencé par occuper la formidable position d'*Alcaniz* (Aragon). Fier du succès de quelques escarmouches, et plein de confiance en sa supériorité numérique, il continua l'offensive et s'empara, le 13 juin 1809, du poste de *Villamuel*, occupé par un escadron du 13° de cuirassiers et par quelques compagnies d'infanterie qui se retirèrent en bon ordre en se faisant jour à travers l'avantgarde espagnole. Le soir du même jour, le régiment du 13° de cuirassiers bivouaqua en avant des écluses, à peu de distance de Saragosse. Dans la matinée du 14, les cuirassiers et une compagnie de lanciers polonais réunis à la division Musnier firent une reconnaissance sur le village de *Maria*, au-delà duquel l'armée ennemie avait déjà pris position. Le 15, une vive fusillade s'engagea, dès le lever du soleil, entre les avant-postes, et fut le prélude d'une action générale. En effet, les deux armées, bien préparées à se mesurer, marchèrent résolument à la rencontre l'une de l'autre, et la bataille de Saragosse s'engagea vers une heure après midi.

Dans cette journée décisive, où l'armée espagnole, bien supérieure en forces à la nôtre, eut néanmoins à subir une déroute complète, l'honneur de la victoire fut dû entièrement à la belle conduite du 13° de cuirassiers. Ainsi, le premier escadron, ayant son colonel en tête, chargea avec impétuosité une division de cavalerie légère composée de 1,200 hussards qui avaient tourné et chargeaient l'infanterie de notre gauche, culbuta

celte division, en fil un grand carnage el s'empara
de son artillerie.

Le second escadron, commandé par son chef
Teslot-Ferry, el manœuvrant sur un terrain mon-
tagneux, aborda, sous le feu le plus vif, un plateau
élevé d'un accès difficile, hérissé de canons et occupé par des masses d'infanterie qui formaient le
centre de l'armée espagnole. Il y eut parmi la
troupe héroïque un moment d'hésitation causé par
le feu nourri et plongeant de cette infanterie. Nous
perdions du monde, et le 4ᵉ de hussards eut notamment beaucoup d'hommes hors de combat. Il
n'y avait pas un moment à perdre ; il fallait de la
résolution et un élan impétueux. Teslot-Ferry dispose ses pelotons de manière à ce que dans l'attaque ils puissent se reformer et se prêter un mutuel appui ; il adresse à ses hommes d'énergiques
paroles ; leur fait comprendre qu'en eux seuls ré-
side la réputation du corps, et qu'avec du courage
ils vont décider de la victoire. Il fait sonner la
charge, s'élance et arrive sur le plateau, où lui était
réservé l'honneur du premier coup de sabre (1).
Ses hommes, électrisés par son exemple, se préci-

---

(1) « J'étais à côté de vous à Maria, lorsque vous avez
donné le premier coup de sabre, » lui écrivait plus tard un
M. de La Bretonnière, premier aide de camp du général Du-
rosnel.

pitent comme des lions sur les rangs pressés de l'infanterie espagnole qui s'ébranle à ce choc irrésistible, la taillent en pièces, la jettent dans les ravins et les fondrières et s'emparent d'une position qui semblait inexpugnable. Enfin, ils percent le centre de l'armée espagnole qui se débande aussitôt. Deux régiments sont détruits, les canonniers tués sur leurs pièces, et toute l'artillerie et les bagages enlevés. Le 13ᵉ de cuirassiers fut à jamais couvert de gloire, et il soutint cette gloire pendant toute la guerre (1) ; mais après cette bataille et celle de *Belchite,* on ne put former que deux escadrons complets de la totalité du régiment.

---

(1) Ces faits résultent de notes laissées par Testot-Ferry, et où il nomme tous ses camarades qui y ont pris part et ne dit pas un mot de lui-même. Ses enfants seuls ont eu la confidence de ce qui le concerne. Je suis heureux de violer ce secret.

Voici en quels termes beaucoup plus généraux M. Thiers (t. XII, p. 216), raconte l'évènement :

« Le général Suchet attendit à *Maria* l'armée de Blake, qui arrivait confiante et renforcée, accepta la bataille dans une position défensive bien choisie, et puis, après avoir laissé s'épuiser la première ardeur des Espagnols, passant de la défense à l'attaque, il les culbuta dans d'affreux ravins et leur causa une perte considérable. Sûr désormais de ses troupes, il suivit l'armée espagnole à *Belchite,* la trouva de nouveau en bataille et disposée à résister, l'assaillit vigoureusement, lui enleva toute son artillerie et fit plusieurs milliers de prisonniers. »

On s'avança le lendemain sur la route d'Alcaniz, et le jour suivant l'on s'assura que le général
en chef Blake était parvenu à rallier son armée
dans l'importante position de Belchite, où il se
croyait inexpugnable. La bataille commença à cinq
heures du matin, et avant neuf heures l'ennemi,
battu sur tous les points, abandonna ce qui lui
restait d'artillerie et ses magasins, jeta ses armes
pour faciliter sa fuite et fut, en un mot, entièrement détruit dans cette seconde journée.

Voici en quels termes simples et laconiques
Testot-Ferry fit part, quelques jours après, à son
ancien général, Marmont, de ce qui s'était passé :

« Je vous dois, M. le Maréchal (1), quelques
détails sur ce qui m'est arrivé de particulier à l'affaire de *Maria*. Mon régiment était faible ; j'en
commandais la moitié qui ne formait qu'un escadron complet. C'est à la tête de cet escadron que
j'ai eu le bonheur d'enfoncer, devant la ville de
Saragosse, le centre de l'ennemi ; de m'emparer,
le sabre à la main, sur un plateau élevé et d'un
accès difficile, de toute l'artillerie qui le garnissait,
et dont j'étais criblé quelques instants auparavant.

---

(1) Quand Testot-Ferry écrivait ces lignes, Marmont avait
été promu à la dignité de maréchal en juillet 1809, après l'affaire de Snaïm.

Mes cuirassiers ont fait un grand carnage : ils étaient las de sabrer. C'est ainsi, M. le Maréchal, qu'en pensant à vous j'ai voulu justifier le choix qu'autrefois vous avez bien voulu faire de moi. Je pensais à vous, à la gloire.... je voulais être colonel. »

Pour ne pas me retrancher uniquement dans le récit historique de ce qui concerne l'Aragon et la Catalogne, je résumerai en peu de mots la situation des autres provinces de la Péninsule. En Portugal, Soult s'était emparé d'*Oporto* le 29 mars 1809. Par malheur, ce maréchal, tout en rêvant, dit-on, la couronne de Bragance, fut obligé d'évacuer ce pays devant des forces anglaises imposantes. Une rivalité des plus intempestives, et qui aurait pu devenir fatale au succès de nos armes, s'était établie entre lui et le maréchal Ney.

Dans l'Estramadure la campagne s'était ouverte par la déroute de l'ennemi à *Medellin*, sur les bords de la Guadiana. 12,000 Français, sous les ordres du maréchal Victor, y avaient eu affaire à 36,000 Espagnols commandés par don Gregorio de la Cuesta. Dans la Nouvelle-Castille, le général Sébastiani remporta un avantage à *Ciudad-Real*. Ces victoires, qui auraient été décisives partout ailleurs, étaient suivies en Espagne de la guerre de buissons et de défilés par les guérillas, et rien

n'aboutissait. Il faut, écrivait Kellermann à Berthier (1), la tête et le bras d'Hercule pour terminer
cette grande affaire.

Le 28 juillet, le maréchal Victor attaqua désa-
vantageusement, près de *Talavera*, sur le Tage,
les Anglais et les Espagnols commandés par sir
Arthur Wellesley (2). Toutefois, la jonction de
Victor avec Ney obligea le général anglais à battre
en retraite vers les côtes du Portugal. L'Angleterre
fut encore moins heureuse dans sa tentative sur
l'île de Walcheren et sur Anvers (juillet 1809).
Sa flotte de 40 vaisseaux et de 38 frégates portant 45,000 hommes, se retira honteusement après
l'inutile ravage de Flessingue et après avoir perdu
moitié de ses hommes par le ravage de la fièvre.

L'armée du centre, commandée par le maréchal
Mortier, et où se trouvèrent le roi Joseph et le maréchal Soult, détruisit en grande partie, à *Ocana*
(Nouvelle-Castille, près de Tolède), le 19 novembre, l'armée espagnole du général Areizaga. Cette
victoire avait déconcerté la junte établie à Séville,
et semblait devoir rétablir nos affaires en Espagne
pour la campagne suivante.

---

(1) Lettre du mois de novembre 1809.

(2) Le même que lord Wellington, qui faisait alors son
apprentissage militaire en Europe en combattant contre nos
meilleurs généraux et contre nos vieilles bandes aguerries.

Pendant que ces évènements se passaient en Espagne, Napoléon se tenait en garde contre l'Autriche, dont les armements considérables annonçaient l'intention d'une rupture. En outre, cette puissance venait de faire entrer la Turquie dans une coalition contre nous, en lui faisant signer la paix avec l'Angleterre. Napoléon, habitué à mettre autant d'activité à conjurer la guerre qu'à la préparer, et pensant qu'avec de la promptitude, et à la différence de l'Espagne, une seule bataille pouvait être décisive dans les plaines de l'empire germanique, eut bientôt organisé son plan de campagne. Il concentra à Ratisbonne plusieurs corps d'armée par une ingénieuse stratégie au moyen de laquelle le mouvement des troupes françaises s'exécutait entre les Autrichiens et le Danube.

Une première rencontre favorable à nos armes eut lieu à *Abensberg* le 19 avril 1809. Là, le maréchal Lannes, de retour d'Espagne, culbuta les généraux autrichiens Thierry et Schusteck. Le 22 du même mois eut lieu à Eckmühl une grande bataille entre Napoléon et l'archiduc Charles. L'immense résultat de cette affaire avait été de séparer l'archiduc des autres corps de l'armée autrichienne, de le refouler sur la Bohême et de voir la route de Vienne libre devant nous. Le lendemain, le maréchal Lannes enleva la ville de Ratisbonne. En cinq journées de campagne, du

19 au 23, l'armée française avait mis 60,000 Autrichiens hors de combat. Napoléon entrait à
Vienne le 12 mai (1).

Pendant ce temps-là le prince Eugène, avec
l'armée d'Italie, tenait en échec l'archiduc Jean,
qui n'osait tenter une marche sur le Danube depuis les évènements de Ratisbonne. Il n'eut d'autre
alternative que de se diriger sur Gratz, où il avait
quelque chance d'empêcher la jonction des généraux Macdonald et Marmont avec le prince Eugène.

Une armée autrichienne observait la Dalmatie;
mais Marmont, avec sa petite troupe de soldats
aguerris, traversa les pays montueux de la Croatie,
de la Carniole et de la Styrie; battit, chemin faisant, les Autrichiens à plusieurs reprises, et, malgré l'infériorité de ses forces, opéra, avec un
aplomb qui lui attira des éloges, sa jonction avec
l'armée d'Italie (2).

---

(1) « Cette marche offensive (dit M. Thiers, t. X, p. 258),
à la fois si savante et si rapide, était digne de celle de 1805
dans les mêmes lieux, de celle de 1806 à travers la Prusse, et
n'avait rien dans l'histoire qui lui fût supérieur. »

(2) Voici en quels termes la notice biographique de
M. Lapérouse, p. 10 et 11, résume la marche du duc de Raguse : « La guerre de 1809 étant déclarée contre l'Autriche,
Marmont entra en campagne avec 12,500 hommes d'infanterie, 180 chevaux et 12 pièces de canon ; battit l'armée autri-

Napoléon, après avoir disposé avec la plus
grande circonspection de nombreux corps de cavalerie sur tous les points par où les archiducs
pouvaient faire leur jonction, passa le Danube à
Lobau, en triomphant de difficultés immenses, soit
à cause de la largeur du fleuve, soit par suite de
crues extraordinaires qui renversaient ses ponts
de bateaux. Il livra, les 21 et 22 mai, la bataille
d'*Essling*, contre un ennemi pourvu de forces supérieures, et combattant sous les murs de sa capitale pour sauver sa gloire et son existence.
Notre armée avait, en outre, le désavantage d'être
acculée au Danube. La lutte fut terrible et acharnée ; le maréchal Lannes fut frappé mortellement
au moment où, après une tentative hardie et ten-
dant à percer le centre de l'armée autrichienne,
des renforts considérables survenus à l'ennemi,
surtout en artillerie, vinrent accabler nos colonnes
d'attaque. Trente heures de combat avaient épuisé
les deux armées ; elles s'arrêtèrent domptées par

---

chienne, bien supérieure en nombre, au mont *Quitta*, à
Gradchatz où il fut blessé, à *Gorpich*, *Ottochatz*, et fit prisonnier le général. En moins de cinquante jours il se transporta
du fond de la Dalmatie au centre de la Moravie, fit sa jonction avec l'armée d'Italie, rejeta en Hongrie un corps de
35,000 hommes sous les ordres du général Giulay, et vint
prendre rang dans la grande armée la veille de la bataille
de Wagram. »

la fatigue. Napoléon s'établit dans l'île de Lobau, dont il fit une position inexpugnable en la hérissant de grosse artillerie prise sur les murs de Vienne, et en jetant des ponts sur pilotis et d'une solidité à toute épreuve.

Cette fermeté de sa part à demeurer inébranlable sur le champ de bataille pendant que son adversaire, l'archiduc Charles, se retirait à distance, raffermit le courage et la confiance de l'armée française, et amena le glorieux succès de *Wagram*. Le 6 juillet 1809 eut lieu la mémorable bataille de ce nom, sur un front de trois lieues, avec 550 pièces de canon de notre côté, servies par 12,000 artilleurs. Il est impossible de ne pas mentionner ici cette arme, car l'illustre général Drouot décida en grande partie la victoire en dirigeant cent bouches à feu sur le centre de l'armée autrichienne. Macdonald acheva de le rompre par une charge puissante à la baïonnette. Davout et Oudinot firent le reste en enlevant, le premier les hauteurs de Neusiedel, et le second celles de Wagram. 12,000 prisonniers et 24,000 hommes tués ou hors de combat furent les trophées de cette grande victoire. Marmont, qui avait été de la réserve, prit, peu de jours après, sa revanche de gloire à *Snaïm*, où il joignit l'arrière-garde des fuyards, et gagna dans cette rencontre le bâton de maréchal de France, qu'il désirait avec tant d'ardeur, ainsi que le témoigne sa correspondance. Il n'avait que trente-cinq ans. Après un armistice signé à Snaïm, l'empereur, dans la répartition de ses troupes, plaça le nouveau maréchal à Krems, ce qui devait le ramener en Carinthie par Saint-Polten, jusqu'à ce que le poste de Laybach lui fût assigné, afin d'y continuer son gouvernement militaire de la Dalmatie.

Les conférences pour la paix, commencées à Altenbourg (1), se terminèrent à Vienne, le 14 octobre 1809, par un traité de paix dans lequel furent stipulées des conditions qui amoindrissaient sur divers points le territoire de l'Autriche et mettaient les frais de la guerre à la charge de cette puissance. A Schœnbrunn, un énergumène (2) s'était approché de Napoléon dans l'intention de l'assassiner ; mais la fortune veillait sur son favori, et la Providence avait d'autres vues.

Pendant que Napoléon tranchait au fond de l'Allemagne, avec sa redoutable épée, les dernières difficultés de la guerre, on vit éclater à Rome de bien regrettables démêlés avec le Saint-Siège. Un des plus grands griefs de Napoléon c'était de

---

(1) Petite ville près de *Comorn*, sur le Danube, et du château de *Dotis*, où l'empereur d'Allemagne s'était retiré après la défaite de son armée à Wagram.

(2) Staaps, fils d'un ministre protestant d'Allemagne.

voir Pie VII se mettre en rapport avec les Anglais pour miner, avec leur concours, le crédit de la France en Italie. La perturbation était grande, et, comme on exagère tout, il se trouva des utopistes qui prétendirent que Napoléon visait pour la France et pour lui à la même indépendance que le roi anglais Henri VIII. Il résulta de ce fatal conflit l'arrestation de Pie VII, désapprouvée par l'empereur, et qu'il n'avait point prescrite, malgré les foudres d'excommunication lancées contre sa personne impériale. Le zèle irréfléchi du général Miollis et du colonel Radet engagea Napoléon beaucoup plus loin qu'il n'aurait voulu : sa correspondance le témoigne. Rome devint un chef-lieu de préfecture, ce qui était plus anormal encore.

Au commencement de 1810, un évènement nouveau occupa beaucoup Paris et plusieurs cours de l'Europe; Napoléon, qui désirait un héritier direct, les avait fait sonder pour une alliance. L'impératrice Joséphine, trop longtemps stérile, consentit, après de violentes agitations de famille, à laisser placer par un divorce sa couronne impériale sur la tête d'une princesse allemande. Marie-Louise arriva à Compiègne le 27 mars 1810, pendant que l'infortunée Joséphine allait cacher à la Malmaison sa grandeur déchue.

Enfin l'Autriche respira, et, se faisant peut-être d'aussi étranges illusions sur sa fortune nouvelle que Napoléon lui-même, qui aspirait de toutes les forces de son âme à une paix de longue durée, elle prit son parti sur la perte de l'Illyrie et sur ses autres dépouilles territoriales dont s'étaient enrichis la Bavière, le Wurtemberg et les autres alliés de Napoléon.

La campagne de 1810, en Espagne, eut des chances diverses. L'illustre Masséna, investi du commandement de l'armée de Portugal, se vit en face de difficultés sans nombre : indiscipline de la part des chefs (1); manque de matériel et de vivres; infériorité de forces devant une armée anglaise, commandée par un général (2) qui n'était point alors supérieur à lui, mais pourvue de tout, et campée à Torrès-Vedras, position inexpugnable (3). Le maréchal luttait avec une patience sans égale, et au-delà du possible, avec sa situation, et, malgré sa pénurie, les Anglais n'osaient point l'attaquer, à cause de la haute idée qu'ils avaient de son génie militaire.

---

(1) Ney, Regnier, Junot cédaient difficilement aux vues de Masséna. On peut concevoir la rivalité de Junot, qui avait une première fois commandé en chef l'armée de Portugal.

(2) Wellington.

(3) Il y avait cent cinquante-deux redoutes et sept cents pièces de canon en batterie. Les Anglais avaient abattu cinquante mille oliviers. (Thiers, t. XII, p. 391.)

Le roi Joseph entreprit la campagne d'Andalousie, véritable centre d'action de la junte. Les
divers corps d'armée reçurent l'ordre de favoriser
par leurs mouvements et leurs opérations l'entreprise de Joseph. Le maréchal Victor occupa Séville le 1er février 1810, et alors Cadix devint le
siège du gouvernement insurrectionnel.

Sur un autre point, le général Suchet prit *Lérida* (1), la plus importante place de l'Aragon,
et ajouta par ce succès à la gloire qu'il avait acquise le 23 avril par la victoire remportée devant
cette ville, dans la plaine de *Margalef*, contre
le général O'Donnell, dont tous les efforts tendaient à faire lever le siège de Lérida. Ce général
parut à l'improviste à la tête des meilleures troupes espagnoles de la Catalogne et de l'Aragon. Le
général Harispe soutint la première charge avec
ses hussards et refoula la garnison qui tentait une
sortie pour faire diversion. Le 13e de cuirassiers
se rua sur le flanc de l'ennemi, le culbuta et décida la victoire (2).

---

(1) Le 12 mai 1810.

(2) Voici comment M. Thiers (t. XII, p. 296), raconte
cette brillante affaire :

« Le général Musnier tomba dans le flanc de deux divisions espagnoles; son infanterie était précédée par le 13e de
cuirassiers, seul régiment de grosse cavalerie servant en Espagne, fort de douze cents chevaux, et commandé par un ex-

Le lecteur sera bien aise, sans doute, de lire le récit que le chef d'escadron Testot-Ferry a laissé de ce combat de Margalef, où son régiment se couvrit de gloire :

« Le 23 avril 1810, une forte colonne espagnole, étant parvenue à dérober quelques marches à la connaissance du 3⁰ corps, occupé en ce moment au siège de Lérida, s'avançait en toute hâte au secours de cette place. Déjà cette colonne paraissait à la vue du camp des assiégeants qu'on ignorait encore si elle était amie ou ennemie. Il était temps d'être désabusé, car le régiment faisait boire ses chevaux, et courait le risque d'être surpris, lorsque les avant-postes donnèrent l'alarme. A ce signal, on

cellent officier, le colonel d'Aigremont. A peine arrivés à portée de l'ennemi, les cuirassiers se mirent en bataille, ayant du canon sur leurs ailes et menaçant le flanc de l'armée espagnole. Après un feu d'artillerie assez vif, la cavalerie ennemie se portant en avant pour couvrir son infanterie, les cuirassiers la chargèrent au galop et la culbutèrent. Les gardes wallonnes se formèrent aussitôt en carré pour protéger à leur tour leur cavalerie; mais les cuirassiers, continuant la charge, les enfoncèrent et renversèrent ensuite tout ce qui voulut imiter l'exemple des gardes wallonnes. En quelques instants ils firent mettre bas les armes à près de 6,000 hommes; le reste se précipita à toutes jambes vers les routes de la Catalogne. On prit une grande quantité de canons, des drapeaux, des bagages. Après ce brillant succès, on n'avait plus à craindre que le siège fut troublé. »

bride, on monte à cheval, on se porte avec célérité au-devant de l'ennemi qui se formait en colonnes d'attaque. Des charges successives dirigées par le colonel d'Aigremont commencent dès qu'on est à la portée du mousquet, et quatre escadrons de grosse cavalerie, ayant à essuyer plusieurs décharges à mitraille et une violente fusillade, enfoncent, battent, mettent dans la plus grande déroute un corps d'élite de 12,000 hommes commandé par un général de réputation, qui ne s'échappe lui-même qu'avec peine, et à qui une poignée de braves font plus de 6,000 prisonniers. C'est un fait d'armes dont l'histoire n'offre peut-être pas d'exemple. Il faut répéter ici les noms de MM. de Saint-Georges, Robichon et de Scarampy, lesquels, avec celui du colonel, se retrouvant partout où le régiment peut se signaler et rendre les plus importants services, doivent avoir la première place dans les fastes d'un corps que l'énergie de son chef et son amour pour la gloire a rendu invincible. »

Ce langage, et surtout ces dernières paroles, ont bien de la noblesse de la part de Testot-Ferry. On va voir pourquoi.

Testot-Ferry était de retour en France où il reçut de son remplaçant, le chef d'escadron Saint-George, la lettre suivante écrite du champ de bataille :

« Mon Major,

« Le régiment vient de se couvrir de gloire.
Le 23 avril, à trois heures, la division des troupes
d'élite espagnoles du général en chef O'Donnel
est venue nous attaquer afin de faire lever le siège
de Lérida. La division Musnier prit les armes et
nous montâmes à cheval. Après avoir devancé cette
division, nous trouvâmes l'ennemi qui se formait
en colonne d'attaque ; notre infanterie était à une
demi-lieue. L'ennemi nous tira trois coups de canon qui furent échangés par trois autres. Le colonel
m'ordonna de charger à fond le 1er escadron. Le bataillon des gardes Wallonnes et les grenadiers pro-
vinciaux ont été enlevés en entier ; le drapeau a
été pris, et Descouge a tué le colonel. Les 1er, 2e
et 5e escadrons chargèrent en même temps, et
toute la division des troupes d'élite fut faite prisonnière en un quart d'heure par nos cuirassiers ; on
en compte déjà cinq mille, vingt-une pièces de
canon, cinq étendards, un général. Rien ne s'est
sauvé que la réserve, qui était à quatre lieues de là.
Notre infanterie n'a pas brûlé une amorce. Cette
heureuse charge s'est exécutée à la vue de toute
l'armée : jugez des applaudissements ! Seize cuirassiers ont été tués et autant ont été blessés ; la
perte des chevaux a été de cinquante. Le colonel
a dirigé et exécuté les charges avec un sang-froid

et une bravoure sans exemple. Il faudrait vous nommer tout le monde ! D'ailleurs nous n'avons fait que suivre l'exemple que vous nous aviez si bien donné. A *Maria*, vous nous aviez tracé le chemin de la gloire. »

On voit par ce titre de major (1) que Testot-Ferry avait eu de l'avancement ; mais ce grade lui avait été conféré par décret du 7 juin 1809, huit jours avant l'affaire de Maria. Toutefois il ne le sut que plus de deux mois après, et personne au régiment ni à l'état-major ne s'en doutait plus que lui-même, puisque le général Suchet donna l'ordre au colonel du 13ᵉ de cuirassiers de faire une demande d'avancement pour le chef d'escadron Testot-Ferry. Le colonel d'A....., sous prétexte qu'il fallait un officier de beaucoup d'intelligence pour régir un dépôt aussi important que l'était celui du 13ᵉ, demanda et obtint que Testot-Ferry irait prendre le commandement de ce dépôt alors à Tarbes et un peu plus tard à Niort.

Ainsi, au grand scandale de l'armée qui en avait été témoin, le beau fait d'armes de *Maria* resta sans récompense. On ne pouvait étaler un déni de justice plus flagrant. Cela fit du bruit parmi les officiers des divers corps, et l'on acquit la certi-

---

(1) Ce grade équivalait alors à celui de lieutenant-colonel.

tude que l'envie avait été le mobile de la conduite du colonel (1). Les qualités éminentes de Testot-Ferry, sa distinction, son ascendant sur les officiers et sur les soldats ; la sympathie qu'il s'attirait toujours, l'enthousiasme dont il fut l'objet après son brillant fait d'armes à *Maria ;* les bonnes grâces et l'intimité de plusieurs généraux : il n'en fallait pas tant pour porter ombrage au colonel d'A..., dont l'amour-propre s'offusquait de voir sans cesse près de soi un émule de gloire. Il semblerait que les hauts faits militaires, dont le mérite ne peut être un instant incertaine pour personne, puisqu'ils se passent à la clarté du soleil et devant tant de gens, ne sauraient être ternis par l'envie,

---

(1) Le témoignage du chef d'escadron Labiffe en fit alors foi, ainsi que la correspondance d'un officier supérieur attaché à l'état-major du duc de Raguse, et nommé Leclerc de Montpic.

Ce dernier écrivait de Zara, en Dalmatie, à Testot-Ferry : « Quand j'ai su ce qui vous était arrivé en Espagne, je me suis réjoui de la gloire que vous y avez acquise, mais je me suis indigné de la basse jalousie qui a pu porter un colonel à desservir un officier parce que cet officier valait mieux que lui... »

Le même lui écrivait, une autre fois, de Laybach (le 20 décembre 1809) : « J'étais de service hier, et j'ai fait avec le général en chef (Marmont) le tour de la ville de Zara. Il a fait un éloge de vous dont votre modestie vous eût forcé à rougir si vous l'aviez entendu. »

et que cette odieuse passion a tout au plus droit de
ramper autour de la vie civile ! Erreur, apparemment : le triste domaine de l'envie est universel.
Toutefois, ce qui aurait causé l'abattement d'une
âme vulgaire éleva au contraire celle de l'homme
vertueux dont nous esquissons la belle vie, car il se
contenta de plaindre l'envieux qui lui avait nui.

Le seul épanchement qu'il ait eu sur ce point
se montre dans une lettre écrite au duc de Raguse.
Testot-Ferry y fait paraître un noble sentiment de
lui-même et une modération peu commune. Voici
un extrait de cette lettre :

« Le grade de major ne me convient pas; un
major est un commandant de dépôt, et cet emploi
ne va ni à mon caractère, ni à mon nom. Il m'eût
été bien plus agréable d'être nommé officier de la
Légion-d'Honneur et de rester chef d'escadron.
Quelqu'un qui voulait tout faire en ma faveur,
comme il affectait d'y être disposé, m'a desservi...
Je me tais. Je n'aurai jamais l'âme assez basse pour
user de perfidie et pour envier le bonheur d'autrui.
Le colonel d'A... a craint d'être éclipsé. Il m'a
desservi en circonscrivant le plus possible la demande qu'il était chargé de faire pour moi (1). »

---

(1) D'après une lettre écrite en 1812 par le général Dufresse
à Testot-Ferry, que cet illustre général aimait et estimait on

Vous avez raison, vertueux Ferry, de vous croire
meilleur que celui qui cherche à vous rabaisser,
et, si vous n'étiez pas la modestie même, vous
pourriez hardiment vous dire meilleur que le plus
homme de bien. Vous êtes de ceux qui arrivent
tard aux fonctions éclatantes et seulement lorsque
l'intrigue se trouve dans la nécessité de céder le pas
à la justice. Si, dans le cours de votre glorieuse carrière, vous ne touchiez que lentement à une partie
du lot qui vous était dû, la meilleure part vous
a toujours été faite dans la pensée des honnêtes
gens. Acceptez cette part réservée à la vertu
seule : elle est rare de nos jours, et précieuse
dans tous les temps. Puisse le langage de votre
humble ami attirer sur votre tombe cette légitime
couronne !

Testot–Ferry, si prompt tout à l'heure à escala-
der le plateau de Maria et à éteindre l'artillerie
qui ravageait les rangs de l'armée française, ne se
dévoua pas avec moins de zèle et de courage aux
nombreux et passifs devoirs, aux fastidieux dé-

---

ne peut plus, le chef du 13e cuirassiers aurait eu des remords
de son procédé. Voici le passage de la lettre qui l'atteste :

« M. le colonel d'A... se promène aussi sans congé. Il est
venu à Niort incognito avec sa chère femme. Il m'a dit vous
avoir porté sur l'état des officiers de son régiment recom-
mandés pour une dotation. Je lui sais bon gré de ce souvenir. »

tails que réclamait son nouveau genre de commandement, si peu conforme à ses facultés militaires et à ses goûts. Il fit un noble usage de ses
loisirs, en écrivant l'histoire du 13ᵉ de cuirassiers,
n'omettant que son nom et ses actes lorsqu'il signalait les faits héroïques de cette illustre phalange de
braves, et faisant ressortir, avec un irréprochable
sentiment d'équité, le mérite et la gloire de son
peu généreux antagoniste le colonel d'A...

Ferry reçut à Niort l'accueil le plus honorable et
le plus flatteur, car sa réputation l'y avait précédé.
Il établit d'utiles réformes dans l'instruction, la
discipline, l'équipement et les remontes, et prépara
deux ou trois cents vieux soldats à se battre aussi
vaillamment que lui. Comme il savait toujours unir
les études théoriques à leur application du moment,
il conçut le plan d'un code militaire et se posa un
certain nombre de questions qu'il méditait chaque
jour. Il portait très haut le sentiment de l'honneur
et de la dignité de sa profession. On en trouve une
preuve intéressante dans cette lettre adressée par
lui au commandant de place de Niort :

« Monsieur le Commandant,

« Je relis pour la seconde fois votre ordre de ce
jour et j'y remarque l'article suivant : « Défenses
les plus expresses sont faites à tous les militaires
de la garnison, de quelque grade qu'ils soient,

d'exiger le remboursement des rations en argent, et M. le Maire sera prié de *préposer un agent de police* pour empêcher que le fournisseur ne reçoive des contre-bons et ne souscrive à ces remboursements illicites, qui sont toujours au détriment du soldat.

«Cette expression: *tous les militaires, de quelque grade qu'ils soient,* est beaucoup trop générale. Elle comprend officiers supérieurs et autres, c'est-à-dire tous gens dont l'honneur est la profession, et qui, dans aucun cas, ne peuvent transiger avec l'intérêt du soldat, ni le séparer du leur même. L'état militaire ne peut se passer de la considération qu'il a si glorieusement acquise, et vous sentez que des officiers, qui la partagent à tant de titres, ne doivent pas la compromettre en assistant à une distribution où se trouverait un agent de police expressément préposé pour les surveiller.

«Je vous invite donc, Monsieur le Commandant, à vouloir substituer un nouvel article à celui que je viens de mettre sous vos yeux, afin que cette partie de votre ordre, rendue plus exécutable et ne blessant personne, soit mieux en harmonie avec celles qui la précèdent et la suivent. »

Nous avons laissé en Aragon et en Catalogne le 3° corps commandé par Suchet, et le 13° de cuirassiers qui en faisait partie. Ce régiment demeurait fidèle à ses traditions de gloire et regrettait l'absence d'un de ses meilleurs officiers. Nous avons laissé aussi Masséna sans vivres, sans renforts et sans nouvelles de France, et néanmoins tenant en échec un ennemi puissamment retranché à Torrès-Vedras. Voyons la suite des évènements d'Espagne.

Masséna, après être demeuré près de six mois sur le Tage, se vit dans la nécessité, à cause du dénûment pitoyable où était son armée, de la disperser dans la Vieille-Castille, pour refaire ses troupes et leur donner un repos devenu indispensable. Les 3 et 5 mai 1811, au village de *Fuentès d'Onoro* (près de Ciudad-Rodrigo et de Salamanque), il prouva que, si ses lieutenants eussent secondé ses habiles dispositions (1), il pouvait prendre sur l'armée anglaise une éclatante revanche de sa retraite du Portugal, et rendre cette compensation décisive en faveur de nos armes; mais, l'unité d'action manquant, l'obstacle à une solution complète renaissait toujours. Masséna ne quitta prise qu'en faisant sauter la forteresse d'Almeida, pour en priver les Anglais. La petite garnison française opéra sa retraite avec une héroïque ré-

---

(1) Masséna avait été forcé de retirer le commandement au maréchal Ney, qui luttait sans cesse contre les décisions du généralissime, et refusait d'obéir.

solution, et rejoignit le corps d'armée dans la Vieille-Castille. Le 16 mai, le maréchal Soult attaqua sans succès lord Beresford, au village d'*Albuera*, près Badajoz (Estramadure). Masséna fut rappelé par Napoléon et remplacé dans son commandement de l'armée de Portugal par le maréchal Marmont, qui déjà avait été substitué au maréchal Ney dans le même corps d'armée, peu auparavant. Marmont trouva cette armée dans un état de misère et de désorganisation complètes; il employa toute son intelligence à la remettre sur son ancien pied; mais il y avait un mal irrémédiable : c'est que, loin du chef suprême, les généraux s'accordaient mal, et les maréchaux surtout, parce que aucun ne voulait accepter la suprématie d'un collègue; ainsi Marmont, quoique facile dans ses relations, avait de la défiance pour Soult et ne faisait point assez de concessions au roi Joseph. Wellington sut profiter de ces désaccords entre les chefs français, qui, réunis d'abord, lui avaient fait perdre Ciudad-Rodrigo et Badajoz, bases de ses opérations, et avaient mis son armée à deux doigts de sa perte.

Nos affaires étaient plus brillantes en Catalogne et dans la province de Valence. Le général Suchet y prenait des villes et, notamment, l'importante place de *Tarragone* (le 28 juin 1811), arsenal de la flotte anglaise. Ce grand succès lui valut le bâ-

ton de maréchal. Il remporta aussi, le 25 octobre,
sur les meilleures troupes espagnoles commandées
par Blake, la victoire de *Murviedro*, près de l'emplacement de l'ancienne *Sagonte*. Là encore le
régiment de Testot-Ferry décida le succès (1).

Vers le même temps, Napoléon, qui se réservait personnellement le choix des officiers supérieurs de sa garde, d'après les états de services des
officiers supérieurs des régiments de l'armée, appela spontanément Testot—Ferry dans les dragons
de cette garde à jamais célèbre et composée de
héros. Le général de division comte de Saint-Sulpice, colonel de ce dernier corps, prit soin d'annoncer au nouveau titulaire sa promotion dans
ces termes flatteurs : « Vous ne devez qu'à vous-
même la bienveillance dont vient de vous honorer
Sa Majesté. A votre réputation, à *vous seul*, mon
camarade, vous êtes redevable de la place que vous
venez d'obtenir. Croyez, Monsieur le Commandant, à tout le plaisir que j'aurai à vous voir des

---

(1) Voici ce qu'en dit M. Thiers (t. XIII, p. 328) : « Le
brave 13e de cuirassiers, lancé à toute bride par le général
Boussard sur l'infanterie espagnole, la rompit et la sabra.
Dès ce moment le centre de l'ennemi, percé par le milieu,
fut obligé de battre en retraite. Non seulement on reprit l'artillerie française, mais on enleva une partie de l'artillerie espagnole, et l'on ramassa beaucoup de prisonniers, notamment le général *Caro* lui-même. On fit 4,700 prisonniers. »

nôtres et à vous donner des preuves de ma bonne confraternité. »

Ce fut dans les dragons de l'Impératrice que Testot-Ferry fut placé comme chef d'escadron (1), le 23 octobre 1811. On l'y accueillit avec les plus grandes marques d'estime, en même temps qu'il recevait de touchants adieux de la part des officiers du 13° régiment de cuirassiers; adieux auxquels le colonel d'A... voulut s'associer. Un des capitaines de cet illustre corps lui écrivit le billet suivant, au nom de tous ses camarades :

« Monsieur le Colonel,

« Votre lettre a fait renaître parmi nous la gaîté. Depuis votre départ nos conversations roulent toujours sur le regret de vous avoir perdu; mais nous avons l'assurance que vous daignerez quelquefois vous rappeler que personne ne vous porte plus d'estime et d'attachement que nous. »

Les soldats lui firent savoir que ce serait un bonheur pour eux s'il obtenait le commandement du régiment.

Le brave général Dufresse lui exprimait ainsi, dans une lettre, les regrets de la société de Niort :

---

(1) Un chef d'escadron dans la garde avait rang de colonel; le major, rang de général de brigade, et le colonel, rang de général de division. (*Note de M. Ferry fils.*)

« J'entends dire à beaucoup de monde : Où est l'aimable et bon colonel Testot-Ferry? Ah! je le regrette avec chacun; jamais il ne sera remplacé dans le cœur des bons Niortais. »

Testot-Ferry fut vivement félicité aussi par le général de division comte Defrance, un des officiers généraux de cavalerie les plus distingués de l'empire. Aux dragons de la garde, Testot-Ferry eut d'éminents compagnons d'armes, parmi lesquels on peut citer en première ligne les colonels de Saint-Sulpice, d'Ornano et Letort (1), qui devinrent généraux.

En France, et surtout dans la capitale, deux évènements occupaient alors toutes les têtes en les distrayant d'un troisième qui paraissait imminent, c'est-à-dire la rupture avec la Russie. Les fêtes splendides du baptême du roi de Rome (2) et l'ouverture du concile de Paris (16 juin 1811), causaient cette grande diversion des esprits. On avait voulu, par un concile solennel, aplanir les difficultés avec la cour pontificale. Pie VII refu-

---

(1) Ce dernier figure dans le tableau de l'apothéose de Napoléon, par Ingres.

(2) Né le 19 mars 1811.

Ce titre donné au fils de Napoléon était une imitation des premiers temps du moyen âge, où l'héritier du trône germanique s'appelait roi des Romains.

sait l'institution canonique des évêques nommés par l'empereur, et ce dernier, attaquant la puissance temporelle du souverain Pontife, prétendait joindre Rome au territoire de l'empire, en donnant au Pape, avec deux millions de dotation, la résidence de Paris ou celle d'Avignon, au choix de Sa Sainteté, et voulait que Pie VII s'engageât à respecter les bases de la déclaration de 1682, rédigées par Bossuet ; mais le Pape préférait s'ensevelir, comme les premiers chrétiens, dans les catacombes de Rome, plutôt que de se prêter à une combinaison qui, selon lui, aurait fait des successeurs des apôtres les premiers aumôniers d'un empereur. Toutefois, le concile de Paris ne put aboutir qu'à un décret relatif à l'institution canonique, sous réserve de la sanction pontificale.

En Angleterre la banqueroute générale était menaçante, tandis que chez nous l'industrie prenait, par la nécessité des choses, un essor surprenant. Il est vrai que d'autres puissances moins industrieuses que nous, et notamment la Russie, avaient grandement à souffrir du *blocus continental* ; mais si elles eussent secondé énergiquement et avec plus de constance le système de Napoléon, la ruine de l'Angleterre devenait inévitable. Au lieu de cela, les nations neutres, se rendant complices de l'Angleterre en pratiquant ce qu'on nommait alors le commerce *interlope*,

tendaient à annihiler les efforts de Napoléon. Il
ne faut pas demander au génie qu'il se rabaisse
et s'abjure : ainsi l'empereur, qui calculait jour
par jour les suites et les progrès d'un système
conçu par une politique profondément habile, ne
pouvait voir, sans la déception la plus radicale,
compromettre, retarder ou trahir cette politique
et ruiner des combinaisons dont l'effet devait
être sûr. Tels étaient ses griefs contre la Hollande
et contre la Russie. Napoléon avait toujours trouvé
des obstacles du côté des princes de sa famille ;
mais il détrônait aussi facilement ceux-ci qu'il
les avait élevés (1). Quant à une puissance comme
la Russie, les représentations contre ses actes plus
ou moins ostensibles qui paralysaient au Nord les
effets du blocus continental, étant demeurées im-
puissantes, la guerre seule, dans la pensée de Napoléon, pouvait ramener l'équilibre.

Sans doute Napoléon se montrait en cela conséquent avec lui-même ; mais son ascendant sur l'empereur Alexandre subsistait encore, et il aurait pu
l'employer, ce me semble, pour faire cesser paci-
fiquement les atteintes portées dans les mers du
Nord au blocus continental. Nos ennemis sem-
blaient prêts à l'emporter là où Napoléon n'était pas.

---

(1) Louis Napoléon, roi de Hollande, avait vu ses Etats di-
visés en départements français.

On ne peut s'empêcher de penser que si l'empereur avait dirigé en personne vers l'Espagne les ressources qu'il se créait alors contre la Russie, son triomphe sur la ligue anglo-espagnole eût été certain, et l'Angleterre forcée de recourir à la paix. Malheureusement Napoléon, fatigué de cette guerre d'Espagne sans issue, laissait faire ses lieutenants, tournait toute sa pensée vers la Russie et ne rêvait qu'aux moyens de *dévorer tous les obstacles* : telle est l'expression pittoresque qu'on a remarquée dans sa correspondance. Il ne fut plus dès lors occupé que des vastes moyens de prévoyance et de mouvements combinés de troupes vers le Nord, en prenant soin de dérouter la diplomatie étrangère jusqu'à ce qu'il fût assez fort. Le nouveau prince royal de Suède, Bernadotte, outrecuidant et haineux, allait bientôt devenir un ennemi juré de celui dont il jalousait le génie, au point de ne plus sentir au cœur l'impérieux et noble souvenir de la vraie patrie.

Pendant ce temps-là, les succès et les revers se balançaient en Espagne. D'une part, Suchet avait ouvert la campagne de 1812 par un beau triomphe : le 9 janvier, Valence lui ouvrit ses portes, et l'armée du général Blake, forte de 18,000 hommes, se rendit prisonnière de guerre. D'autre part, cette belle victoire se compensait, pour l'armée de Portugal, par la perte de *Ciudad-Rodrigo*,

dont s'empara Wellington (le 18 janvier 1812),
et par celle de *Badajoz*, qu'il nous reprit également
(le 6 avril). Depuis longtemps, et avec raison,
Marmont était frappé du désavantage qu'amenait
la division de nos forces. Il chargea un de ses
aides de camp d'aller trouver l'empereur à Paris, et
de lui dire qu'un moyen nous était donné de lutter
avec succès : c'était de réunir en une seule armée de
60,000 hommes les corps séparés et désignés sous
le nom d'armées du Nord, du Centre et du Portugal. Dans cette ouverture, l'empereur crut apercevoir des vues personnelles, et exprima un refus
en disant que l'ambition montait à la tête de Marmont et que ce maréchal était au-dessous d'un tel
commandement. Une semblable réponse, à laquelle
Marmont ne s'attendait sans doute guère, dut singulièrement blesser son amour-propre et peut-
être fomenter longtemps à l'avance dans son âme
trop fière ce levain d'acrimonie que tout le monde
peut remarquer dans les Mémoires du duc de Raguse presque chaque fois qu'il met Napoléon en
scène.

Cependant Wellington, avec 60,000 hommes
réunis sous son commandement, et Marmont, avec
50,000, mais dispersés, s'observaient. Ce dernier
ne cessait de réclamer des secours du maréchal
Soult et du roi Joseph. Wellington vint occuper
Salamanque le 16 juin 1812, au moment ou Mar-

mont s'établissait sur le Douro. Il fit d'habiles manœuvres qui obligèrent les Anglais à se retirer sur
les hauteurs des *Arapiles*, non loin de Salamanque.
Malheureusement le général Maucune engagea
témérairement la bataille et avant d'en avoir reçu
l'ordre. A peine Marmont montait-il à cheval pour
arrêter encore à temps la division, alors aux prises
avec l'ennemi, qu'un éclat d'obus lui fracassa le
bras et lui fit une grave blessure au flanc (22 juillet 1812). Le général Clausel, qui avait pris le
commandement après le général Bonnet, blessé
lui-même, ramena l'armée française derrière le
Douro.

Le roi Joseph, accompagné de Jourdan, fut
obligé de quitter Madrid pour Valence, où se rendit
aussi le maréchal Soult afin de tenir conseil avec
Suchet. Le vieux maréchal Jourdan, à qui sa
grande expérience donnait de l'autorité, fut d'avis
que les trois armées du Portugal, du Centre et de
l'Andalousie se formassent en une seule pour attaquer l'armée anglaise et rentrer dans Madrid.
Wellington fut, à son tour, obligé de quitter Madrid, où il avait eu la puérile vanité d'aller faire
une entrée triomphale, au lieu de s'attacher aux
pas de l'armée de Portugal après l'affaire de Salamanque. On obtenait déjà ainsi le meilleur effet
de la réunion d'une force imposante de 90,000
hommes, lorsque le maréchal Soult vint contre-

carrer le plan judicieux de Jourdan et en paralyser l'effet ; ainsi la fortune de Wellington le tira
du plus grand danger qu'il ait couru pendant cette
guerre. On n'obtint que le stérile honneur de réinté-
grer Joseph dans Madrid et de forcer 40,000 Anglais à se mettre en retraite sur *Ciudad-Rodrigo*
(14 décembre 1812).

Pendant ces derniers évènements d'Espagne
avait lieu le drame émouvant de la campagne de
Russie ; mais il convient de reprendre mon récit
d'un peu plus haut.

Un traité d'alliance entre l'Autriche et la France
était signé le 16 mars 1812, pendant que l'armée
française, forte de plus de 400.000 hommes, dont
300,000 d'infanterie, 70,000 de cavalerie, 30,000
d'artillerie, avec 1,000 canons, se mettait en
marche sur divers points. Napoléon arriva à
Dresde accompagné de Marie-Louise et tint dans
la capitale de la Saxe une cour splendide. Là,
tous les souverains de l'empire germanique s'em-
pressèrent de briguer ses bonnes grâces. Cette belle
armée de 400,000 hommes passa le Niémen le
24 juin, et 200,000 autres, parmi lesquels s'entendaient divers langages, restèrent comme réserve
dans le vaste espace compris entre le Danube et
le Niémen.

Par une circonstance qui résultait de son rang
d'admission tout à fait nouveau, Testot-Ferry dut

se soumettre cette fois à être l'un des commandants des dépôts de la garde impériale ; mais on ne peut se faire une idée du chagrin qu'il conçut, lui, homme d'action, *brave par tempérament* (1), de ne point combattre sous les yeux de l'empereur, de ne point participer à une guerre que l'imagination et un bouillant courage lui représentaient comme fertile en évènements extraordinaires! Le général comte de Saint-Sulpice se crut obligé de le consoler, en lui disant : « Mon cher camarade, je regarde le sacrifice de celui qui reste comme méritant, encore plus que celui qui part, la bienveillance de notre empereur. » Il lui fit en même temps la promesse de ne pas laisser échapper l'occasion de l'appeler aux escadrons de guerre. Malgré cette espérance, le brave Ferry fut accablé de tristesse et il devint sérieusement malade (2). Il ne fit usage

---

(1) C'était son expression familière quand il parlait d'un soldat inébranlable et courageux au plus haut degré.

(2) Sa belle-mère, Mme Dunoüe, ainsi qu'on le voit par une lettre datée du mois d'avril 1812, s'étonnait beaucoup d'une maladie ayant une telle cause. Sa femme ne comprenait que trop un semblable paroxysme de l'amour de la gloire. On voit, par une autre lettre de cette tendre épouse à sa mère, que la modestie de Ferry était telle, qu'il n'avait jamais rien dit à sa femme du fait d'armes de *Reifling*. Il l'entretenait seulement du chagrin qu'il éprouvait de ne s'être point trouvé à telle ou telle glorieuse affaire. Voici cette lettre :

du retour de sa santé que pour employer tout son
zèle à bien remplir ses fonctions administratives.
Ce dévoûment porta les plus heureux fruits, et
après nos désastres ce fut Testot–Ferry lui–même
qui amena en Allemagne, aux survivants de ses
compagnons d'armes, des escadrons constitués et
supérieurement organisés par ses soins.

Rien n'égale la profonde habileté avec laquelle
Napoléon dirigeait les mouvements multipliés et
compliqués de ses divers corps d'armée; et, tout
en se livrant à ces combinaisons, il organisait le
gouvernement de la Lithuanie.

Le 23 juillet 1812, le prince Bagration, à la

« Mon mari ni son armée ne se sont trouvés à la terrible
bataille du 2 de ce mois (il s'agissait de celle d'Austerlitz, livrée le 2 décembre 1805) : il est désolé ; mais moi, qui ne
porte pas si loin l'amour de la gloire, je m'en applaudis, car
cette affaire a été des plus meurtrières ; il y a eu un très
grand nombre de tués et de blessés, et, parmi ces derniers,
beaucoup d'officiers et de colonels. L'intrépidité de mon mari
lui aurait sans doute attiré quelque accident, et je suis en-
chantée de l'enchaînement des circonstances qui l'ont éloigné
du champ de bataille. Sa modestie lui fait taire la belle action qu'il a faite dernièrement, et qui le fait regarder comme
un des plus braves officiers de l'armée ; mes oncles me l'ont
apprise : il a fait tout un bataillon prisonnier en chargeant à
la tête de cinquante cavaliers. Le silence que garde à cet
égard mon cher Ferry est encore un nouveau mérite, et sa
modestie lui sert de rehaussement. »

tête de 60,000 hommes, attaqua, à Mohilew, le maréchal Soult, qui n'en avait que 28,000. Malgré sa supériorité numérique, le général russe fut forcé de battre en retraite en laissant 4,000 des siens sur le champ de bataille.

Après quelques combats en divers lieux et notamment à *Ostrowno* et près de *Witebsk*, le corps d'armée de Barclay de Tolly échappa à Napoléon, qui mettait tout en œuvre pour l'envelopper. La tactique des Russes était d'affaiblir l'armée française en la contraignant, lorsqu'ils se retiraient systématiquement devant elle, à des marches constantes du Niemen au Dnieper et à la Dwina. Néanmoins Bagration et Barclay de Tolly réunirent leurs forces pour protéger *Smolensk* contre l'armée française, qui arriva le 17 août sous les remparts de cette ville, et en tenta l'assaut à la barbe des Russes. Ceux-ci en défendirent les faubourgs avec intrépidité, et se retirèrent en laissant 12,000 morts et en livrant aux flammes la malheureuse ville de Smolensk, affreux calcul de destruction qui tendait à semer les ruines sous les pas de l'armée française et à l'attirer au cœur de la Russie afin d'avoir pour auxiliaires les éléments. Le courage de nos soldats fut admirable, leur constance ne faiblit point à travers leurs maux, et l'activité de leur chef suprême ne se démentit jamais, malgré les assertions de quelques historiens et de M. de Ségur lui-même. M. Thiers, qui s'appuie sur des documents toujours sûrs, a réduit ces assertions à leur juste valeur. Il dit bien, en effet, que l'empereur avait, pendant un trajet assez long, substitué la voiture à son cheval de guerre ; mais ce n'était pas même pour lui une sorte de repos; car, de cette manière, il travaillait en route, et ne perdait pas une minute pendant que son armée chassait devant elle dans la direction de Moscou un ennemi devenu invisible.

Toutefois, le maréchal Ney soutenait contre les Russes des combats acharnés et sanglants à *Gédéonowo* et à *Valoutina* (19 et 20 août 1812). Quelques jours auparavant (le 12 août), le général Regnier, en livrant la bataille de *Gorodeczna*, couvrait le flanc de l'armée française qui s'avançait vers Moscou. Le 18 du même mois, le général Saint-Cyr avait gagné le bâton de maréchal par sa belle manœuvre à Polotsk sur la Dwina et par la victoire qui en avait été le fruit.

Napoléon cherchait tous les moyens de terminer la guerre par une bataille décisive, et ce but, poursuivi par lui et évité jusqu'alors par les Russes avec la même ardeur, amena l'armée française jusqu'à Moscou. Cependant un parti puissant en Russie, parce qu'il mettait l'honneur national en jeu, protestait contre l'inaction des généraux, et l'opinion publique fut assez forte pour obliger l'empereur Alexandre à sacrifier, malgré lui, son général en chef Barclay de Tolly, comme temporiseur, et à lui substituer Kutusof. Ce changement amena la bataille de *Borodino* (5, 6 et 7 septembre), la même que celle dont notre histoire conserve le souvenir sous le nom de bataille de la Moskowa (1).

Les Français, guidés par Napoléon en personne (2), combattaient pour assurer leur repos par la victoire ; les Russes défendaient tout ce qu'on a de plus cher au monde, la nationalité et le foyer domestique. Cette bataille de géants, ainsi qu'on l'a désignée, avait lieu entre 140,000 Russes contre 127,000 Français. Le brave général Plauzonne, oncle de Testot-Ferry, fut tué dès le début de la bataille, en poursuivant avec trop d'ardeur l'ennemi, qu'il avait expulsé du village de Borodino.

On aurait dit que les Russes avaient juré de vaincre ou de mourir : la lutte fut effroyable. On combattit corps à corps et à l'arme blanche. Le général Friant

---

(1) A cause de la rivière de ce nom, qui coule à une lieue du champ de bataille avant d'arroser Moscou.

(2) Malgré un rhume violent contracté au bivouac, Napoléon, debout aux premières lueurs du jour, avant ses généraux, dirigea tous les mouvements de son armée, de la redoute de *Schwardino*, d'où il pouvait tout apercevoir. Cela n'a point empêché que des historiens hostiles ou mal éclairés aient dit que l'empereur, absorbé par son état de maladie, n'avait pris aucune part à l'affaire de la Moskowa.

vit tomber son fils à ses côtés et ne quitta point les troupes dont il dirigeait les évolutions ; mais lui-même, frappé à son tour, fut porté à l'ambulance où gisait son fils. Jamais il ne se fit de charges de cavalerie plus brillantes que celles qui furent ce jour-là dirigées par Murat, Nansouty et Montbrun. Ce dernier, un des plus en renom dans cette arme, fut emporté par un boulet. Il semble que Murat et Ney eussent seuls, dans cet affreux duel des nations, le privilège de rester invulnérables : car il n'y eut guère de généraux épargnés soit du côté des Rus-ses (1), soit du nôtre (2). Un feu d'artillerie re-doublé et continu faisait tomber les lignes enne-mies par centaines d'hommes à chaque décharge, et mit fin, avec les efforts de la grosse cavalerie, à une lutte terrible où près de 60,000 hommes du côté des Russes et 30,00 de notre côté restèrent sur le champ de bataille (3). L'armée russe opéra sa retraite sur *Psarewo* et bientôt au-delà de Mos-cou.

Le gouverneur de cette ville, Rostopchin, fut en proie au paroxisme du délire lorsqu'il vit l'armée

---

(1) Parmi les Russes, le général Bagration fut la plus im-portante victime de cette journée.

(2) 47 généraux et 37 colonels furent tués ou blessés dans l'armée française. (Thiers, t. XIV, p. 349.)

(3) Id., ibid.

russe abandonner la capitale, et il conçut soudain
un projet qui pourra être taxé d'un dévoûment
sublime partout ailleurs que parmi les nations civi-
lisées. L'émotion de l'armée française fut vive à
l'aspect de cette immense et majestueuse capitale.
Napoléon y entra le 15 septembre 1812, et trouva
les rues aussi désertes qu'autrefois les avaient trouvées les Gaulois à Rome ; mais à Moscou, les premiers citoyens de l'Etat n'étaient point demeurés
immobiles sur leurs chaises curules : il n'était resté
dans cette malheureuse ville, au contraire, que
quelques centaines d'êtres infâmes qu'on n'arrache
jamais de leur prison que pour la ruine et la déso-
lation de la société.

On s'aperçut bientôt, aux torrents de fumée
roulant de toutes parts, du genre d'accueil réservé
à notre armée par ces misérables. Bientôt l'incendie
éclata sur tous les points. Les pompes avaient été
détruites ou retirées à l'avance, et nul moyen
n'était praticable pour conjurer le fléau né du
dessein des hommes. Le palais des czars, le Krem-
lin seul fut sauvé par nos soldats, et un petit nombre de quartiers échappèrent aux flammes ; mais
il fallut sortir au plus vite de cette fournaise, et
Napoléon ne rentra au milieu de ces lamentables
ruines qu'après cinq jours de la plus pénible émotion. Heureusement on y trouva une quantité
considérable de vivres, ce qui permit de camper,

pour un temps qu'on ne connaissait pas bien encore,
dans ces champs où tout à l'heure s'élevait une cité
florissante.

Déjà la mauvaise saison était imminente, et nos
généraux, devinant l'intention des Russes de nous
opposer leur climat, étaient d'avis de rétrograder
momentanément pour assurer aux troupes de
bons quartiers d'hiver ; mais Napoléon, ne voulant
pas perdre son prestige par une marche qui res-
semblerait à une retraite, avait conçu un plan
digne d'un génie comme le sien, et dont l'exécution aurait dû être adoptée sans hésitation, par ses
lieutenants, s'ils n'avaient, presque tous, éprouvé
alors ce découragement qu'Alexandre, maître de
l'Asie, reprochait aux siens près des rives de l'Indus. Et encore cet illustre conquérant n'avait pas
embrassé, dans ses expéditions guerrières, d'aussi
grands espaces que Napoléon.

Il s'agissait de faire une marche oblique vers le
nord, combinée avec l'apparence du mouvement
offensif d'un corps de troupes sur Saint-Pétersbourg,
de manière à ramener l'armée vers la Lithuanie,
où nous allions trouver des alliés pleins de dévoûment ; mais l'opposition la plus unanime et la plus
dangereuse, parce qu'elle avait lieu sous l'empire
de la lassitude et de la tristesse, se manifesta dans
les divers conseils tenus autour de l'empereur. On
voulait le retour par Smolensk, comme chemin le

plus direct, et quoique ce pays fût entièrement ruiné.

Dans ces perplexités Napoléon essaya d'ouvrir avec Kutusoff des négociations de paix par l'entremise du général Lauriston ; mais cette pensée devait être fatale, parce qu'elle prolongea le séjour de l'armée à Moscou au moment où l'hiver, le plus invincible allié de la Russie, arrivait à grands pas. Notre armée ne se montait plus qu'à cent et quelques mille hommes, et la cavalerie était considérablement réduite par l'épuisement, la fatigue et la mauvaise nourriture des chevaux. Déjà les Russes commençaient à reprendre l'offensive et avaient attaqué le général Sébastiani et Murat.

L'armée française sortit de Moscou, le 19 octobre, avec un si grand nombre de voitures de bagages, qu'elles nuisirent aux évolutions de l'armée, dans un plan habilement conçu par l'empereur, et qui exigeait une prompte exécution. Il s'agissait de dérober à Kutusoff la marche de notre armée, et de la porter, par un brusque détour, à droite de la vieille route de *Kalouga,* sur la nouvelle. Par la réussite, on ouvrait devant cette armée réduite aux privations un pays fertile dans la direction du midi, et l'on avait plutôt l'air de tenter une conquête que de faire une retraite précipitée. Or, cette habile tactique aurait réussi sans l'attirail dont je viens de parler ; mais Kutusoff ayant fini par se

douter du but du mouvement qui s'opérait, dirigea
ses forces sur *Malojaroslawetz* pour nous barrer
le passage.

Là eut lieu une sanglante bataille (le 24 octobre 1812), où l'intrépide général Delzons trouva
la mort. La ville, prise et reprise six fois, demeura,
en septième lieu, en notre pouvoir. On se battait,
dit M. Thiers, au milieu d'un incendie qui dévorait les blessés et calcinait leurs cadavres.

Le lendemain, les généraux réunis en conseil
décidèrent Napoléon à reprendre la route de Smolensk par Mojaïsk, comme la plus courte pour re-
gagner Wilna. C'était contre le gré de l'empereur,
parce que cette route était semée de ruines et dépourvue des ressources qu'on aurait trouvées en
continuant par Kalouga ; mais il fallut faire des
concessions à des hommes démoralisés, et chez lesquels était distendu le nerf qui fait la réussite dans
les grandes entreprises et la constance dans les revers. Si les lieutenants de Napoléon s'étaient abandonnés en ce moment suprême au génie de leur
chef, ils n'auraient pas eu à subir les conséquences
fatales de leurs décisions personnelles, moralement
imposées par eux à l'Empereur. Dès ce moment,
Kutusoff, complice prudent de ce parti pris, laissa
aux fatigues et au climat le soin d'une victoire décisive que les armes, malgré toute la valeur des
soldats russes, n'avaient pu obtenir. Il se contenta

de nous harceler ; mais le maréchal Ney se couvrit d'une gloire immortelle à l'arrière-garde, en tenant tête nuit et jour à l'ennemi partout où nous étions attaqués.

L'armée française ressentit les premières atteintes d'un froid glacial à *Dorogobouge*, le 9 novembre; d'autre part, elle n'avait pour se sustenter que de la viande de cheval et de légères rations de farine délayée dans de l'eau. Nos soldats mouraient sur les routes et l'on abandonnait les blessés. Une halte à Smolensk fut un bienfait pour nos troupes exténuées ; mais les subsistances s'épuisèrent bientôt. On commença à sortir de cette ville le 14 novembre, pour aller trop loin de là, encore, franchir la *Bérésina,* où nous attendaient de cruelles vicissitudes.

A *Krasnoé* on fut contraint de s'ouvrir un passage à travers l'armée de Kutusoff. Une bataille y fut livrée le 17 novembre, dans laquelle une longue et terrible lutte eut lieu sur un plateau, entre les troupes de Miloradovitch et celles du maréchal Davout, qui fit face à toute l'armée russe. C'en était fait, peut-être du maréchal Ney qui, ce jour-là seulement sortait de Smolensk; mais ce brave des braves (1) lança avec une audace et une intrépidité sans égale son petit corps d'armée sur la glace du

---

(1) C'est le surnom que lui donnait l'armée.

Dniéper, et, après avoir ajouté à sa gloire cette mi-
raculeuse retraite, il rejoignit à *Orscha* l'armée
française, qui avait percé victorieusement les lignes
de Kutusoff.

La pensée d'un grave danger préoccupait Napoléon. Il venait d'apprendre que les généraux
Wittgenstein et Tchitchakoff gardaient la *Bérésina.*
Dès lors il s'agissait de tromper l'ennemi et de lui
donner le change sur le véritable point de passage
de l'armée française. D'après les rapports et l'exa-
men du général Corbineau, on choisit le point de
Studianka, en faisant une démonstration apparente
au-dessous de Borisow. Le général du génie Eblé,
déjà vieux, s'acquit un honneur immortel en sacri-
fiant sa vie pour le salut de l'armée. Il resta deux
jours plongé dans une eau glacée afin d'animer
de son exemple et d'éclairer de ses lumières les
pontonniers chargés d'établir, le plus rapidement
et avec la plus grande solidité possible, deux ponts
sur la Bérésina. D'autre part, le médecin en chef
Larrey veillait nuit et jour sur le transport des blessés, et il prenait autant de soin des Russes que des
nôtres, afin d'obtenir de l'ennemi la réciprocité.
L'immense service que rendaient ces deux hommes de dévoûment doit être gravé par l'histoire en
lettres d'or.(1) La plus grande partie de l'armée passa

_____

(1) L'illustre général du génie Eblé mourut à Kœnigsberg

sur l'autre rive pendant toute la journée du 27 novembre; mais l'incorrigible paresse des traînards,
malgré les avertissements successifs qu'ils recevaient, amena un fatal encombrement dans la journée du 28, pendant que l'artillerie des Russes
labourait la masse des fuyards qui, se pressant aux
ponts, ne pouvaient avancer ni reculer, tant cette
masse était confuse, épaisse et tourbillonnante
dans ses mouvements. Heureusement le maréchal
Ney était accouru, lequel, animant nos braves de
sa présence et de son énergie, força les Russes de
reculer en dirigeant sur eux un feu roulant d'artillerie. En même temps nos braves cuirassiers, conduits par Doumerc, et se dévouant pour le salut de
tous, firent une charge héroïque qui permit à notre
infanterie d'aller en avant, et bientôt une victoire
inattendue, à cause de notre infériorité numérique (1) et de la démoralisation d'une retraite,
ramena le calme et fit cesser la confusion.

Le 29 on incendia les ponts, cruelle nécessité
qui sacrifiait quelques milliers des nôtres au salut
commun ! Pendant cette retraite, et vers *Pletche-
nitzy*, un froid de 20 degrés Réaumur, et qui descendit quelques jours après à 30 degrés, atteignit

___

des suites de son zèle. De 100 pontonniers qui avaient suivi
son exemple, il n'en restait que 12.

(1) 28,000 hommes contre 72,000.

mortellement un grand nombre de nos soldats affaiblis par les fatigues et la misère. Malgré cette recrudescence de malheurs, le courage de nos troupes ne les abandonnait point : c'est ainsi qu'à *Molodeczno*, le 4 décembre, sept cents hommes seulement, mais ayant à leur tête le maréchal Ney et le général Maison, et conduisant un parc considérable d'artillerie, tuèrent un grand nombre de Russes pour épuiser tout ce qui nous restait de munitions au dernier poste de l'honneur. Nous touchions, en effet, à Wilna, capitale de la Lithuanie; mais nos maux ne devaient commencer à s'affaiblir que sur les bords de la Vistule.

L'empereur avait reçu la nouvelle de l'étrange et audacieuse conspiration *Malet*. Comprenant, dès lors, que le salut de l'empire était dans sa personne, laquelle, selon la pensée d'un illustre historien, résumait tout, hommes, choses, lois, institutions, Napoléon quitta l'armée le 5 décembre, et, montant en traîneau à Smorgoni, se dirigea vers la France, après avoir désigné Murat pour le remplacer dans le commandement. L'empereur ne se fit connaître qu'à Varsovie et à Dresde, voulant montrer à ses alliés que son caractère et son énergie étaient supérieurs à sa position du moment, et disant qu'il trouvait les revers proportionnés à sa fortune; mais par son 29e bulletin, devenu si célèbre, il atténuait une partie de la vérité afin de préparer des esprits moins fermes que le sien à la vérité tout entière. Il arriva à Paris, le 18 décembre, entre onze heures et minuit. L'affaire Malet défraya pendant quelques jours les esprits, et Frochot (1) perdit sa place de préfet de la Seine, en

---

(1) Frochot est né à Dijon le 20 mars 1761. D'abord militaire, puis avocat au Parlement, puis enfin prévôt royal d'Aignay-le-Duc en 1789. Nommé à Châtillon député du bailliage de la montage aux Etats généraux, il se lia intimement avec Mirabeau. Détenu au château de Dijon, Frochot en sortit après la chute de Robespierre, et fut un des membres les plus distingués de l'administration centrale de la Côte-d'Or.

La révolution du 18 brumaire le trouva inspecteur des forêts. Il fut élu membre du nouveau Corps législatif. Napoléon, qui instituait les préfectures, cherchait un administrateur habile pour occuper celle de Paris : Théophile Berlier et Maret, depuis duc de Bassano, lui signalèrent leur compatriote Frochot, lequel prit possession de ce poste le 22 mars 1800. Il l'occupa avec honneur jusqu'au 23 octobre 1812, jour où il fut dupe, pendant quelques heures, de l'audacieuse jonglerie de Malet. Le premier acte de Napoléon, à son retour de Russie, fut de destituer Frochot pour l'exemple, car il ne pouvait lui refuser son estime. L'attachement de Frochot à l'Empereur était notoire. Lorsque Saulnier, secrétaire général du ministère de la police, vint ouvrir les yeux à Frochot, ce dernier, qui passait ainsi d'une profonde douleur à la joie la plus vive, sauta au cou de Saulnier et l'embrassa avec transport. Au retour de l'île d'Elbe, Napoléon nomma Frochot préfet des Bouches-du-Rhône. A la deuxième restauration, notre administrateur alla vivre en sage dans sa retraite d'Etuf, près d'Arc-en-Barois, où il consacra la plus large part

s'entendant dire que la mort du magistrat défen-
dant le souverain est plus glorieuse que celle du
soldat tombant au champ d'honneur.

---

de son temps à faire des expériences utiles à l'agriculture et
à développer tous les germes de l'industrie dans le pays où
il passait sa vieillesse. Jamais aucun de ses compatriotes auquel il reconnaissait de l'intelligence et du cœur, ne s'adressait inutilement à son bon patronage et à son crédit. Il disait
que le plus heureux privilège de ceux qui ont le bonheur de
parvenir est de faire parvenir les autres selon leur mérite et
selon leur droit. Cet esprit, qui animait alors généralement les
hommes d'élite de la Bourgogne, disparait aujourd'hui de nos
mœurs, lesquels tournent à l'égoïsme et nous placent déjà
loin des sentiments nobles et élevés de nos pères. Frochot est
mort à Etuf le 29 juillet 1828, entouré de regrets et de considération.

Le lecteur a pu remarquer que dans mon rapide exposé historique, je n'oublie pas les contemporains bourguignons, surtout quand leur biographie a été omise ou incomplète. Par
exemple, la Biographie Michaut, par une lacune regrettable,
a omis le nom de Théophile Berlier. Or, ce que je vais en dire
complétera l'article de la Biographie Arnault (Paris, 1820).

Théophile Berlier naquit en 1761, à Dijon, où, après d'excellentes études de droit, il fut reçu avocat au Parlement en
1783. Il adopta les principes de 89 avec une ferveur et une
austérité qui ne se sont jamais démenties. Membre du Conseil
général de la Côte-d'Or en 1791, il fut élu député à la Convention en 1792. Pendant vingt-trois années il se dévoua sans
relâche, sans faiblesse et sans ambition au service de son pays.
Modeste de cœur, voué aux œuvres de législation, aussi peu
sympathique aux démagogues qu'à la tranchante fierté de
leurs adversaires (les Girondins), il gardait la limite entre

Par suite de la prévoyance de l'empereur, la levée de 1813, faite à l'avance, laissait 140,000 hommes dans les dépôts, où l'on n'avait cessé de les

---

les deux excès, cherchant à conjurer le mal et à faire, sans éclat, tout le bien possible. Ce fut ainsi qu'il parvint à rendre aux campagnes abandonnées une foule de pauvres et inoffensifs cultivateurs, détenus comme suspects d'*incivisme*. La loi conforme à ces vues, et provoquée par Berlier, est du 10 juillet 1794. Un mois après il recevait la difficile mission de dépouiller les procédures concernant les détenus des départements du Nord et du Pas-de-Calais, employait à cet immense travail les jours et les nuits pendant un mois; rendait à la liberté une multitude de victimes de la haine et des passions politiques, et, changeant en bénédictious les pleurs et les gémissements de l'abbaye de Saint-Wast convertie en prison, il s'attirait à jamais la reconnaissance de toutes les villes et les bourgs du nord de la France. Plus tard encore (1806) il accomplit une mission de même nature à Bruxelles, où il laissa les souvenirs les plus honorables.

Poursuivant, sans désemparer, au sein de la Convention, son œuvre philanthropique, il fit prononcer l'abolition des confiscations et celle du tribunal révolutionnaire. Après de tels actes, l'estime, la considération et les honneurs devaient environner cet excellent citoyen; aussi, le 15 fructidor an III (30 août 1795), fut-il élu président de la Convention, poste orageux, délicat et difficile, où il se maintint toujours dignement, soit par son merveilleux esprit de conciliation, soit par sa fermeté.

En 1795 il fut appelé au conseil des Cinq-Cents par le triple vote des départements de la Côte-d'Or, du Pas-de-Calais et du Nord. Après le 18 fructidor, il fut nommé substitut (avocat général) au tribunal de cassation (6 septembre 1797). En l'an

exercer. Les nombreuses cohortes de gardes nationaux destinés pour le service de l'intérieur, pouvaient fournir 100,000 hommes qui n'hésiteraient

---

VI (1798) une double élection à Paris le renvoya au conseil
des Cinq-Cents, dont il fut élu président le 1er nivôse (21 décembre 1798).

En certain lieu, Th. Berlier restitue à l'histoire son véritable aspect. Ainsi, il assure qu'au 19 brumaire an VIII (10 novembre 1799), à Saint-Cloud, aucun poignard ne fut dirigé
sur la poitrine du général Bonaparte, et nul député ne s'é-
vada par les fenêtres. Les grenadiers, commandés par Murat,
s'avancèrent lentement, et le tambour ne battit la charge que
pour détruire l'effet des allocutions.

Le 4 nivôse an VIII (25 décembre 1799), Berlier entra au
conseil d'Etat, dans la section de législation, où sa haute capacité et son dévouement allaient rendre d'éminents services.
Loin d'encenser le pouvoir naissant, Berlier se montra maintes
fois opposé aux vues et aux sentiments de premier consul,
lequel faisait autant de cas du mérite du savant conseiller d'E-
tat que de son indépendance. Thibaudeau (*Mémoires sur le
Consulat*, p. 389), rend compte, au sujet de la paix d'Amiens,
d'une conversation piquante entre le premier consul et un
conseiller d'Etat; or, cet interlocuteur, c'était Berlier, d'après
ce que j'ai appris de sa famille. Le premier consul exprimait
à celui-ci ses doutes sur la durée de la paix d'Amiens, et as-
surait avec feu que de nouvelles victoires étaient nécessaires
pour consolider un pouvoir naissant. Th. Berlier, au contraire,
mettait tout en œuvre pour démontrer que l'organisation de
l'intérieur et la prospérité publique ont toujours besoin d'une
paix durable. Peu après cet entretien, Berlier fut nommé président du conseil des prises maritimes. Cette faveur honorait
autant le premier consul que son protégé, si sincère et si peu

point à quitter nos frontières au premier appel patriotique. On comptait 150,000 hommes valides soit de la réserve, soit de l'armée active de Rus-

---

courtisan. Celui-ci ne partageait pas non plus l'engoûment du premier consul, au sujet de l'institution de la Légion-d'Honneur, et il alla jusqu'à traiter de *hochets* de la monarchie les insignes proposés par le premier consul, ce à quoi ce dernier répliqua : « C'est avec des hochets que l'on mène les hommes... colifichets innocents, ajoutait-il judicieusement plus tard (*Mémorial* de Las Cases), et propres à appeler les respects de la multitude, tout en commandant le respect de soi-même. »

Pendant la mémorable discussion du Code civil, Berlier se réjouissait de vivre ainsi tous les jours parmi les plus célèbres jurisconsultes de son époque. Le 13 germinal an XIII (3 avril 1805) il reçut le brevet de conseiller d'Etat à vie ; puis le titre de comte lui fut conféré en 1808, accompagné d'une dotation. Il plaisantait lui-même avec finesse sur ce que les rubans, qu'il avait qualifiés de *hochets*, venaient le trouver, et il défendait à ses enfants, avec une inexprimable candeur, de s'enorgueillir jamais de ses titres et de ses insignes.

Sa fortune s'arrêta avec celle de l'empire. La mort d'une épouse chérie (1816) et quinze années d'exil affligèrent la vieillesse de Berlier. Il ne fut rendu à sa patrie qu'en 1830, et mourut à Dijon le 12 septembre 1844, à l'âge de 83 ans. Il dut aux lettres toutes les consolations qu'elles peuvent donner, et, en outre, le titre de correspondant de l'Académie des sciences morales et politiques.

Voici le titre de ses ouvrages :

1° *Précis historique de l'ancienne Gaule*, ou Recherches sur l'état des Gaules avant les conquêtes de César; Bruxelles, 1822.

sie (1); les contingents des alliés s'élevaient à environ 60,000 soldats, sans compter l'armée d'Espagne (2).

L'empereur, ne voulant pas que de nouveaux
impôts pesassent sur la France, trouva des ressources dans les économies de sa liste civile et dans
son trésor secret, amassé par une sage prévision.
La France prouva, par des dons patriotiques, qu'elle
comprenait la pensée généreuse du souverain :
toutes les villes de l'empire votèrent un plus ou
moins grand nombre de cavaliers, dont le nombre
s'éleva à 16,000 et à 22,000 chevaux équipés. L'artillerie se recompléta ; les cadres de la cavalerie
nouvelle s'élevèrent à 45,000 hommes, sans compter quatre beaux régiments de gardes d'honneur,
corps privilégié, à l'instar de l'Allemagne, et dont
chaque membre, ayant le titre de sous-lieutenant,
ne devait servir qu'à côté de l'empereur. Ainsi l'ar-

2° *La guerre des Gaules,* traduite des *Commentaires de César ;* Paris, 1825.

3° *Précis historique de la Gaule sous la domination romaine ;*
Paris et Dijon, 1835.

4° Ses écrits sur la législation forment plusieurs articles de
l'Encyclopédie de Courtin, de 1823 à 1829.

(1) On s'abusait malheureusement sur le nombre d'hommes
que devaient ramener Murat et le prince Eugène.

(2) Napoléon tirait 30,000 hommes de l'Espagne, d'où il
rappelait Marmont, qu'il remplaçait par le général Reille.

mée se réorganisa comme par enchantement, et deux corps de troupes, confiés l'un au maréchal Ney et l'autre au maréchal Marmont, furent dirigés sur le Rhin.

Ces grandes préoccupations n'empêchaient pas l'empereur de s'occuper de soins importants et d'une toute autre nature. En ce moment le Pape était au palais de Fontainebleau, où, depuis l'été de 1812, Napoléon avait ordonné sa translation de la ville de Savone. Là, Pie VII paraissait trop abandonné à la discrétion de l'Angleterre, et Napoléon, en traitant directement avec Sa Sainteté plutôt qu'avec des négociateurs, espérait une solution définitive des démêlés communs. La première entrevue eut lieu le 19 janvier 1813 et fut cordiale comme les subséquentes (1). L'empereur fut si persuasif, que dès le 25 janvier eut lieu la signature du concordat de Fontainebleau, traité par lequel le Pape, en renonçant, pour Avignon, à sa résidence de Rome, se dépouillait de sa souveraineté temporelle ; mais on n'eut pas plutôt rendu à Pie VII son conseil ordinaire, qu'il eut des regrets cuisants de sa condescendance excessive, et prit le

---

(1) Les intrigants et les ennemis de l'Empereur répandaient alors d'odieuses et absurdes calomnies, et, entre autres, celle que Napoléon avait violenté et même maltraité Pie VII.

parti de temporiser sur l'exécution du concordat de Fontainebleau.

Les arrangements avec les puissances continentales étaient loin d'être désormais aussi faciles que celui que Napoléon venait de conclure. Il fallait s'attendre aux défections parmi nos alliés : ainsi la Prusse signa, le 28 février, un traité d'aillance avec la Russie. L'union de l'Autriche, quoique cimentée par un mariage, n'était guère plus invariable que le vent de la fortune. En effet, les négociations entamées aboutissaient seulement à obtenir de cette puissance le rôle de médiatrice, ce qui cachait une politique expectante ; mais Napoléon sentait la puissance de ses nouvelles ressources et n'était pas disposé à se contenter longtemps encore de l'attitude perplexe du cabinet autrichien.

Pendant qu'on épiait, dans les hautes régions étrangères, les phases du changement de fortune de Napoléon, nos généraux recueillaient les débris des divers corps. Murat, inquiet pour sa couronne, avait quitté l'armée de Russie sur les bords de la Vistule, et en avait remis le commandement au prince Eugène. L'empereur confirma ce choix en stygmatisant la désertion déguisée du roi de Naples. Le prince Eugène, sans cesse harcelé par les généraux russes Miloradovitch, Doctoroff, Sacken et Wittgenstein, arriva enfin sur l'Elbe (le 5 mars 1813), où il s'établit avec

80,000 hommes échappés à la longue et désastreuse retraite de Russie.

Les dragons de la garde avaient bien souffert à Smolensk, Wiazma et Moscou. Ce sont eux qui, à *Malojaroslawetz*, commandés par Bessières et Letort, avaient refoulé les innombrables nuées de cosaques qui avaient investi tout à coup Napoléon et pouvaient l'enlever. Il les aimait ses dragons de la garde, les appelait ses enfants, et les voulait toujours à sa suite (1). En ce moment ils revenaient de Russie couverts de lauriers, mais attristés des vides que la mauvaise fortune, la rigueur du climat et la privation de subsistances avaient fait dans leurs rangs. Le comte de Saint-Sulpice, leur colonel, écrivait le 7 janvier 1813, à Teslot-Fery, la lettre suivante :

« Je vous dirai, mon cher commandant, le tout

---

(1) C'était une grande faveur que celle d'entrer dans les dragons de la garde, composés d'hommes d'élite d'une bravoure éprouvée et choisis par l'Empereur lui-même. Le meilleur témoignage de son affection pour ce corps, c'est qu'à l'origine de sa formation il le plaça sous les auspices de l'impératrice Joséphine, et, depuis, sous le patronage de Marie-Louise. A Eylau, il pleura ses dragons qui jonchaient le champ de bataille. Ce superbe et redoutable régiment accompagnait Napoléon à *Valladolid* et à *Sommo-Sierra*. En Espagne, comme en Allemagne et en Russie, ils étaient la terreur de l'ennemi.

sans vouloir vous effrayer, que, pour remettre le régiment au complet et en état d'entrer en campagne, il faut de 6 à 700 hommes, 800 chevaux, et le tout généralement neuf en armement, habillement, équipement et harnachement, car, comme François I", *fors l'honneur*, nous avons tout perdu ! nous avons perdu notre comptabilité, un fonds de caisse de 6 à 7,000 fr.; de plus, tous nos gros bagages, dans lesquels il y avait pour 6 à 7,000 fr. de fers et de clous. Vous devez bien penser que tout ce que je vous dis doit rester entre nous, et ce que vous pouvez faire de mieux pour le régiment, c'est de savoir ce que Sa Majesté veut faire pour sa garde.

« Si l'on fait partir un détachement, il vous sera facile d'obtenir ce que vous désirez, puisqu'il manque ici deux chefs d'escadron ; le régiment verra avec plaisir que vous venez partager son dévoûment.

« Nous filons tout doucement sur Mayence. Si vous apprenez que nous devons y rester, il faudra nous faire diriger sur cette ville tout ce qui nous est nécessaire à l'habillement et à l'armement des hommes : songez que le mot *tout* est sans exception.

« Dans les cas où nous irions à Paris pour y refaire notre équipement, nous tâcherons de nous passer de nos effets jusqu'à cette époque. Cependant, pour l'honneur du corps, si vous aviez en magasin quelques habits, casques et sabres, sans être neufs, cela nous mettrait à même de jeter un peu de poudre aux yeux dans notre traversée.....»

On ne peut lire sans un retour douloureux vers le passé ce peu de lignes beaucoup plus éloquentes qu'un simple récit.

Testot-Ferry avait pourvu, avec une activité sans égale, à tous les besoins qui venaient de lui être manifestés, et, grâce à lui, le dépôt du régiment où il avait su réunir un grand nombre de vieux soldats tirés des divers corps de cavalerie, contribua très efficacement à réparer les pertes des escadrons de guerre. En février 1813, il amena lui-même au régiment décimé les détachements fournis par le dépôt.

Le voici désormais rendu à la vie des camps, et rien n'égale la fête que lui firent ses compagnons d'armes. Disons de suite, pour ne rien omettre du tribut d'éloges dû à son mérite comme administrateur, que, dans la campagne brillante où nous allons le voir rendu à lui-même, ayant été chargé de lever des contributions de guerre, il le fit avec une remarquable intégrité et douceur, surveillant sans cesse et empêchant en tous lieux les violences, le pillage et les spoliations.

L'empereur connut avec un plaisir extrême le

dévoûment du chef d'escadron de son cher régiment des dragons de l'Impératrice. Aussi, avant de quitter la France pour le nouveau théâtre de la guerre, il nomma Ferry officier de la Légion-d'Honneur. Le décret est du 14 avril; le 15, Napoléon partait de Saint-Cloud, et peu après, arrivant à Mayence, il passait en revue ses dragons de la garde, dont la tenue superbe avait effacé toutes les marques d'infortune. Ils le suivirent à Erfurt, où il arriva le 26, et ne le quittèrent plus.

A Weissenfels nos jeunes conscrits l'étonnèrent par leur aplomb dans une première rencontre avec la cavalerie des coalisés (le 29 avril). Le lendemain, au défilé de *Poserna*, le maréchal Bessières fut renversé par un boulet, à côté de Napoléon. « La mort s'approche de nous, » dit tristement l'Empereur, et il poussa son cheval en avant. Mais la mémorable victoire de Lutzen (2 mai 1813) donna le change à son esprit. Son plan de campagne (1) et ses dispositions de combat avaient été admirables; il se montra moins sage en affrontant le feu de l'ennemi sur une ligne de bataille de plus de deux lieues. L'artillerie, dirigée avec op-

---

(1) Ce plan consistait à faire sa jonction avec le prince Eugène sur la Saale, à déboucher en masse sur Lutzen, puis, passant l'Elster à Leipsick, à repousser les coalisés sur la Bohême.

portunité sur deux points différents par le général
Drouot et par le maréchal Marmont, rompit le
flanc de l'ennemi. On poursuivit vivement Blücher (1). Les dragons de la garde, commandés
par Ornano et Ferry, se distinguèrent dans cette
journée.

Napoléon marcha sur Dresde avec 140,000
hommes ; il y arriva le 8 mai, en chassant les
Russes devant lui. Fatigué des hésitations de son
beau-père, il eut la pensée de proposer la paix à
la Russie en mettant de côté l'Autriche, et il dit
à l'ambassadeur français, M. de Narbonne, ces remarquables paroles : « Une mission directe au
quartier général russe partagerait le monde en
deux. » Cependant, le 16 mai, une lettre de l'empereur d'Autriche arriva, à Dresde, à Napoléon, et
calma pour un instant son irritation. Il différa sa
réponse, et quitta Dresde le 18 mai pour livrer
la bataille de Bautzen (20 et 21 mai).

Cette bataille dura deux jours, et l'artillerie,
comme à Lutzen, décida de la victoire. Blücher
ne put tenir contre le feu effroyable de Marmont,
qui avait joint à son artillerie celle de la garde.
La victoire fut brillante pour nos armes et décon-
certa l'armée ennemie, forcée dans une position
formidable. Les dragons de la garde, impétueux

---

(2) Il avait perdu 20,000 hommes à Lutzen.

dans l'attaque comme dans la poursuite des fuyards, s'arrêtèrent à Gorlitz, où Duroc fut emporté par un boulet à côté de l'empereur. Rien n'égale la douleur profonde qui s'empara de l'âme de Napoléon en ce moment et en face de ce deuxième et cruel avertissement de la fortune.

Un armistice de deux mois fut signé à *Pleiswitz* avec les coalisés, le 4 juin ; mais était-il bien sage de leur donner ainsi le temps de se reconnaître et de respirer, et cela, dans l'unique but d'accroître nos ressources afin de lutter ouvertement contre un ennemi de plus, c'est-à-dire l'Autriche, dont l'ultimatum pour une alliance offensive et défensive paraissait à Napoléon porter atteinte à sa gloire (1)?

Napoléon alla s'établir au palais Marcolini, à Dresde. Il dirigea de là les affaires de l'empire et les mouvements stratégiques de ses corps d'armée. Il adopta le cours de l'Elbe pour sa ligne d'o-

---

(1) Cet ultimatum imposé à Napoléon était : la dissolution du grand-duché de Varsovie ; la reconstitution de la Prusse ; la restitution à l'Allemagne des villes libres de Lubeck, Brême et Hambourg ; l'abolition de la confédération du Rhin, et enfin la rétrocession de l'Illyrie à l'Autriche. La France conservait la Belgique, les provinces Rhénanes, la Hollande, le Piémont, la Toscane, l'Etat-Romain maintenu en départements français, la Westphalie, la Lombardie, Naples. (Thiers, t. XVI, p. 5.)

pérations et en fortifia les points principaux. Murat, toujours flottant entre l'amour de sa couronne et celui des champs de bataille, céda à ce dernier entraînement et revint à Dresde, sous le vent de la fortune, se mettre à la tête de nos régiments de cavalerie.

L'empereur d'Autriche, voyant que les négociations à distance n'avançaient pas les choses, envoya M. de Metternich à Dresde, où ce dernier eut une entrevue avec Napoléon, le 28 juin ; mais loin d'aboutir à la paix, l'habile ministre autrichien ne put employer le temps de cette conférence qu'à calmer l'effervescence de son redoutable interlocuteur. Toutefois, Napoléon fut plus fin que le plus fin des diplomates, car il obtint de M. de Metternich une prolongation d'armistice de vingt jours.

Pendant que ces évènements se passaient à Dresde, Joseph était à Madrid, et 86,000 hommes de bonnes troupes devaient l'y maintenir. Les Cortès avaient déféré à lord Wellington le commandement des armées espagnoles, et il se trouvait ainsi à la tête d'une force de 100,000 hommes, y compris l'armée anglaise. L'ordre de Napoléon avait été de se concentrer sur Valladolid, car il était importuné de cette guerre sans issue et voulait enfin borner sa conquête aux provinces de l'Ebre ; mais les divisions entre les chefs recommencèrent. Le général Reille conseillait la concentration sur l'Ebre, pour rallier le général Clausel ; d'autre part Joseph et Jourdan préféraient une marche sur *Vittoria*, où, d'après leur calcul, on rallierait bien plus tôt le général Clausel. Ce dernier avis prévalut et l'on se trouva, le 19 juin, avec seulement 50,000 hommes, en présence de toute l'armée anglo-espagnole. La bataille de *Vittoria* (21 juin 1813) fut malheureuse pour nos armes ; mais le général Reille fit une belle retraite sur *Salvatierra*, et fut bien secondé par le général Menne, qui tint longtemps tête à l'ennemi au pont d'*Arriagua* (1).

Au moment de ce conflit à forces inégales, le général Foy, avec 15,000 hommes, n'était séparé de notre corps d'armée, alors engagé avec les Anglo-Espagnols, que par la montagne de *Salinas*, et le général Clausel était arrivé le 20 juin à *Logrono* avec pareil nombre de soldats. Ni l'un ni l'autre, cependant, n'avait été rejoint par les pay-

---

(1) Le général baron Menne fut glorieusement secondé dans cette circonstance par son aide de camp le capitaine Maurice Menne, son frère. Ce dernier, qui était né à Agen le 29 décembre 1785, s'engagea volontairement en 1804 et gagna tous ses grades à la pointe de son épée. C'est en Afrique qu'il parvint au grade d'officier général. Il s'acquit la plus haute considération de 1840 à 1847, dans son commandement de la division militaire de Besançon. Depuis, il a fait choix, pour sa retraite, de la résidence de Dijon, où il jouit de toute l'estime qu'il mérite.

sans qu'on s'était contenté de leur dépêcher, au lieu de s'enquérir de leur marche par de fortes reconnaissances de cavalerie. Si ces 30,000 hommes eussent été réunis aux 50,000 engagés à *Vittoria*, l'armée anglaise pouvait être refoulée de l'Espagne ; mais faute d'unité, d'entente et de concentration de notre part, c'était l'évènement contraire qui menaçait en ce moment nos armes. L'armée française dirigea sa retraite vers Pampelune, tandis que les généraux Foy et Maucune arrêtaient Wellington et le rejetaient loin de nos lignes. Joseph fut rappelé en France, et le maréchal Soult vint prendre le commandement de l'armée des Pyrénées.

Le congrès de Prague s'ouvrit le 14 juillet 1813 ; mais Napoléon, qui résistait à de pressantes instances faites autour de lui en faveur de la paix (1), traîna les conférences en longueur, dans l'intérêt unique du progrès de ses armements. L'Autriche avait annoncé qu'elle entrerait dans la coalition le 10 août si ses propositions étaient rejetées, et cette fois elle tint parole.

---

(1) L'histoire doit enregistrer ces nobles paroles de Caulaincourt :

« Sire, la paix qu'on vous demande coûtera peut-être quelque chose à votre amour-propre, mais rien à votre gloire, car elle ne coûtera rien à la vraie grandeur de la France. »

Cependant les princes étrangers, à la tête desquels se trouvaient l'empereur de Russie et le roi de Prusse réunis à Trachenberg (Silésie), et prenant conseil de deux Français qui ne l'étaient plus, Bernadotte et Moreau (1), se préparaient à agir concentriquement sur Dresde avec trois puissantes armées (2). Napoléon avait parfaitement discerné les vues d'attaque des coalisés, et il y avait pourvu avec son habileté ordinaire, en plaçant des corps d'armée à tous les points de débouchés de l'ennemi, et en étendant peut-être un peu trop ses bras sur Berlin, qu'il avait donné ordre à Oudinot de menacer. Il était loin, en effet, d'égaler les forces numériques de ses ennemis, puisqu'il n'opposait que 380,000 hommes aux 500,000 de la coalition; mais le nom seul de Napoléon était si redouté, qu'on avait prescrit aux chefs de corps dans l'armée ennemie de ne rien hasarder quand ils l'auraient directement pour adversaire.

Les coalisés marchaient en masses puissantes sur Dresde, lorsque l'empereur imagina une des

(1) Moreau était revenu d'Amérique à la première nouvelle de nos désastres en Russie.

(2) 1° L'armée de Bohême, commandée par le prince de Schwarzenberg, notre allié dans les campagnes précédentes; 2° l'armée de Silésie, commandée par Blücher; 3° l'armée du Nord, commandée par Bernadotte.

plus profondes combinaisons qui soient nées de son inépuisable génie. Il s'agissait de remonter l'Elbe avec 140,000 hommes jusqu'à *Kœnigstein*, d'intercepter la seule bonne voie de retraite des coalisés, c'est-à-dire la chaussée de Péterswald, puis d'arriver sur les derrières de l'armée ennemie aussitôt qu'elle resserrerait ses lignes de concentration sur Dresde. Il la prendrait ainsi entre l'Elbe et deux corps d'armée, savoir : les 40,000 hommes placés sous les ordres du maréchal Saint-Cyr pour garder la ville, et les 120,000 hommes du camp de *Pirna*. Mais le trouble fut si grand à Dresde, que Napoléon, ayant craint la démoralisation de cette cité, qui se croyait abandonnée de lui, renonça à ce plan, dont l'exécution lui livrait toute la Coalition. Il résolut donc de laisser seulement à Kœnigstein le corps d'armée de 40,000 hommes commandés par Vandamme, et, profitant de l'enthousiasme causé à Dresde par ce changement de résolution, il prit le parti d'attendre l'attaque de l'armée ennemie.

Le 26 août 1813 eut lieu un engagement général. On essuya d'abord un échec; mais quelques heures plus tard la jeune garde, enflammée par la présence de Napoléon, culbuta les Prussiens et les Russes, et reprit les redoutes que l'ennemi avait forcées. La cavalerie de Murat, au milieu de laquelle se distinguèrent les dragons de l'Impéra-

trice, acheva un succès glorieux qui était l'avant-
coureur de l'éclatante victoire du lendemain.

Le matin de cette journée du 26, avant l'attaque des coalisés, l'empereur avait fait une forte
reconnaissance autour de Dresde. Testot-Ferry
commandait en ce moment les escadrons d'escorte
des divers régiments de cavalerie de la garde, et
l'Empereur avait mis sous les ordres de cet officier
quelques troupes d'infanterie et d'artillerie. Napoléon se plaisait ainsi à façonner à ce qu'il appelait
le généralat les officiers supérieurs qu'il y destinait.
Ferry comprit parfaitement sa mission : car, au
moyen de dispositions promptes, et par une attaque
soudaine et hardie, il enleva, sous les yeux de
l'Empereur, et après plusieurs charges heureuses
où il paya de sa personne, une position défendue
par des forces triples de celles dont je viens de
parler. L'empereur lui en témoigna une vive satisfaction, et lui dit : « Colonel, vous ne quitte-
rez jamais ma garde. » Les camarades de Ferry
prétendaient, à cette occasion, que sa fortune militaire était désormais faite; pronostic sensé, et qui se
serait infailliblement accompli si une plus longue
durée eût été accordée à l'empire.

L'empereur avait pris de telles dispositions
pour la bataille du 27, que son visage, d'après
un illustre historien, rayonnait de satisfaction.
Avec son regard d'aigle, Napoléon avait aperçu

du haut d'un clocher de la ville une gorge profonde portant le nom de vallée de *Plauen*. Au-delà
de cette espèce de gouffre étaient rangées et séparées
des masses actives de l'ennemi, les lignes autrichiennes formant la gauche des coalisés, lesquels
n'avaient aucunement songé à donner à ces lignes
ainsi isolées un point d'appui. Napoléon, profitant de cette faute, prescrivit à Murat et au maréchal Victor une manœuvre décisive qui précipita
l'infanterie autrichienne dans le gouffre comme
dans une vaste nécropole. 8,000 hommes furent
faits prisonniers et l'aile gauche de l'ennemi désorganisée. Vandamme devait naturellement barrer le chemin aux fuyards qui gagneraient la
chaussée de Péterswald. Par malheur, cette partie
du plan de l'empereur tourna contre nos armes;
mais la victoire de Dresde était éclatante. Napoléon
ne s'était point épargné, et tandis qu'il dirigeait
du centre de son armée une vive canonnade, un
de ses boulets atteignit mortellement son implacable rival Moreau, qui mourut deux jours après
à Tann, après avoir souffert l'amputation des deux
jambes. Son supplice le plus cruel fut sans doute
de mourir au milieu des ennemis de sa patrie. Les
coalisés, qui avaient perdu près de 30,000 hommes dans les journées des 26 et 27 août, commencèrent leur retraite en se voyant près d'être
tournés par le maréchal Ney. Ils reprirent la route

de Bohême sur trois colonnes, poursuivies par les différents corps de l'armée française.

La victoire a de singuliers retours! Vandamme, qui avait pris position avec 40,000 hommes à *Kulm*, au passage d'un ennemi démoralisé et fuyant de toutes parts à travers des gorges et des défilés étroits, se vit tout à coup assailli de front (le 30 août) par des forces considérables, et sur ses derrières par le général prussien Kleist, qui marchait au hasard et faisait tout pour l'éviter. Or ce général, au moment où il appréhendait un désastre, recueillit une victoire, et le contraire eut lieu pour l'intrépide et infortuné Vandamme, lequel était en droit de compter sur l'appui du maréchal Saint-Cyr; mais ce dernier n'avait pas suivi assez vivement la trace de l'ennemi. C'était pour nous une perte de 12,000 hommes tant tués que prisonniers. Au nombre de ceux-ci furent le général en chef Vandamme et le général Haxo, tous deux grièvement blessés. Le général Haxo avait, dans son état-major, un brillant officier du génie qui devait recueillir de la gloire sur bien des champs de bataille; conquérir, de nos jours, le bâton de maréchal; mériter la confiance sans bornes de son pays et de son souverain, et l'estime profonde de ses compatriotes bourguignons.

En un instant toutes les combinaisons de l'empereur furent changées. Il envoya Ney renforcer

Oudinot, et prit à *Hoverswerda* une position intermédiaire entre Oudinot, lancé sur Berlin, et Macdonald qui éclairait la marche de l'armée de Silésie, commandée par Blücher. Cette habile manœuvre dégagea Macdonald à peine remis d'un échec à la *Katzbach*. Blücher n'osa pas affronter un aussi redoutable adversaire que Napoléon, et se retira devant lui bien au-delà de *Gorlitz*.

Le difficile était de connaître la nouvelle tactique des coalisés, qui s'étaient visiblement raffermis contre nous. Napoléon crut reconnaître, à certains signes, leur dessein de tenter de nouveau une entreprise sur nos derrières, mais, cette fois, en élargissant le cercle de leur opération de Leipzick jusqu'à Dresde. L'empereur ne se trompait pas, malgré le change que pouvait lui donner la divergence d'opinions de ses lieutenants.

Sur ces entrefaites, le maréchal Ney n'avait pas plus de bonheur contre Bernadotte à *Dennevitz* (le 6 septembre) que n'en avait eu Oudinot contre le même adversaire au combat de *Gross-Beeren* peu auparavant. La raison de ces échecs, c'est que les Saxons, dont la fidélité était déjà plus que douteuse, se débandèrent pendant ces deux combats. La première chose à faire après ces évènements était de frapper un coup de vigueur sur les coalisés, lesquels avaient pris assez d'assurance pour tenter de passer l'Elbe entre *Tetschen* et *Leimeritz*.

Napoléon, plein d'activité et de prévoyance,
conserva son centre d'action à Dresde, fortifia les
hauteurs des lieux par où l'ennemi devait déboucher, notamment *Pirna,* et prit pour la direction
de ses lieutenants les dispositions les plus judicieusement calculées. Testot-Ferry, avec ses dragons,
accabla à diverses reprises, et particulièrement à
Hollendorf et Peterswald, le 16 septembre (1), la
cavalerie prussienne, qui essayait de faire diversion.
Le 17, il se rua avec une intrépidité sans égale sur
les batteries ennemies dans ce même lieu de
Kulm (2), si fatal à un de nos corps d'armée dix-
huit jours auparavant. Là, Napoléon, avec 60,000
hommes, se trouvait en ce moment en face de
120,000 Russes et Autrichiens, lorsqu'il survint
un orage épouvantable. Alors l'empereur arrêta
l'élan des troupes, et surtout celui de ses dragons
de la garde, qui avaient pris une offensive si brillante et brûlaient du désir de venger leurs camarades de l'armée de Vandamme. Deux épisodes
marquèrent dans cette journée la place de Testot-
Ferry parmi les plus braves également doués du
courage d'action et du courage passif. Une première fois, les dragons de la garde ayant été formés en bataille devant une ligne de cavalerie en-

(1) *Le Moniteur de l'Armée,* n° 61, 1er novembre 1858.
(2) Id.

nemie, et l'empereur ayant ordonné de ne faire aucun mouvement sous quelque prétexte que ce fût, un dragon, emporté par son ardeur, se précipite au milieu des rangs ennemis, où il est bientôt entouré et démonté. Tous ses camarades veulent voler à son secours, et les rangs s'ébranlent; mais Testot-Ferry les arrête et les reforme, et, rappelant d'un geste et d'une voix sévère les ordres de l'empereur, il assure qu'il suffit de lui seul pour délivrer l'imprudent dragon. Aussitôt dit, aussitôt fait : il s'élance, disperse le groupe ennemi qui s'acharnait sur le cavalier français, et ramène celui-ci à son escadron au milieu des bravos de tout le monde.

Dans un autre moment, l'empereur, pour faciliter une manœuvre importante, ordonna aux dragons de pénétrer dans une étroite vallée, sur les hauteurs de laquelle les coalisés faisaient un feu très vif sur nos troupes. Le régiment de Testot-Ferry fut formé en bataille ; mais les hommes à cheval donnant trop de prise à la mitraille (1), on fit mettre pied à terre et rester dans cette position. Néanmoins, on perdait beaucoup de monde ; mais cette troupe d'élite demeura de pied ferme inébranlable sous ce feu meurtrier. Testot-Ferry était

---

(1) Selon l'expression de Testot-Ferry, on eût ramassé, derrière les escadrons, la mitraille à pleins boisseaux.

en avant des escadrons, lorsqu'un boulet, rasant le sol et arrivant droit à lui, ricocha à ses pieds et le couvrit de terre. L'intrépide chef demeura sans broncher à sa place, tant il savait apprécier la force et la puissance de l'exemple.

On se canonna des deux parts pendant tout le reste de la journée, et l'armée française alla prendre position à *Pirna.*

Bientôt les coalisés exécutèrent sur deux points leur mouvement vers *Leipsick.* Alors Napoléon retourna à Dresde, et, de là, prit ses dispositions pour surprendre l'une après l'autre les deux armées en marche, et pour se tenir entre ses lieutenants Murat et Ney, de manière à leur prêter son appui au moment où ceux-ci, observant la marche des coalisés sur deux points divers (1), pouvaient être attaqués par Blücher ou par Bernadotte. L'empereur quitta Dresde pour se mouvoir librement sur les deux rives de la *Mulde;* mais l'ennemi, l'évitant toujours, était vu partout sans pouvoir être saisi nulle part en masse pour une affaire décisive. Enfin, il se concentra tout à coup vers

----

(1) Murat était placé à *Chemnitz* pour éclairer les mouvements de Schwarzenberg débouchant du côté de la Bohême; le maréchal Ney était en observation à *Düben,* et Marmont à *Eilenburg,* deux villes situées entre Leipsick et Wittenberg.

Leipsick. Napoléon changea alors avec promptitude toutes ses dispositions offensives contre un plan défensif. Il avait à peine 200,000 hommes à opposer aux 300,000 soldats de la coalition.

Cette bataille des nations, ainsi que l'ont qualifiée les Allemands, commença le 16 octobre 1813 par une canonnade comme on n'en avait jamais entendu. L'empereur ne ménageait point sa personne, et vit tomber autour de lui, à la bergerie de *Meursdorf*, un grand nombre de ses officiers. Le carnage fut horrible aux villages de *Wachau* et de *Liebert-Wolkwitz*. Ce premier village fut pris et repris cinq fois. Les dragons de la garde enfoncèrent l'élite des cavaliers russes et autrichiens. Le chef d'escadron Ferry s'y fit remarquer par sa brillante valeur, ainsi qu'au village de *Dölitz*, dans la célèbre chargé de cavalerie ordonnée par l'empereur et commandée simultanément par Murat, Kellermann, Pajol et Letort (1).

---

(1) Voir Thiers, t. XVI, p. 561.

Voici comment s'exprime M. E. Fieffé au n° 61 du *Moniteur de l'Armée*, 1er novembre 1858 : « Les cavaliers de la garde russe et les redoutables cuirassiers autrichiens s'étaient précipités sur le village de Dölitz, d'où ils avaient chassé les Français. A cette vue, Murat et les cuirassiers de Latour-Maubourg, les lanciers et les dragons de la garde, commandés par le général Letort, exécutèrent une charge tellement impétueuse, que deux régiments détruits et près de 500 prisonniers restèrent sur le champ de bataille. »

Trois batailles, indiquées par un triple cercle de feu, se livraient à la fois. Drouot, qui formait son artillerie en carrés aussi facilement qu'un autre général aurait mu des carrés d'infanterie, faisait tomber comme des pans de mur (1) les superbes lignes de grenadiers russes postées près du village de *Gülden-Gossa*, et arrêtait l'élan de la cavalerie ennemie. La nuit seule mit fin à cette triple bataille, connue sous le nom de journée de Wachau, où plus de 25,000 victimes de notre côté et de 40,000 de celui de l'ennemi attestaient l'acharnement d'une lutte décisive. Marmont, au village de *Mockern*, avait tenu tête, avec 20,000 Français, à 60,000 Russes de l'armée de Blücher. L'héroïque général Maison avait dit à ses soldats : « C'est aujourd'hui la dernière journée de la France ; il faut que nous soyons tous morts ce soir. » On peut mettre à bon droit cette parole au niveau de celle de Léonidas.

Dans la soirée du 17 octobre, l'armée de Bernadotte vint s'ajouter à la masse des coalisés, tandis que l'armée de Schwartzenberg s'accroissait encore. Notre position n'était donc plus tenable ; et d'ailleurs, d'après le rapport mystérieux des généraux Sorbier et Dulauloy, nos munitions étaient épuisées, ce qui n'a rien de quoi surprendre : car, de-

---

(1) Expression de M. Thiers.

puis cinq jours, l'armée avait tiré plus de deux cent vingt mille coups de canon, et l'on ne pouvait se réapprovisionner qu'entre Magdebourg et Erfurt (1). Avec des renforts aussi considérables et aussi inattendus, les coalisés n'étaient pas d'humeur à nous laisser prendre la route de Lutzen sans coup férir; mais il faudrait jeter un crêpe sur les fastes douloureux de la journée du 18 octobre !

Le village de *Probstheyda* devint, pour commencer, un théâtre de carnage où Schwartzenberg perdit 12,000 hommes. Ney et Marmont luttaient, au village de *Paunsdorf*, contre des forces triples dirigées par Blücher et Bernadotte, lorsque l'infanterie saxonne et la cavalerie wurtembergeoise, qui formaient vingt-six bataillons et dix escadrons (2), passèrent soudain sous les drapeaux du prince de Suède : acte exécrable et à jamais odieux, et dont les auteurs choisissaient pour nouveau chef celui que ses actes rendaient le plus digne de les comprendre et de les conduire. Ces soldats par-

---

(1) Laurent de l'Ardèche, *Histoire de Napoléon*, ch. XLVI, p. 353.

(2) *Histoire de Napoléon*, par M. le baron Martin de Gray, t. III, p. 69. — Le même auteur, dans une de ses pages judicieuses, remarque combien il est incompréhensible que Napoléon n'ait pas songé à jeter plusieurs ponts sur l'Elster, lui qui, avant la bataille de Wagram, en avait jeté six sur le Danube.

jures tournèrent incontinent leurs armes contre
ceux qui étaient un instant auparavant leurs compagnons d'armes (1). L'effrayante brèche formée
par cette criminelle défection fut comblée rapidement par l'artillerie et la cavalerie de la garde, dirigées par l'empereur en personne. Là encore les
dragons de Testot-Ferry étonnèrent les plus braves (2). Nos soldats restèrent impassibles sur le
champ de bataille tant que dura le jour. Les pertes
furent immenses, surtout dans les armées ennemies; mais le grand nombre de leurs soldats rendait leurs pertes moins sensibles que les nôtres.

La retraite de l'armée française commença
pendant la nuit du 18 au 19 octobre par le pont
de *Lindenau*. Testot-Ferry commandait, dans la
matinée du 19, les escadrons d'escorte chargés de
frayer à l'empereur un passage à travers la masse
épaisse et confuse de ceux qui se précipitaient vers
cet unique passage. Ferry triompha de cette difficulté par son énergie, et, grâce à son zèle, l'empereur, que ce grand revers ne semblait pas abattre,
sortit sain et sauf de cet affreux tumulte causé par

---

(1) Le général en chef Zeschau, qui resta fidèle à notre drapeau, ne put retenir que 500 hommes sous son commandement. (Laurent de l'Ardèche, *loc. cit.*, p. 353.) C'est un devoir pour tout historien de rappeler ce nom à la postérité.

(2) C'est l'expression du *Moniteur de l'Armée, loc. cit.*

l'encombrement des colonnes, des canons, du matériel de guerre et d'innombrables voitures.

Un malentendu, ou plutôt une panique, précipita l'explosion de la mine qui avait été placée sous le pont de Lindenau, afin de mettre en temps convenable l'Elster entre les coalisés et nous. Alors 20,000 hommes, commandés par Poniatowski, Lauriston, Macdonald et le général Regnier, et auxquels l'honorable mission de soutenir la retraite avait été confiée, se trouvèrent acculés entre l'ennemi et le fleuve. Tout espoir de salut s'évanouit pour eux. Poniatowski périt dans les eaux de l'Elster ; les trois autres chefs furent faits prisonniers avec ceux des soldats français qui échappèrent à la mitraille ; un grand nombre périrent en se jetant à la nage.

Pendant que ce désastre se consommait, Bernadotte n'était pas un des moins animés du groupe des souverains qui s'applaudissaient de nos malheurs. Épuisons une triste nomenclature pour n'y point revenir : ainsi Murat, qui se laissait guider par le souffle de la fortune, s'en retourna à Naples quand elle fut contraire. Il plaçait pour la seconde fois sa couronne au-dessus de la fidélité au malheur ; le général de Wrède, qui avait été comblé de biens, de titres et d'honneurs par Napoléon, se laissa mettre par la Coalition à la tête de 60,000 hommes, moitié Bavarois, moitié Autrichiens, et partit pour couper la retraite à son bienfaiteur avant que ce dernier n'atteignît le Rhin. Il se porta le 29 octobre, avec soixante pièces de canon et de la cavalerie, en avant de *Hanau* (1), dans la forêt de Lamboy, et prétendit barrer la route à Napoléon, qui, le lendemain 30 octobre, marchait précipitamment et en avant des autres corps sur Mayence, avec 16,000 hommes seulement ; mais c'était la vieille garde, les dragons de Testot-Ferry et l'artillerie de Drouot.

La retraite de l'armée française, du cœur de l'Allemagne aux bords du Rhin, fut aussi héroïque qu'il convient à des hommes habitués depuis longtemps à la victoire et irrités d'un retour de fortune causé par une odieuse défection. Aussi l'ennemi s'en aperçut-il à Hanau. Là, au nombre de six contre un, il cernait l'armée française dans un poste réputé par lui infranchissable, et que son imagination se représentait comme *nos fourches caudines*. Mieux encore, il comparait Hanau à une nouvelle *Chéronée* (2) où allait s'engloutir la nationalité française ; mais il ne se souvenait plus que, dans ce

(1) Electorat de Hesse, au confluent de la Kintsig et du Mein, à 12 kilomètres de Francfort.

(2) Ce fut sous les murs de cette petite ville de la Béotie que la Grèce perdit deux fois son indépendance : la première, en combattant contre Philippe, roi de Macédoine ; la seconde, en combattant contre Sylla.

même pays de Grèce, les phalanges sacrées passaient sur le corps d'une innombrable multitude comme les escadrons commandés par l'illustre général Letort et par le brave Ferry allaient faire une trouée parmi les Autrichiens et les Bavarois. Avec un soldat contre six, aidés de l'artillerie du général Drouot, ils allaient ouvrir un chemin sanglant (1) à l'armée française, qui n'avait jamais eu une position plus critique.

L'empereur dirigeait en personne les mouvements de la petite troupe. Il fit appeler Testot-Ferry et lui donna lui-même ses instructions. Il fallait vaincre ou mourir. Les escadrons de la garde chargèrent avec tant d'impétuosité, qu'ils firent taire le feu des batteries autrichiennes en tuant les canonniers sur leurs pièces. Ils rompirent et culbutèrent la cavalerie bavaroise qui ne put se reformer, et Napoléon passa (2).

Dans cette effroyable mêlée, Testot-Ferry eut

---

(1) 12,000 hommes, tant Bavarois qu'Autrichiens, jonchèrent le champ de bataille de Hanau.

(2) Voir le récit de M. Thiers, t. XVI, p. 644 et suiv.

M. de Norvins, dans son *Histoire de Napoléon*, parle du concours efficace des dragons de la garde à la première journée de Hanau.

Il est nécessaire de faire connaître au lecteur un passage tout récent du *Moniteur de l'Armée* (loc. cit.), qui montre l'éclatante coopération des dragons de la garde dans la célèbre

son cheval tué d'un boulet de canon, et, se trouvant tout à coup séparé des siens, il se vit seul à
pied, entouré d'une multitude d'adversaires qui
n'avaient pas dessein de lui faire quartier. Il luï
fallut alors soutenir une lutte désespérée, dans laquelle il eût infailliblement péri si quelques camarades, séparés comme lui de leurs escadrons, ne se
fussent précipités sur ce groupe acharné contre leur
chef et ne l'eussent mis en fuite. Ferry ne tenait

---

victoire de Hanau. Cet article est écrit avec talent par M. Eugène Fieffé :

« Le 30 octobre, à Hanau, le général Letort était à la tête
des dragons de la garde. Quoique blessé, il n'avait pas voulu
perdre une si belle occasion de conduire ses intrépides cavaliers à la victoire. 10,000 hommes enveloppaient les batteries
françaises ; ils ne tardèrent pas à plier sous les coups des
dragons. En vain les escadrons autrichiens et bavarois tentè-
rent de se rallier derrière les cosaques de Czernichew. Cette
troupe, rompue elle-même, ne put reprendre l'avantage ; mais
une si glorieuse journée était chèrement achetée. Il n'était
pas un seul dragon qui ne fût couvert de blessures : Letort
avait eu son cheval tué sous lui, de même que le chef d'escadron *Testot-Ferry*, qui avait reçu, à lui seul, vingt-deux
coups de sabre. C'est que jamais ces héroïques soldats n'a-
vaient fait preuve d'une telle intrépidité. Dignes fils de ces cavaliers gaulois qui juraient de ne revoir leurs femmes et leurs
enfants qu'après avoir traversé deux fois les lignes de l'armée
de César, ils parcoururent en tout sens le champ de bataille,
tantôt au centre, tantôt sur les ailes, sabrant isolément ou par
masses, chargeant, puis rechargeant encore, jusqu'à ce que
de si nobles efforts leur eussent assuré un triomphe si bien
mérité. »

plus à la main qu'un tronçon d'épée. Il avait son uniforme taillé de coups de sabres et de lances, tellement que son corps était littéralement nu et laissait voir les traces de vingt-deux blessures. Son casque était troué et aplati ; mais le cimier préserva la tête de l'intrépide combattant. On le vit revenir, mutilé et sanglant, devant les escadrons de la garde ; un officier le couvrit de son manteau, et tous vinrent lui prodiguer les plus vifs témoignages de sympathie et d'admiration.

Les enfants de ce brave des braves conservent religieusement le casque auquel leur père a dû la vie : c'est pour eux un glorieux débris, une précieuse relique, un véritable titre de noblesse (1).

---

(1) Je ne résiste pas au désir de retracer ici quelques lignes de ma correspondance avec le fils aîné de Testot-Ferry. Je ne demanderai pas à ce bon fils, que j'honore de toute mon âme, la permission de faire à mes lecteurs la confidence de son pieux langage. Sa modestie, puisée à bonne école, trouverait, sans aucun doute, des objections à me faire. N'importe, voici ces lignes (19 novembre 1858) :

« J'ai vu panser par les pieuses mains de ma mère, qui les couvrait de ses larmes, les blessures de mon père à Hanau ; j'ai vu l'habit troué et plein de sang, ou plutôt les lambeaux de l'habit qu'il portait dans cette bataille... J'ai chaque jour sous les yeux le casque troué qui lui sauva la vie ! Quel spectacle, Monsieur et excellent ami ! quels souvenirs ! quelles émotions ! »

Voici encore ce que me faisait l'honneur de m'écrire subséquemment M. Gustave Testot-Ferry :

« Un vieux dragon de l'Impératrice, aujourd'hui garde fo-

Ce casque porte des mutilations sur le côté gauche seulement; le côté droit, celui de la main du sabre, est intact et indique que, dans cette lutte suprême, leur père, qui était doué d'une énergie et d'une force physique peu communes, avait, en combattant, tenu à distance ses adversaires, lesquels n'avaient pu atteindre que son flanc gauche désarmé.

Le lendemain, Marmont enleva Hanau, tua encore 2,000 hommes à l'armée austro-bavaroise, la rejeta de l'autre côté de la Kintsig, et le général de Wrède fut laissé pour mort sur le champ de bataille (1). Le 4 novembre 1813, nos braves soldats arrivèrent sur les bords du Rhin et s'y

restier dans une des communes du canton nord de Mâcon, me parlait, il y a quelques jours, avec enthousiasme de la chaude rencontre de Hanau. — «Votre père, me disait-il, était, « parmi nos chefs, celui dont je me souviens le mieux, à cause « de son énergie, de son caractère guerrier, de sa vigueur, et « surtout de sa bonté et de sa sollicitude pour le bien-être du « soldat. » — Quand cet homme, aujourd'hui plus que septuagénaire, me parle, il ne m'appelle jamais que Monsieur le fils de mon brave colonel. — Il m'est arrivé de rencontrer bien des anciens compagnons d'armes de mon père : tous le louaient, et la plupart avaient, en parlant de lui, les larmes aux yeux. »

(1) La majesté de l'armée française, dit éloquemment M. Thiers (t. XVI), en faisant allusion aux journées de Hanau, était dignement vengée.

établirent comme sur une limite sacrée, avec les maréchaux Marmont, Macdonald et Victor.

Cependant 170,000 hommes au moins se trouvaient abandonnés dans les places fortes sur l'Elbe, sur l'Oder et sur la Vistule. Le maréchal Saint-Cyr, laissé à Dresde avec 25,000 hommes, capitula le 11 novembre ; mais, à la honte des souverains coalisés, les conventions furent violées (1). Les garnisons de Stettin, Custrin et Glogau tinrent avec acharnement. On tira sur Bernadotte du haut des remparts de Stettin, et lorsque ses officiers vinrent s'en plaindre comme d'une violation d'armistice, le général Dufresse, courageux défenseur de cette place, répondit : « Ce n'est rien ; la grand'-garde a aperçu un déserteur et elle a tiré dessus. » Le général Rapp défendit héroïquement Dantzig (2) en rompant, sur un vaste circuit, la glace de la Vistule à coups de canon, en affrontant un long et épouvantable bombardement, et en disant qu'il se rendrait lorsqu'il en recevrait l'ordre de l'empereur.

Napoléon était parti de Mayence le 8 novembre,

---

(1) Thiers, t. XVI, p. 179.

(2) La capitulation de Dantzig ne fut pas plus respectée que celle de Dresde. Les braves défenseurs de ces deux places fortes furent retenus prisonniers et envoyés au fond de la Russie. Le devoir de l'historien est de flétrir une aussi odieuse violation des traités.

et le lendemain il se trouvait à Paris. Son premier
soin fut de faire des promotions dans l'armée. Les
dragons de la garde ne furent pas oubliés. Testot-
Ferry fut nommé successivement colonel le 28 novembre, et colonel du 7ᵉ régiment de dragons le
16 décembre. A peine était-il remis de ses blessures qu'il se livrait au travail pour constituer et
organiser, d'après le désir de Napoléon, le premier
régiment d'éclaireurs — grenadiers de la vieille
garde, dont il fut nommé colonel-major par décret impérial du 21 décembre 1813. C'est à la tête
de ce corps d'élite qu'il fit l'immortelle campagne
de France.

Bientôt nos frontières sont menacées sur tous les
points à la fois : Autrichiens, Russes, Prussiens,
Allemands, Suédois, Anglais, Hollandais, Danois,
etc., présentant un effectif de 989,760 soldats (1),
rappellent l'innombrable multitude conduite autrefois par Xercès contre la Grèce. Il ne nous restait
plus en ce moment même que 75,000 défenseurs
actifs en état de se concentrer pour résister à un premier choc de 400,000 étrangers (2). Ce fut en

(1) *Histoire des campagnes de 1814 et 1815 en France,* par
le général de Vaudoncourt, t. I, p. 115.

(2) La levée des conscrits et des gardes nationales servait
pour les réserves et pour garder les places. Encore la rapidité de l'invasion empêcha-t-elle l'enrôlement complet et l'é-

vain que la Suisse invoqua sa neutralité : l'aristocratie helvétique, d'accord avec les coalisés, fit
fléchir ce principe séculaire, et l'habile et tor-
tueuse diplomatie autrichienne prouva que ce prétendu droit était fait uniquement par la France et
pour elle. D'ailleurs, quelle digue opposer à une
inondation semblable!

L'armée austro-russe avait pour généralissime
le feld-maréchal prince de Schwartzenberg; l'armée dite de Silésie marchait sous les ordres du
maréchal prussien Blücher; l'armée du Nord était
commandée par Bernadotte, sans compter les immenses réserves russes et autrichiennes placées
sous la direction du général Barclay de Tolly et
sous celle du prince de Hombourg. Les troupes
de la Confédération helvétique furent retirées des
bords du Rhin et licenciées. Les faibles divisions
françaises échelonnées sur de maigres lignes ne
suffisaient plus à garder le passage du fleuve,
de Bâle à Coblentz. Les coalisés se divisèrent en
six colonnes et commencèrent, le 20 décembre
1813, à passer le Rhin à Bâle, Schaffouse et Lau-
fenburg.

Pour ne parler ici que de nos contrées franc-

quipement des jeunes soldats. Nous avions encore en Espagne
50,000 hommes et d'autres forces commandées par le maréchal Augereau, dans le Midi.

comtoises et bourguignonnes, la 4ᵉ colonne, dirigée par le prince de Lichtenstein, tourna le fort
de Joux, dont la garnison comptait à peine assez
de vétérans pour servir toutes les pièces d'artillerie
qui commandaient le passage, et elle déboucha
tout à coup sur Pontarlier, après avoir gravi à
grand'peine les pentes abruptes du *Larmont*, lequel
n'était pas encore défendu comme il l'est aujour-
d'hui par la petite forteresse de ce nom, placée en
face de celle de Joux. Les habitants de Pontarlier
virent tout à coup les canons autrichiens descendre
à travers les prairies de la montagne. La colonne
dont je viens de parler vint prendre position, le
5 janvier, sur les hauteurs de Besançon, aux lieux
mêmes où depuis on a élevé le fort Brégile, et
une partie des troupes tint la ville investie. Le
général Wimpfen passa aussi à Pontarlier et vint,
par Salins et Vesoul, tenir en échec la faible garnison d'Auxonne: la deuxième colonne, qui était
de la réserve, arriva par Baume-les-Dames ; le
corps du prince de Hesse-Hombourg en faisait
partie : il entra le 19 janvier à Dijon et s'étendit,
par Baigneux, jusqu'à Châtillon-sur-Seine.

Les maréchaux français ayant été forcés d'abandonner la défense du Rhin, le duc de Raguse
quitta Worms pour aller s'appuyer successivement
sur la Sarre, la Moselle et la Meuse. Le duc de
Bellune se dirigea vers Saint-Dié, et le duc de Tré-

vise sur Langres, où il arriva le 12 janvier 1814. Il y laissa 150 hommes pour toute garnison, et se replia le 17 sur Chaumont, pendant que le général autrichien Giulay, en imposant aux Langrois une forte contribution, traitait leur vieille cité en ville conquise.

Il était évident que les coalisés avaient l'intention de se diriger sur la Marne et sur la Seine, base naturelle de leurs opérations contre la capitale. Leur point central de jonction paraissait être Châlons-sur-Marne : Napoléon concentra donc sur ce point toutes ses forces disponibles, et lui-même s'y rendit le 25 janvier. Déjà, la veille, le duc de Trévise avait été attaqué à Bar-sur-Aube par les corps de Giulay et du prince de Wurtemberg, et s'était replié sur Vandœuvres et Troyes; le même jour, le corps de Sacken occupait Joinville, et les grenadiers russes se cantonnaient à Châteauvillain. Le 26, la jonction de Blücher avec l'armée austro-russe s'était opérée, et les coalisés allaient, pour la première fois dans cette campagne, se mesurer avec cette noble et immortelle phalange de braves, dont la devise était de suppléer au petit nombre par un dévoûment sans bornes à la patrie.

En ce moment, la petite armée de l'empereur ne se montait guère qu'à 63,000 hommes, dont

15,000 cavaliers (1). Malgré cette faiblesse relative, les Russes furent culbutés le 27 à Saint-Dizier, et le général Landskoy refoulé jusqu'à Joinville. Blücher fit retraite sur Brienne. L'empereur avait laissé le 6° corps (2) à Saint-Dizier pour observer le général de Wrède, et il s'était avancé sur *Brienne*, position intermédiaire entre le 6° corps et celui du duc de Trévise, qui manœuvrait entre Vaudœuvres et Troyes. Napoléon n'avait point alors la pensée d'une bataille, mais bien celle de couvrir les mouvements de ses lieutenants, qu'il voulait rallier. Il n'avait pour cela que 36,000 hommes à opposer aux 68,000 soldats que Blücher avait sous la main (3). Le 29, le château de Brienne fut disputé avec acharnement ; la perte fut égale des deux parts (4). Autre singulière conformité ! Un cosaque (5) assaillit l'empereur, et le général Blücher manqua d'être pris. Ses troupes se retirèrent en incendiant la ville. Le 1er février eut lieu la bataille de la *Rothière*, où l'ennemi perdit 6,000 hommes et eut quatre généraux hors de

---

(1) De Vaud, *loc. cit.*, p. 179.
(2) C'était celui du duc de Raguse.
(3) De Vaud., *loc. cit.*, p. 246.
(4) 3,000 hommes.
(5) Le général Gourgaud lui cassa la tête d'un coup de pistolet.

combat (1); nos pertes s'élevèrent à 4,000 hommes
et à un millier de prisonniers. Napoléon se retira
en pleine liberté, en dissimulant sa marche sur
Troyes. Le duc de Raguse prit position à Rosnay,
sur la petite rivière de la Voire, et culbuta les
hussards autrichiens du général de Wrède sur son
infanterie, qu'il mit en désordre. Comme à Hanau,
il se fit jour avec une poignée de braves à travers
25,000 Bavarois commandés par le même général, et il vint à Arcis.

Cependant les souverains coalisés s'exagéraient
leurs prétendus succès de Brienne et de la Rothière, tandis que le véritable avantage était pour
Napoléon; car, au prix de sacrifices toujours trop
grands sans doute, surtout pour une armée peu
nombreuse, il avait divisé les forces de ses adversaires, et en avait attiré à lui une partie, afin de
l'empêcher d'atteindre et peut-être de détruire les
corps des ducs de Trévise et de Tarente, et de
lui enlever ses utiles ressources : en effet, le duc
de Tarente protégeait au même moment un parc
d'artillerie et de matériel considérable, qu'il parvint à conduire dans la direction de Paris, en
allant lui-même prendre position à Meaux et accroître ses forces d'une division de gardes nationales.

---

(1) De Vaud., *loc. cit.*, p. 260.

L'empereur de Russie et le roi de Prusse tinrent un conseil de guerre au château de Brienne, et l'on y décida, dans une ivresse anticipée de victoires prochaines, que Blücher, se séparant de Schwarzenberg, rallierait vers Châlons les corps d'York, de Kleist et de l'émigré Langeron, et qu'il se dirigerait par la Marne sur Paris, pendant que Schwartzenberg tendrait au même but en suivant les deux rives de la Seine. Paris devint donc l'idée fixe et le mot d'ordre des chefs. Les soldats, toujours prompts à imiter et à exagérer ce qu'ils voient et ce qu'ils entendent, écrivirent sur leurs schakos le mot *Paris*, et les chargèrent de feuillage en signe de victoire. Ils ne s'occupèrent même plus de l'armée française ; mais ils allaient être bientôt forcés de s'en souvenir, et, de son aveu même, la tête du plus puissant des souverains de la coalition devait en grisonner (1).

Le même jour qu'un congrès inutile tenait sa première séance à Châtillon (4 février), l'empereur était à Troyes, et l'armée ennemie, inerte et

---

(1) Les succès de l'armée française sur celle des coalisés faisaient dire à l'empereur Alexandre que la moitié de sa tête en grisonnerait. Cette circonstance est rapportée par F. Kock dans ses *Mémoires pour servir à l'Histoire de la campagne de 1814.* — Voir aussi Alph. de Beauchamp, *Histoire des Campagnes de 1814 et 1815*, t. II, p. 112.

mal informée, le croyait à Arcis ; mais pendant que Schwartzenberg s'endormait sur son oreiller de gloire équivoque, Napoléon suivait de l'œil sur la carte tous les mouvements de Blücher. Il le voyait arriver à *Sommepuis*, prendre la direction de Châlons et manœuvrer sans défiance vers la Marne. D'après la disposition topographique des lieux entourés sur divers points de marais et de bas-fonds, Blücher n'avait, pour arriver sur la Marne, que trois débouchés possibles : Epernay, Montmirail ou Sezanne ; mais ce dernier point s'éloignait trop du général York : c'était donc Epernay ou Montmirail que Blücher devait choisir ; de plus, Napoléon calculait, d'après la disposition du terrain, que son adversaire marcherait *en colonnes prolongées* (1). Cela bien examiné, le lion s'élança d'un bond sur sa proie.

Napoléon ne s'était pas trompé en accordant toute sa confiance au corps d'éclaireurs de la garde (2), institué par lui au moment où le sort de nos armes dépendait d'une vigilance sans fin.

---

(1) De Vaud., *loc cit.*, p. 294.

(2) Je lis dans un opuscule de 1817, par M. de Bourges, officier supérieur, et depuis général : « Les éclaireurs, en 1814, furent chargés du service le plus pénible et le plus périlleux. » Cet opuscule est intitulé : *Quelques idées sur les troupes à cheval de France*, etc.

Testot-Ferry avait, comme nous l'avons vu, organisé ce corps sous les yeux et avec la coopération
de l'empereur, qui lui en avait donné le commandement. Le nouveau chef centupla son activité
déjà bien grande, et se multiplia pour ainsi dire,
afin d'exercer partout sa surveillance, parfaitement
secondée d'ailleurs par des officiers consommés
sortant de la vieille garde, et d'une bravoure à toute
épreuve. Il prit ainsi part à toutes les péripéties de
cette immortelle campagne de France, et fut en
rapport continuel avec Napoléon, qui aimait à
lui confier ses ordres les plus importants, et s'en re-
posait sur lui de la direction des avant-postes ainsi
que de la garde du quartier général. Il fallut avoir
un corps de fer pour accomplir, comme il le fit,
toute cette campagne, sans jamais se coucher, et
sans avoir d'autre repos que celui qu'il lui était
possible de prendre debout, appuyé sur son cheval, contre un arbre ou contre un mur. Il mangeait en faisant sa route; et, au beau milieu de ces
privations et de ces incroyables fatigues, son moral et sa vigueur, au lieu de s'amoindrir, étaient
montés au niveau de la situation, qui réclamait
toute l'énergie des hommes de cœur. Aussi, me
disait le brave Ferry, ce dont on s'inquiétait le
moins dans la vieille garde, c'était des innombrables ennemis qu'on avait à combattre : on se
précipitait sur eux sans jamais les compter, et

sans douter de la victoire. Nous étions tous convaincus que si l'on pouvait empêcher les espions de se glisser dans l'armée française, l'ennemi ne parviendrait jamais à nous surprendre ni à triompher de nous. Cette confiance dans la tactique supérieure de Napoléon rendait ses troupes invincibles.

On avait, pendant cette campagne, placé sous le commandement de Ferry plusieurs escadrons de *gardes d'honneur*. Guidés par l'amour de la patrie, ces jeunes gens ne le cédaient pas en bravoure aux plus vieilles moustaches; mais ils n'avaient ni leur calme, ni leur sang-froid, ni leur discipline; en un mot, ils étaient inexpérimentés, et donnaient à leur chef beaucoup de tablature; pourtant, à force de patience, d'attention, de soins paternels, de douceur et d'égards, et tout à la fois de fermeté, Ferry en avait obtenu un dévoûment et une obéissance aussi parfaite qu'il pouvait le désirer. On voit par là combien il faut de qualités à un chef militaire. Napoléon les possédait au suprême degré; aussi les soldats et les officiers ne se contentaient-ils point de l'admirer, ils l'aimaient sincèrement. Ferry éprouvait ce sentiment au plus haut point : car l'empereur ne cessait de lui adresser des paroles encourageantes et flatteuses. Autant Napoléon avait la parole ferme avec ses maréchaux, afin de maintenir les distances, autant il était affectueux et bon pour faciliter près de sa personne l'accès aux officiers subalternes et aux soldats. Les jeunes gens dont je viens de parler subirent à leur tour l'attrait de la douceur et du sens exquis de leur commandant. Ils suivirent noblement les vicissitudes des vieux escadrons auxquels on les avait incorporés, et se distinguèrent dans toutes les affaires.

Le duc de Trévise resta devant Troyes pour couvrir le mouvement de Napoléon, qui partit de cette ville le 6 février, avec Ney, Victor, Marmont, Gérard et la cavalerie du général Defrance. Le duc de Reggio fut envoyé à Montereau pour garder le passage de la Seine. Ces dispositions prises, Napoléon courut en toute hâte par Sezanne sur le flanc de l'armée prussienne. Ce chemin de traverse était le plus court, mais le plus difficile pour le transport de l'artillerie. Les habitants du pays, stimulés par la présence de l'empereur, se mirent à l'œuvre, et l'artillerie franchit les boues sans encombrement. Blücher avait laissé cinq corps d'armée éparpillés dans un rayon de cinq myriamètres (1) ; et pendant que Napoléon triomphait de toutes sortes d'obstacles dans une marche pénible et ardente de Nogent à Sezanne, le généralissime prussien était fort tranquille à son quartier général à *Vertus*, et dans l'ignorance complète de

(1) F. Kock, t. I, p. 230.

la position et des mouvements de son redoutable adversaire. Le 10 février, Napoléon tomba à l'improviste dans la plaine de *Champaubert*, sur le corps du général Alsufieff, qui fut presque entièrement détruit : 47 officiers et les généraux furent pris ; à peine 2,000 fuyards purent-ils rejoindre Blücher. Notre perte fut insignifiante (1). Le duc de Raguse fit bien à propos charger les Russes en flanc par les cuirassiers de Bordesoulle, et, pendant la nuit qui suivit cette glorieuse affaire, Nansouty, avec ses dragons et ses chasseurs, tua ou fit prisonnier tout un régiment de cosaques du corps de Sacken.

L'armée de Silésie étant ainsi coupée, Napoléon avait le choix d'attaquer de nouveau où il le jugerait bon. Il se porta sans délai le 11 à Montmirail, sur les corps de Sacken et d'York. Il avait 18,500 hommes, et l'ennemi 21,800 (2). La clef de la position était le plateau de l'*Epine-aux-Bois* : l'empereur le fit déborder par la cavalerie de Nansouty. Un combat corps à corps eut lieu à la ferme *des Grénaux*, où l'infanterie du général Friant mit le désordre dans le centre des Russes en se précipitant sur eux à la baïonnette. L'empereur, apercevant le moment décisif, fit signe à sa garde : aus-

---

(1) De Vaud., *loc cit.*, p. 307.
(2) Ibid., p. 314.

sitôt les dragons de la division Guyot, avec les escadrons commandés par le colonel Ferry, se précipitèrent, et en un clin d'œil cette troupe d'élite enfonça huit bataillons russes formés en carrés, et lui prit douze pièces de canon. Le duc de Trévise s'empara de la ferme des *Tourneaux*, où tenait encore la droite de l'ennemi. La bataille avait duré jusqu'au soir. Les Russes et les Prussiens perdirent environ 4,000 hommes, un millier de prisonniers et beaucoup de matériel et d'artillerie. Notre perte ne dépassa pas 1,800 hommes (1).

L'ennemi fut acculé sur la ville de Château-Thierry, où, le 12 février, Napoléon acheva la victoire de la veille. Les éclaireurs, dirigés par le colonel Ferry, signalèrent l'attitude des colonnes ennemies postées sur les hauteurs du défilé des *Cacquerets*, par où devait passer l'armée française, et alors le prince de la Moskowa, avec les dragons du général Letort et les éclaireurs de Ferry, manœuvra habilement pour couper la retraite aux Prussiens, qui se mirent à la débandade (2). Nos troupes chargeaient des masses désorganisées, et nous ne perdîmes que 400 hommes, en tuant un

---

(1) De Vaud., *loc. cit.*, p. 321.

Je crois que M. de Norvins et quelques autres historiens ont exagéré la perte de l'ennemi.

(2) F. Kock, *loc. cit.*, p. 248 et suiv.

millier de fuyards à l'ennemi et en lui faisant 2,000 prisonniers ; mais les habitants de la contrée en tuèrent un aussi grand nombre, car ils étaient poussés à bout par les incendies, les ravages de toutes sortes, et par les mauvais traitements dont ils avaient à se plaindre de la part de ces bandes dévastatrices. C'était un spectacle horrible que ces meurtres nocturnes à la lueur sinistre des flammes et au bruit lugubre du tocsin. Si le duc de Tarente, rappelé de Meaux, eût suivi formellement les injonctions de l'empereur et eût occupé avec ses 8 ou 9,000 hommes Château-Thierry dès le matin du 12 février, il ne serait pas resté un seul soldat des corps d'York et de Sacken. La ville de Château-Thierry, toute sanglante et mutilée, fit, le 13, une ovation à ses libérateurs et reçut Napoléon aux flambeaux.

Restait à joindre Blücher, dont l'inaction et l'incurie sont inexplicables pendant ces trois jours de triomphes de l'armée française : il ne se mit en marche que le 13 pour soutenir ses lieutenants. Son avant-garde rencontra celle du duc de Raguse, qui avait été placée en observation à *Etoges*. Marmont se retira sur Vauchamps, et prévint l'empereur du mouvement de Blücher. A quatre heures du matin, le 14, Napoléon quitta Château-Thierry pour marcher à la rencontre de son nouvel adversaire, auquel il allait opposer des forces à peu près égales (1). Nous avions plus de cavalerie, et l'ennemi plus d'artillerie et de fantassins. L'attaque principale eut lieu au village de *Vauchamps*, dont nous restâmes maîtres. Les évènements avaient marché si vite, que, sur le champ de bataille seulement, Blücher se douta plutôt qu'il ne fut informé des défaites successives de ses lieutenants (2). Napoléon, profitant habilement de la supériorité de ses forces en cavalerie, les déploya de manière à tourner le corps de bataille de Blücher, qui se mit en retraite sur Champaubert, en formant son infanterie en carrés. Plusieurs de ces carrés furent enfoncés, d'autres mirent bas les armes, et l'ennemi, en pleine déroute, fut obligé de côtoyer une longue haie de notre infanterie, protégée par le bois de Champaubert. Nos fantassins l'appelèrent *la Forêt merveilleuse* (3), à cause de la fâcheuse surprise qu'ils causèrent à l'ennemi. Il en résulta que notre perte fut à peine de 600 hommes, tandis que celle de l'armée ennemie fut de 6,500 tués ou blessés, 2,000 prisonniers, 15 canons et 10 drapeaux (4). Blücher rétrograda jusqu'à *Bergères*,

---

(1) 21,700 Français contre 22,600 Russes et Prussiens. (De Vaud., *loc. cit.*, p. 331 et 333.)

(2) Ibid., p. 335.

(3) Le baron Martin de Gray, *Histoire de Napoléon*, t. III, p. 126.

(4) De Vaud., *loc. cit.*, p. 339.

d'où il était venu, la veille encore, plein de confiance, avec des soldats qui demandaient à tous nos paysans la route de Paris. Lui-même, rempli de la prétention d'arriver le premier dans la capitale, s'était fait donner le surnom aussi ridicule que prétentieux de *maréchal en avant* (1).

Somme toute, l'armée de Silésie était désorganisée, et, après une perte de plus de 20,000 hommes, elle était de toutes parts en fuite jusqu'au-delà de Châlons-sur-Marne, son point de départ depuis les conventions de Brienne. Cette campagne de cinq jours (2) replaçait sur la tête de Napoléon l'auréole de sa première gloire; mais une seule faute grave de la part d'un général, et indépendante de tous les calculs et de la prudence consommée de l'empereur, changea la fortune. Wintzingerode, qui était parti d'Aix-la-Chapelle le 14 janvier, était venu occuper Laon et Soissons. Mais Blücher le rappela vers Châlons, et alors le duc de Trévise, sentant l'importance du poste de Soissons, l'occupa immédiatement et y plaça le général *Moreau* avec 1,500 vétérans bien déterminés. Nous verrons plus bas que ce qui devait être l'occasion d'une perte inévitable pour l'armée de Silésie devint, par suite de la faiblesse et de l'ineptie

(1) De Vaud., *loc. cit.*, p. 341.
(2) Du 10 février au 14 inclusivement.

de ce général, une cause déterminante de bonne fortune pour elle.

Napoléon avait déjà remporté les deux éclatantes victoires de Champaubert et de Montmirail, lorsque Schwartzenberg, instruit trop tard du mouvement de l'empereur vers la Marne, songeait à peine à s'avancer de Troyes vers Nogent. Les Russes n'attaquèrent cette ville que le 11 février; mais le général Bourmont et le colonel Voirol s'y défendirent si bien, malgré les faibles appuis de la place, que les généraux Pahlen et Wittgenstein y perdirent 1,800 hommes. Ce ne fut qu'après quarante heures d'un combat héroïque de quelques centaines de braves contre des milliers d'assaillants que la ville de Nogent vit les Autrichiens dans ses murs. Le même jour, Sens et Auxerre, après une défense énergique, furent occupés par l'ennemi. Le 13, le duc de Reggio se replia de Montereau sur Donnemarie et Nangis. Ce jour-là même Napoléon apprit les progrès des coalisés, et il sentit la nécessité d'opérer sans délai sur la Seine, afin d'arrêter la marche de Schwartzenberg. En conséquence, il ordonna au duc de Tarente de joindre le duc de Reggio; il plaça le duc de Raguse avec le 6ᵉ corps à Etoges pour observer Blücher, et lui-même, à marches forcées, vint le 16 février porter son quartier général à *Guignes*, où, d'après les ordres précis qu'il avait expédiés les jours précé-

246

dents, il trouva en ligne sur l'Yères une armée de 68,000 hommes (1), dont 50,000 allaient attaquer les corps épars de l'armée austro-russe. L'incertitude et l'inertie étaient revenues aux coalisés dès qu'ils avaient appris les dernières victoires de l'armée française.

A *Mormant*, le 17 février, l'artillerie de la garde, commandée par le général Drouot, dispersa la cavalerie du général Pahlen et écrasa ses carrés d'infanterie, qui mirent bas les armes. Le général russe se retira vers Provins. L'ennemi avait perdu 4,000 hommes, dont 3,000 prisonniers (2). Le général Hardegg avait fui sur *Valjouan*, et s'était réuni au général de Wrède; mais, serrés de près par le duc de Tarente, l'un courut vers Moret et l'autre repassa la Seine à Bray pendant la nuit. Le prince de Wurtemberg et le général Bianchi se replièrent sur Montereau, position importante que l'empereur reprocha amèrement au duc de Bellune de n'avoir pas occupée le 17 février au soir, comme il en avait reçu l'ordre immédiatement après le combat de Mormant; mais ses troupes étaient harassées de fatigue, et il s'était arrêté dans un bourg non loin de là.

---

(1) De Vaud., *loc. cit.*, p. 372.
(2) Ibid., p. 378.
On donne indifféremment à cette journée le nom de combat de Nangis ou de Mormant.

Par suite du mouvement rétrograde de l'aile droite de Schwartzenberg, deux de ses corps d'armée qui avaient repassé la Seine étaient entre Sens et Pont, entre le Loing et l'Yonne, et présentaient le flanc à l'empereur, si l'armée française eût pu franchir immédiatement la Seine à Montereau. On conçoit le dépit de Napoléon et la disgrâce momentanée du duc de Bellune. L'ennemi sentait bien l'importance stratégique de Montereau : aussi le prince de Würtemberg avait-il reçu du quartier général des souverains l'ordre de défendre cette position à tout prix contre l'armée française. Il hérissa d'artillerie le *plateau de Surville*, qui commande le passage, et répartit autour de ce point ses 18,000 Wurtembergeois, bien résolus à le défendre à outrance. Le duc de Bellune commença l'attaque à neuf heures du matin le 18 février; peu après, Nansouty vint lui signifier l'ordre de céder le commandement à Gérard (1), et à cet ordre cruel intimé au brave maréchal Victor s'ajouta la perte du général Chateau, son gendre, tué près du pont au moment où, avec son intrépi-

---

(1) F. Kock, *loc. cit.*, dit que ce fut le général Dejean qui vint donner à Gérard l'ordre de prendre le commandement de toutes les troupes; mais cela n'implique point que le même ordre n'ait été transmis en même temps au duc de Bellune par le général Nansouty.

dité accoutumée, il pressait vivement l'ennemi, qui commençait à fuir. Un peu d'hésitation causée par cet incident fut réparée par la présence de l'empereur, qui arriva vers deux heures sur le champ de bataille. Il fit avancer l'artillerie de réserve de la garde, et pointa lui-même les pièces. L'artillerie wurtembergeoise fut démontée, et le plateau de Surville emporté. L'ennemi fut bientôt refoulé sur la rivière dans la plus dangereuse confusion : car l'artillerie de la garde était meurtrière et nettoyait le pont de Montereau, où les fuyards se pressaient en foule. Ce fut alors que les habitants de Montereau prirent part à l'action et tirèrent vengeance de tous les mauvais traitements qu'ils avaient endurés (1).

La victoire de Montereau avait terrifié les coalisés : ils se mirent en retraite sur Troyes, et fuyaient sur toutes les routes ; leur matériel rebroussa jusqu'au Rhin. J'étais bien jeune alors, et je vois encore avec le souvenir de la joie la plus vive leurs canons brûler le pavé de la petite ville de

---

(1) Cette journée, qui fit tant d'honneur aux généraux Gérard et Pajol, coûta à l'ennemi 3,000 hommes hors de combat, autant de prisonniers, quatre drapeaux et six pièces de canon. Parmi les morts était le prince de Hohenlohe. (F. Kock, *Mémoires pour servir à l'Histoire de la campagne de 1814*, t. I, p. 325.)

Châtillon, et se diriger en toute hâte vers Dijon et
par delà (1). Alors le congrès de Châtillon était on
ne peut plus partagé, et, sans l'influence anglaise,
sans un peu trop de tension de la part du duc
de Vicence notre ambassadeur, tension que le duc
de Bassano, dans sa correspondance, modifiait de
toutes ses forces en faveur de la paix, on l'aurait
peut-être obtenue sur les bases des préliminaires
de Francfort avec les limites naturelles de la
France, c'est-à-dire le Rhin, les Alpes et les Pyrénées : c'était un instant rapide à saisir, comme
tous ceux de la fortune !

Cependant Blücher ayant réorganisé son armée
à Châlons-sur-Marne, s'avançait dans la direction
de celle de Schwartzenberg, avec 66,000 hom-

---

(1) Voici, à cette occasion, le passage d'une lettre écrite par
Testot-Ferry à sa famille :

« Nous avions d'innombrables ennemis à combattre ; mais
nous les avons toujours battus à plate couture. Sans les trans-
fuges qui les initiaient au secret de notre faiblesse numérique
et leur indiquaient les points vulnérables, nous les chassions
de notre belle France après les avoir écrasés. »

Le même aveu a été fait au fils aîné de Ferry par M. le
comte de Rochechouart, qui se trouvait, en 1814, à l'armée
russe. On ne peut se faire une idée, disait ce dernier, de la
confusion des corps d'armée des coalisés après les victoires
successives de Napoléon, y compris celle de Montereau. Ils
avaient résolu de repasser le Rhin.

mes (1). Il se trouvait le 21 février dans le voisinage de Méry, et donnait ainsi la main au généralissime autrichien, lorsque Napoléou, qui
continuait à harceler l'armée austro-russe, aperçut
cette armée des hauteurs de Fontaine–Saint–
Georges. Elle était réunie, présentait des forces
considérables, et aurait sans doute accepté la bataille, malgré le découragement né de ses échecs
consécutifs. Toutefois ce fut sous l'empire de cette
démoralisation que, dans le conseil tenu le 23 février à Bar-sur-Aube, chez le roi de Prusse, les
souverains coalisés convinrent de demander un armistice et de se retirer derrière l'Aube. Napoléon
suivit l'armée ennemie jusqu'à Troyes; mais n'attaqua point cette ville, parce que le général
Volkmann fit dire qu'il y mettrait le feu si l'armée
française tentait d'y pénétrer; Napoléon attendit
donc au lendemain 24 pour y faire son entrée,
pendant que l'infatigable général Nansouty refoulait jusqu'à Mégrigny les dernières colonnes russes
et autrichiennes, lesquelles rejoignaient leur corps
d'armée en retraite derrière l'Aube, à *Vandœuvres*. Blücher, voyant l'armée austro-russe en
retraite, voulut reprendre son projet favori d'opérations sur la Marne, et se dirigea vers Sezanne.
Ce projet fut d'ailleurs sanctionné par le conseil

(1) De Vaud., *loc. cit.*, p. 400.

des souverains, où l'on décida, le 25, que le chef de l'armée de Silésie se réunirait aux corps de Vintzingerode et de Bulow pour agir sur Paris, et que, provisoirement, l'armée de Schwartzenberg se tiendrait sur la défensive.

Pour la seconde fois Napoléon guettait à Troyes tous les mouvements de Blücher; et, voyant que, le 26 février, ce général se dirigeait vers Meaux et menaçait la marche des ducs de Raguse et de Trévise, il chargea les ducs de Reggio et de Tarente de tenir bon sur l'Aube, et il s'élança de nouveau, le 27, à marches forcées, sur Blücher, avec 25,000 hommes, pour tomber à l'improviste sur ce général, qui ne s'était point encore inquiété de faire sa jonction avec Bulow et Wintzingerode, et qui, pressé d'un côté par les ducs de Trévise et de Raguse réunis, pressé de l'autre par Napoléon lui-même (1), allait se voir jeté dans la rivière d'Aisne sans trouver d'issue ni d'appui pour sa retraite, puisque Soissons était gardé par un général français. Ainsi, un peu moins de 40,000 combattants (2), maîtres, il est vrai, d'un poste stratégique de premier ordre, allaient l'emporter sur environ 115,000 hommes, démoralisés d'a-

---

(1) Baron Fain, *Mémoires de 1814*, p. 155.

(2) De Vaud., *loc. cit.*, t. II, p. 25.

vance par l'effet de leur situation; mais, ô fatalité! il se fit un renversement subit de cette situation.

Les généraux russes Bulow et Wintzingerode
avaient opéré leur jonction le 2 mars dans les environs de Soissons, et, voyant l'impossibilité de
prendre cette place de vive force, ils avaient es-
sayé à tout hasard d'employer l'intimidation sur le
général Moreau, qui avait 1,500 hommes d'élite
et une formidable artillerie. On lui offrait de rejoindre l'armée française avec armes, bagages et
artillerie de campagne! il s'y laissa prendre et crut
faire un acte judicieux, tandis que, par cette fatale
capitulation, il détruisait en un moment tous les
fruits d'une des plus habiles manœuvres de Napoléon. Alors Blücher, délivré d'une catastrophe imminente, passa l'Aisne et s'établit sur divers points
dans le voisinage de Laon. Il n'y avait pas pour
lui une minute à perdre : cet évènement, d'une si
haute gravité, se passait le 3 à midi; et les Russes
n'avaient pas encore effectué leur passage, le 4,
que, ce jour-là même, l'empereur apprenait à Fismes la nouvelle de la fatale capitulation. Rien ne
saurait rendre l'état de son esprit et le renversement de ses idées. « Moreau! s'écria-t-il, ah! c'est
un nom bien malheureux! » — Tout était changé
en effet, par la pusillanimité de ce général : les
Français, au lieu d'acculer l'ennemi à une rivière,

avaient maintenant à la franchir devant des forces triples des leurs (1).

Toutefois Napoléon, constamment maître de lui-même, et trouvant dans les obstacles mêmes de nouveaux stimulants à son génie fécond et ardent, forma tout à coup le projet de gagner Laon, et d'étreindre son adversaire dans l'angle formé par l'Aisne et la rivière d'Oise. Le 5 mars, le général Corbineau surprit et enleva Reims, dont l'occupation était importante pour couper toute communication entre Blücher et Schwartzenberg. Le général Nansouty courut enlever aux Russes le pont de *Béry-au-Bac*, récemment construit, et seul passage de l'Aisne aux environs de Fismes (2). Quelque diligence que fît l'empereur, il ne put empêcher que le plateau de *Craonne* ne fût garni de troupes par Woronzoff et Sacken, pendant que Blücher occupait Laon : or, l'armée française ne pouvait continuer son mouvement sur cette ville avant d'être maîtresse des hauteurs de Craonne, d'où les généraux russes lui barraient le passage.

Cette forte position est défendue au nord par *la Lette*, petite rivière coulant dans un étroit vallon étranglé et marécageux, de seize kilomètres de longueur (3); encore est-ce le côté le plus acces-

---

(1) F. Kock, *loc. cit.*, p. 382.
(2) Baron Fain, *loc. cit.*, p. 163.
(3) F. Kock, p. 389.

sible : car tous les autres points se trouvent naturellement protégés par des ravins très profonds. Soixante bouches à feu, dont trente-six garnissant le front de bataille du général Woronzoff, avaient été mises en batterie sur les hauteurs dominant les débouchés.

Le prince de la Moskowa, avec trois divisions d'infanterie et plusieurs escadrons de cavalerie de la garde, devait commencer l'attaque; mais, emporté par son ardeur, il n'attendit pas l'arrivée des ducs de Bellune et de Tarente, qui étaient en mouvement pour le seconder : les premiers coups de canon de l'artillerie de la garde, qui tirait sur le centre de Woronzoff, parurent au maréchal Ney un signal suffisant : il s'élança au feu avec le colonel Ferry et ses fidèles éclaireurs. Jamais ce dernier n'a perdu le souvenir de ce moment solennel. Je lui ai entendu dire que le calme et l'intrépidité du prince de la Moskowa étaient admirables, et que, ce jour-là surtout, il lui avait paru ressembler au dieu de la guerre. Le régiment du colonel Ferry attaquait de front et formait la tête d'une colonne commandée par le général Laferrière. Ce général ayant eu la jambe emportée par un boulet, ce fut le colonel Ferry qui, en sa qualité de plus ancien des chefs de cette colonne, le remplaça (1).

_____

(1) Le maréchal Ney se ressouvint plus d'une fois de cette

Le premier choc fut terrible, et nos colonnes se seraient arrêtées tout court sans l'appui du général Boyer et de Drouot, lequel, avec deux batteries de la garde, prit d'écharpe le centre des Russes. Un historien a peint d'un trait cet illustre guerrier par ces mots : « Le comte Drouot mit pied à terre et montra aux jeunes artilleurs la manière de charger et de pointer. Il fit cela avec autant de calme et de bonté que s'il eût été au polygone (1). »

Le colonel Ferry, en se précipitant sur l'artillerie ennemie, eut d'abord un cheval tué sous lui ; au même instant un de ses chefs d'escadrons, nommé Kister, fut emporté par un boulet : Ferry sauta sur le cheval devenu libre, rallia ses hommes et enleva les batteries russes. Ce succès fut cruellement acheté : la résistance opiniâtre de l'ennemi, le feu de front et de flanc de son artillerie et de ses carrés d'infanterie, mirent 800 hommes hors de combat dans l'héroïque phalange du colonel, et il ne lui restait plus que trente-deux files de cavaliers quand il fut en possession des batteries russes. Son deuxième cheval fut tué en arrivant sur les pièces ; lui-même échappa comme par mi-

---

charge à fond qu'il avait faite à Craonne avec le colonel Ferry, et il revint au désir, qu'il avait déjà eu, de se l'attacher comme aide de camp.

(1) F. Kock, *loc. cit.*, p. 395.

racle, mais ses habits, son kolbac et jusqu'à ses
bottes avaient été mis en lambeaux par la mitraille.
Les quelques braves qui échappèrent avec lui au
danger de cette effroyable mêlée étaient presque
tous des gardes d'honneur, le reste des meilleures
familles de France décimées par la guerre (1).

Pendant que le prince de la Moskowa attaquait
la droite de l'armée de Woronzoff, le général Nansouty (2) abordait la gauche; mais ayant laissé son

---

(1) Je ne résiste pas au désir de citer ici textuellement le
passage suivant d'une lettre que le meilleur des fils m'écrivait
à moi-même :

« Il y a aujourd'hui (7 mars 1858) quarante-quatre ans que
mon père enlevait les batteries du plateau de *Craonne,* après
avoir eu deux chevaux tués sous lui et perdu 800 hommes du
régiment qu'il commandait. C'est sur le champ de bataille
même que Napoléon le créa baron pour ce fait d'armes con-
signé sur les états de service de mon père, et qui avait demandé autant d'habileté que d'énergie. Cet anniversaire me
trouve plein d'émotion. Je repasse dans ma mémoire les détails quelquefois racontés par mon père de cette sanglante
journée, où, m'a-t-il dit, il se sentait une âme d'acier dans un
corps de fer..... Pardon, Monsieur, de ce détail que mon
égoïsme de fils ne vous a pas épargné; mais je sais que j'écris
à un de nos amis, à l'ami de mon père..... »

(2) Le général Etienne-Antoine-Marie Champion de Nansouty est né à Bordeaux le 30 mai 1768, d'une ancienne
famille de Bourgogne. Un de ses ancêtres, Martin Champion, surnommé *Champion-le-Riche,* sacrifia la plus grande
partie de sa fortune pour faciliter à Henri IV l'accès du
trône. Ce dévoûment généreux valut à son auteur des

artillerie en arrière à cause des mauvais chemins,
il tempéra son mouvement pour ne pas exposer sa

---

lettres de noblesse. La famille possédait encore, en 1814, une
lettre de ce roi aussi vaillant que spirituel, où il engageait le
capitaine Champion à se porter avec ses gens dans la direction
de Fontaine-Française. Ce titre précieux n'a plus été retrouvé
après que le corps d'armée de Schwartzenberg eut livré au
pillage et mis à sac le château de Nansouty (plus anciennement
ment Nam-soubs-Thil, arrondissement de Semur-en-Auxois).

Les descendants de Martin Champion eurent le bon esprit
de rechercher dans leurs alliances le nom plutôt que la fortune, ce qui rendit toujours leur maison recommandable.
L'aïeul du général était conseiller au Parlement de Bourgogne, et avait épousé Marie-Charlotte-Françoise de Bretagne,
qui lui apporta en dot la terre et la seigneurie de Nansouty.
Le père du général avait pour prénom Charles; il était chevalier de Saint-Louis, capitaine de grenadiers au régiment de
Bourgogne, et plus tard major commandant le château Trom-
pette à Bordeaux. Il était né à Dijon en 1718. C'était un
homme aimable, d'une rare aptitude, et doué de qualités
éminentes. Il fit lui-même la première éducation de son fils,
celle qui laisse les traces les plus profondes dans la vie, et prépara le futur général à être un homme de cœur et d'action.
Le jeune gentilhomme fut reçu, en 1779, à l'école de Brienne,
d'où il sortit avec le n° 1, et entra à l'école militaire de Paris
en 1782. Il était au service dès l'an 1785, avec le grade de
sous-lieutenant au régiment de Bourgogne. Depuis lors, toute
sa vie militaire ne fut qu'une série de succès et de gloire. Il
s'appliqua aux manœuvres de cavalerie, au 5ᵉ régiment de
hussards de *Lauzun,* sous la direction d'un officier de premier
mérite nommé *Pestalozzi,* et se mit à même de dépasser un
jour la réputation des officiers supérieurs les plus renommés

cavalerie à de trop grandes pertes. Enfin, une attaque combinée du prince de la Moskowa et du

---

dans le commandement des troupes de cavalerie. En 1793, il était déjà colonel à l'armée du Rhin, et fit, en cette qualité, la campagne d'Allemagne sous le général en chef Moreau. Par attachement pour son régiment, Nansouty refusa plusieurs fois le grade de général de brigade, qu'il accepta seulement le 29 août 1799. Il faudrait copier ici ses états de service pour montrer la série de ses brillantes actions; mais j'avoue que leur nombre m'effraie à cause du peu de lignes qu'il m'est permis d'accorder aux notices particulières dans mon exposé général. On trouvera d'ailleurs ces faits racontés avec ordre, p. 141, t. VIII, du *Dictionnaire historique et biographique des généraux français*, et dans un article un peu trop sobre donné par M. de Chateaubriand à la *Biographie ancienne et moderne*, de Michaud (1821).

Nansouty épousa, en 1798, Adélaïde de Vergennes, nièce du comte de ce nom, ministre des affaires étrangères sous Louis XVI. Le père de M\ue Adélaïde de Vergennes était alors président à mortier au Parlement de Dijon. C'était une femme d'un esprit prodigieux et de beaucoup de savoir, plus ambitieuse toutefois que son mari, et aimant les honneurs et l'argent au moins aussi fort que le général était avide de gloire. Elle s'entourait volontiers de personnages illustres dans les lettres, et peut-être que ses sympathies naturelles pour l'ancienne cour nuisirent à la fortune militaire du général. L'opinion publique, d'accord en cela avec les grandes actions de cet officier supérieur, le désignait au poste éminent de maréchal d'empire. Peut-être encore il montra trop peu de goût lui-même pour la cour nouvelle, en résignant, au bout de très peu de temps, ses fonctions de chambellan de l'impératrice Joséphine, fonctions qu'il n'avait d'ailleurs point sollicitées.

Nansouty avait les défauts de ses qualités : il était fougueux,

général Friant réussit à mettre le désordre dans le centre de l'ennemi : ce succès, joint à une vigou-

___

quelquefois peu traitable et d'une indépendance extrême; mais personne ne porta plus haut la noblesse du cœur. Voyons-le dans les diverses nuances de son caractères.

Pendant la campagne de France, le maréchal Victor avait échoué dans l'exécution de l'ordre pressant qu'il avait reçu de l'empereur de s'emparer du pont de Montereau, poste important destiné à couper la retraite aux fuyards de Montmirail et de Nangis (18 février 1814). Napoléon, rempli de colère en apprenant cet irréparable échec, voulut donner au général Gérard le commandement qu'avait le maréchal Victor. Il appela donc Nansouty, et le chargea de transmettre sa volonté impériale; mais, soit que ce procédé *ab irato* parût à ce dernier peu équitable à l'égard du maréchal, soit que Nansouty, en sa qualité de plus ancien général, trouvât fort dur de transmettre à un autre l'investiture d'un haut commandement qui lui semblait revenir de droit à lui-même, il accomplit ponctuellement, et avec le salut militaire, l'ordre de l'empereur, puis il s'écria en se retirant : « Dieu protège apparemment quelquefois les choux et les navets! » Le temps était précieux, et Gérard ne comprit rien au sens de cette boutade.

A Craonne (c'est par erreur que Chateaubriand a placé ce fait à Fontainebleau), où il s'agissait d'emporter un plateau hérissé d'artillerie, et contre lequel venaient échouer tous nos efforts, Nansouty s'avance seul en commandant à ses cavaliers de faire halte. L'empereur envoie demander tout aussitôt le motif de cette hésitation : « Puisqu'il n'y a là qu'à mourir, dites que j'y vais seul, » répond Nansouty à l'aide de camp. Si un général grec ou romain avait dit cela, on qualifierait le mot de sublime : toutefois, il suffit pour que l'ordre donné à la cavalerie de Nansouty fût révoqué.

Personne n'était plus avare que lui du sang de ses soldats.

reuse attaque des ailes, obligea le général Woronzoff, entamé de toutes parts, à se mettre en retraite

---

Il gémissait sans cesse de la manière inconsidérée dont souvent les généraux de cavalerie exposaient leurs colonnes ; en
sorte qu'on peut affirmer que la gloire de Nansouty a toujours
été pure. Il était calme et impassible au milieu des plus grands
dangers, et transmettait en quelque sorte dans les rangs cette
utile quiétude par l'expression sereine de sa physionomie. Il
faisait continuellement manœuvrer sa division, afin de la tenir en haleine, l'occuper et la distraire de l'effroi de la bataille.

Il était aussi désintéressé que généreux. Ainsi, dans le Tyrol, une ou plusieurs villes, sauvées par lui du pillage, avaient
fait porter clandestinement chez lui une somme considérable :
il la refusa, et la distribua aux hôpitaux. Assez d'écrivains
s'attacheront à ses hauts faits d'armes : je demande donc à
mon lecteur la permission de lui reposer le cœur sur ce qui a
le plus incontestable droit de l'émouvoir dans la vie de cet
illustre général.

Il n'est pas un seul des grands conflits des armées euro-
péennes où le concours de la cavalerie commandée par Nansouty n'ait été décisif. Ce général a été brillant et valeureux
partout : à Austerlitz principalement, à Essling, à Wagram, à
Friedland ; à la bataille de la Moskowa, où il fut blessé et où
il déploya toutes les ressources de la tactique et des évolutions
les plus brillantes ; à Dresde ; à Hanau, où il contribua à tra-
cer une route sanglante à nos soldats réduits à une petite phalange et cernés de toutes parts. Il cueillit d'immortels lauriers
dans la glorieuse campagne de France, jusqu'à l'affaire de
Craonne. Une cruelle maladie, causée par ses blessures et par
ses incessantes fatigues, ne le quitta plus depuis lors, et il
mourut à Paris le 6 février 1815. Il avait reçu une dotation, et

malgré ses 23,000 hommes contre des forces infé-
rieures de moitié (1).

---

avait été nommé successivement écuyer de l'empereur, comte
de l'empire et grand-cordon de la Légion-d'Honneur.

Le général Nansouty n'eut qu'un fils unique, le comte
Etienne de Nansouty, qui entra fort jeune au service. En
1838, il était déjà chef d'escadron au 4ᵉ régiment de chasseurs
à cheval, lorsqu'il donna sa démission et se retira à Paris, où
il épousa la dernière fille du général Péron. Il en a eu deux
filles, dont une seule existe aujourd'hui.

Le général appartenait à la branche cadette de la famille.

M. Charles de Nansouty, actuellement chef de la branche
ainée, est aujourd'hui lieutenant-colonel au 6ᵉ régiment de
lanciers. Il a épousé Mˡˡᵉ de Dion, d'une ancienne famille de
l'Artois, jadis alliée aux ducs de Brabant. M. Eugène de Nansouty, son frère, capitaine et décoré de la Légion-d'Honneur,
a épousé une sœur de Mˡˡᵉ de Dion. Les deux frères ont
donné pendant plusieurs années, en Afrique, les meilleurs témoignages de l'application de cette maxime : *Noblesse oblige.*

Le sentiment de l'honneur est vif dans cette maison. Un
oncle des deux derniers membres que je viens de citer proposait, à l'âge de quatre-vingts ans, un cartel au colonel La
Fontaine (devenu depuis général), parce que ce dernier ne
semblait pas assez respecter les opinions de son adversaire
politique à une certaine époque d'élections départementales.
Cette maison s'est alliée aux plus honorables familles de Bourgogne, aux Damas, aux Villers-Lafaye, aux de Brosses, aux
de Saint-Seine, aux Rasilly enfin, dont un membre, Jean
Quarré de Rasilly, dit Château-Renaud, fut fait prisonnier à
la bataille de *Nicopolis* en 1396, avec le comte de Nevers, fils
du duc de Bourgogne Philippe-le-Hardi.

(1) F. Kock (*loc. cit.*, p. 402) compte du côté des Russes
4,685 hommes hors de combat, soit 1,529 tués et 3,256 bles-

L'empereur voulut décorer de sa main, sur le champ de bataille de Craonne, les quelques braves que le colonel Ferry avait ramenés couverts de gloire, et il conféra au colonel lui-même le titre de baron, avec un majorat de dix mille livres de rentes sur la Wetsphalie.

Le 8 mars, après le beau fait d'armes de Craonne, le chef d'escadron Gourgaud ayant tourné le défilé d'*Etouvelle* et surpris les Russes, Laon se trouvait découvert. Le prince de la Moskowa reçut l'ordre de s'y porter par *Chavignon*, le duc de Raguse par *Fétieux*. L'empereur formait le centre de ces deux ailes d'attaque. Le 9 au matin, et malgré un brouillard épais, l'ennemi ouvrit le feu de toutes ses batteries. Le prince de la Moskowa, à la tête de quelques escadrons de la garde où le colonel Ferry fit preuve de la plus grande intrépidité, refoula l'ennemi, reprit au général Strogonow le village d'*Ardon*, et mena vivement les Russes

---

sés, et dit qu'on a évalué à 8,000 hommes, tant tués que blessés, la perte de l'armée française. — Le général de Vaudoncourt (*loc. cit.*, p. 37) dit au contraire, et avec un grand sens : « Si l'on réfléchit que le combat n'a porté que sur les corps du prince de la Moskowa et du duc de Bellune, c'est-à-dire sur 11,000 hommes, on verra aisément l'exagération de ce compte. » D'après la pensée de ce même général, la perte de l'armée française à Craonne n'a pas dépassé 4,000 hommes.

jusque sous les murs de Laon. Le duc de Raguse
força les Prussiens à se retirer derrière le village
d'*Athies*; mais il se laissa surprendre pendant la
nuit par le prince Guillaume de Prusse et par le
général York, et perdit un assez grand nombre
de prisonniers et son matériel. Le lendemain
10 mars, six attaques consécutives tentées par Woronzoff sur le village de *Clacy* avortèrent devant
la fermeté de nos troupes. Au même moment le
prince de la Moskowa menaçait Laon, et l'empereur voulait tenter un coup de main sur cette ville ;
mais il y renonça lorsqu'une reconnaissance de cavalerie lui eut fait connaître que tous les corps de
l'armée de Silésie se trouvaient réunis. C'était affronter en rase campagne, avec 33,000 soldats seulement, dont 8,000 cavaliers, une armée de
85,000 hommes d'infanterie et 30,000 hommes
de cavalerie (1) : il se décida donc à se replier sur
Soissons. D'après l'historien F. Kock (2), la perte
fut à peu près égale dans les deux armées pendant
les combats des 8, 9 et 10 mars autour de Laon,
c'est-à-dire d'environ 4,000 hommes des deux
parts : cependant il résulterait d'une statistique
étrangère (3) que la perte de l'armée de Silésie

---

(1) De Vaud., *loc. cit.*, p. 44.
(2) *Loc. cit.*, p. 423.
(3) *Histoire de la campagne de 1814,* par l'auteur prussien
Plotho, t. III, p. 263.

s'éleva au double de celle de l'armée française.

Le 11 mars, l'empereur réorganisa à Soissons sa petite armée, afin de se reporter sur Schwartzenberg, qui avait pris l'offensive; mais, dans la nuit du 12 au 13, il apprit que le comte de Saint-Priest, émigré au service de la coalition, venait d'occuper Reims et rétablissait ainsi les communications de Schwartzenberg avec Blücher (1). Il devenait donc essentiel de reprendre cette ville : or, voici à cette occasion des détails émanant du général Ferry lui-même, la dernière année de sa vie, où, devenu plus pressant auprès de ce noble ami, j'arrachais à sa modestie quelques aveux.

Le 13, dès le matin, l'empereur se mit en marche pour tomber à l'improviste sur Reims. Les intrépides éclaireurs facilitèrent par des manœuvres opportunes la marche de la petite armée impériale à travers des chemins détournés qu'ils avaient découverts eux-mêmes. La veille, et au milieu de la nuit, leur colonel Testot-Ferry avait redoublé de prudence dans le placement des avant-

---

(1) Baron Fain, *loc. cit.*, p. 175. — Le général de Saint-Priest, venant de Coblentz par les Ardennes, était arrivé dans les premiers jours de mars à Vitry avec 9,000 hommes, et il avait été rejoint par le général Jagow avec 8,000. Il occupait donc Reims en ce moment avec 17,000 soldats. (De Vaud., *loc. cit.*, p. 107.)

postes; il avait pénétré jusqu'aux lignes ennemies, et, après avoir bien examiné toute chose, il lui était venu en pensée que Saint-Priest nous croyait en pleine déroute apparemment, puisque, loin de garder soigneusement la ville, ce général peu circonspect avait cantonné ses troupes aux alentours. Le colonel Ferry osa s'avancer jusque dans les faubourgs de Reims, et, jugeant qu'ils pouvaient être facilement enlevés, il courut en donner avis au quartier général. Aussitôt l'attaque avait été résolue (1).

Le duc de Raguse vengea bien son échec d'Athies en pénétrant le premier dans les faubourgs de Reims, et en contribuant puissamment, par son artillerie, à la prise de cette ville, disputée aux nôtres avec opiniâtreté. Le général Merlin, faisant partie du 6e corps, se distingua dès le début de cette chaude affaire (2), comme le général de Ségur, qui, avec ses gardes d'honneur, enfonça la cavalerie russe et prit huit canons. Les gardes

---

(1) Le 13 mars, l'armée française arriva à quatre heures du soir devant cette ville, dit Jomini. (*Vie politique et militaire de Napoléon*, t. IV, p. 561.)

(2) Voici ce qu'en dit le général de Vaudoncourt, *loc. cit.*, p. 113 :

« L'action fut engagée par la division Merlin, qui, ayant renversé la cavalerie prussienne, entama l'aile gauche et sabra huit bataillons, dont une grande partie fut prise. »

d'honneur du colonel Ferry rivalisèrent de gloire avec ceux du général de Ségur. On était tombé sur l'ennemi comme la foudre, et l'on était entré pêle-mêle avec lui dans la ville. Saint-Priest fut blessé à mort. Les Prussiens et les Russes se sauvèrent à la débandade sur les routes de Laon, Réthel et Châlons (1).

L'empereur établit son quartier général à Reims, où il passa les 14, 15 et 16 mars à s'occuper des affaires de l'empire et à signer, dans la compagnie du duc de Bassano, tout le travail de ses ministres, avec autant de calme et de réflexion qu'il l'aurait fait aux Tuileries. Il eut aussi son mouvement de justice distributive. Il reprocha vivement au duc de Raguse de s'être laissé surprendre à Athies; mais comme ce maréchal venait de se réhabiliter tout à l'heure, il lui tendit la main aussi cordialement qu'il l'avait tendue au duc de Bellune après

---

(1) F. Kock, *loc. cit.*, p. 440. — On lit dans le même historien : « Le résultat de cette affaire, où les Français n'eurent pas au-delà de 7 à 800 hommes hors de combat, au nombre desquels était le comte de Ségur, fut, pour l'ennemi, une perte de 7 à 800 tués, le double de blessés et 2,500 prisonniers, onze bouches à feu et cent chariots de munitions. L'empereur entra dans Reims à une heure du matin. La ville fut spontanément illuminée, et le peuple, dans l'ivresse de la joie, se précipita au-devant de lui et le conduisit en triomphe à l'hôtel de ville. »

l'hésitation de ce dernier devant Montereau. Jamais le cœur de Napoléon n'était plus expansif que lorsque ses paroles avaient été vives ou amères. Il signa le même jour (16 mars) le décret par lequel Testot-Ferry, colonel d'état-major aux éclaireurs de sa garde, était nommé baron de l'empire (1). A cette occasion, l'empereur dit que cet officier supérieur avait, par son coup d'œil et par sa pénétration, *fait acte de général,* et qu'on lui devait l'importante possession de Reims. Comment ne pas entrevoir dans d'aussi hautes et aussi manifestes appréciations de ses services le dessein qu'avait l'empereur de nommer très prochainement Ferry général?

Pendant que Napoléon déployait une activité sans autre exemple que le sien depuis César, le généralissime Schwartzenberg, ne sachant à quoi se décider, apprenait le mouvement de l'empereur sur la Marne, lorsqu'il n'y avait déjà plus d'avantage à la coalition de profiter de cet état de choses. Alors les réserves ennemies étaient jusqu'à Langres, la division Lichtenstein à Châtillon, les corps de Giulay et de Wurtemberg occupaient les

---

(1) Ce décret impérial du 16 mars 1814, contresigné par le duc de Bassano comme ministre, et par le conseiller d'Etat Ch. Libert comme secrétaire général, a été confirmé par lettres patentes du roi Louis XVIII en date du 27 janvier 1815.

hauteurs de Clairvaux ; le maréchal de Wrède était avec Wittgenstein sur la rive droite de l'Aube. De notre côté, le duc de Tarente occupait Mussy, Essoyes et Fontette, avec seulement 12,000 hommes, dont 4,000 cavaliers, pendant que le duc de Reggio, posté sur la rive gauche de l'Aube, à la Ferté, observait l'ennemi avec 21,000 hommes, dont 6,000 cavaliers. Une condition fâcheuse pour notre armée, c'était d'être dépourvue d'artillerie. Enfin Schwartzenberg, stimulé par le roi de Prusse, ordonna l'offensive le 26 février.

Le 27, on se battit très chaudement à Bar-sur-Aube. Nous eûmes d'abord l'avantage, et nos troupes, suppléant par la valeur au manque d'artillerie, firent trois charges à fond pour s'emparer de celle de l'ennemi ; mais des renforts considérables arrivant au maréchal de Wrède (1), le duc de Reggio, qui n'avait pas l'avantage de la position (2), ordonna la retraite.

Le même jour, à la Ferté, le duc de Tarente disputa jusqu'au soir le passage de l'Aube au prince de Wurtemberg, qui venait de Châteauvillain ;

---

(1) Le corps de Wrède et de Wittgenstein était de 50,000 hommes, dont 12,000 de cavalerie. (De Vaud., *loc. cit.*, p. 71.)

(2) Il avait négligé, le 26, d'occuper la position importante de *Vernonfait*, où il avait laissé l'ennemi s'établir.

mais le duc de Tarente, voyant qu'il lui serait impossible de tenir encore le lendemain contre les 42,000 hommes de Giulay et de Wurtemberg (1), chercha à rallier le duc de Reggio, dont il avait entendu le canon la veille pendant une partie de la journée; il arriva à Bar-sur-Seine le 29. Le duc de Reggio s'était replié sur Troyes, et, le 4 mars seulement, les deux maréchaux se trouvèrent réunis vers cette ville (1); mais ce ne fut pas sans coup férir, tant au passage de la rivière de *Barse* qu'au village de *Laubressel*, où un combat fort vif s'engagea entre une division du corps d'armée du duc de Reggio et le général Pahlen; chaque parti eut 1,200 hommes hors de combat. Enfin, le 5, le duc de Tarente se retira sur Nogent, et le maréchal de Wrède vint occuper Troyes, qu'il livra au pillage pendant quarante-huit heures.

Sur ces entrefaites, le général Allix faisait sonner le tocsin dans les campagnes du département de l'Yonne, et l'on se levait en masse pour marcher contre l'ennemi. Un tel exemple pouvait être contagieux de proche en proche et funeste à la coalition. Schwartzenberg en conçut de l'effroi; aussi employa-t-il une semaine entière à s'avancer de Bar-sur-Aube à Nogent, lorsqu'il n'avait qu'une faible armée de 25 à 30,000 Français de-

_____

(1) De Vaud., *loc. cit.*

vant lui. D'autres appréhensions l'occupaient encore : c'était, d'une part, de prêter le flanc aux habiles manœuvres de Napoléon qui revenait de la Marne sur la Seine, et, d'autre part, d'être surpris sur ses derrières par le duc de Castiglione. Disons un mot de la position de ce maréchal.

L'empereur avait confié à Augereau la défense de Lyon, en le sommant avec familiarité d'oublier ses cinquante-six ans et de se souvenir des beaux jours de Castiglione (1) ; mais le maréchal prouva malheureusement trop bien qu'il n'était plus le bouillant antagoniste de Wurmser. L'empereur lui avait fait donner le conseil d'aller chasser Bubna du pays de Vaud et de s'assurer de Genève : c'est, en effet, tout ce que les coalisés redoutaient le plus, parce que leur ligne de retraite aurait été compromise. Le duc de Castiglione hésita longtemps, et il était déjà trop tard lorsqu'il se décida à se porter vers la Suisse, après avoir confié la garde de Lyon au brave général Rémond, qui n'avait pas, pour ce poste de confiance, 4,000 hommes de troupes, composées de sept bataillons de gardes nationales et d'un seul bataillon de ligne. Le maréchal n'avait pas songé à profiter de l'esprit généreux de cette noble cité pour obtenir d'elle le dévoûment et les sacrifices qu'exigeait la situation ; il n'avait pas

---

(1) F. Kock, *loc. cit.*, t. II, p. 232.

même eu la pensée d'un système de défense im-
provisé, comme de garnir de fortes batteries les
collines de Fourvière, le cimetière de Cuire, les
hauteurs de Calvire, et autres points culminants.

Le duc de Castiglione, après avoir culbuté les
Autrichiens à Lons-le-Saunier, était le 2 mars à
Moret (1); un de ses chefs de corps, le général
Musnier, s'était déjà frayé un passage à travers les
neiges qui obstruaient les Rousses, lorsque le maréchal, changeant tout à coup de disposition,
laissa au général Marchand le soin de réduire Genève, et se disposa à aller débloquer Besançon et
Auxonne (2). Il fallut bien aussi abandonner ce
plan pour revenir protéger Lyon et tenir tête à
l'armée du Sud, en marche depuis la fin de février,
au nombre de plus de 60,000 hommes, dont
10,000 de cavalerie, et cent trente-six pièces de
canon. Notre armée du Rhône comptait à peine
18,000 hommes; elle n'avait que vingt-huit pièces
de canon et pas de cavalerie (3).

Dès les premiers jours de mars, les troupes du
maréchal furent attaquées à Poligny par la tête de
colonne du général Wimpfen, un des principaux

---

(1) F. Kock, *loc. cit.*, p. 242.

(2) Le blocus de ces deux places ne fut levé qu'après la convention du 23 avril. (De Vaud., t. III, p. 142.)

(3) Ibid., p. 82.

chefs de l'armée du Sud, pendant que Bianchi, autre principal chef, manœuvrait pour se placer entre Lyon et l'armée du maréchal, lequel s'empressa de rentrer le 9 mars dans la cité. Le 10, le général Bianchi était à Mâcon. Les Autrichiens furent attaqués si vivement par la division Musnier, qu'ils crurent avoir affaire à 40,000 hommes (1). Ils furent très maltraités, et, sans la nombreuse artillerie de Bianchi (2), Mâcon aurait été repris par nos troupes ; mais notre infériorité numérique força le général Musnier à se retirer jusqu'à Saint-Georges, au-delà de Belleville. Le 16 mars, toute l'armée du Sud occupait la rive droite de la Saône près de Mâcon.

Le 18, un combat eut lieu à Saint-Georges entre les deux armées, et se prolongea jusqu'au soir avec des succès balancés des deux parts (3). Le duc de Castiglione alla prendre position sur les hauteurs de *Limonest*, à quatre kilomètres de Lyon, entre *Saint-Rambert* et *Chaselay*, sur la rive droite de la Saône. Il y fut attaqué le 20 par le prince Philippe de Hesse-Hombourg, et aisément débordé par les forces supérieures de son ennemi. Déjà, vers le soir, la fusillade s'engageait en avant du faubourg

---

(1) De Vaud., t. II, p. 156.
(2) F. Kock, *loc. cit.*, p. 250.
(3) F. Kock, ibid., p. 253.

de Vaise (1), et l'ennemi faisait des progrès rapides,
malgré les charges brillantes du 13ᵉ de cuirassiers
et du 12ᵉ de hussards (2), et malgré l'échec du
prince de Cobourg à Calvire. Le duc de Castiglione
rentra dans Lyon, où les autorités étaient en permanence, et on délibéra sur la position critique de
la deuxième ville de l'empire : on exposa qu'elle
n'avait ni vivres, ni fusils, ni moyens de défense
extérieure ; que si la lutte se prolongeait, Lyon
pourrait être livré aux horreurs d'une ville prise
d'assaut, et voir ses manufactures dévastées, ce
qui serait une cause de ruine profonde pour la
France entière (3). Un silence pénible suivit l'exposé de ces raisons, qui n'étaient que trop pé-
remptoires ; le patriotisme lyonnais, trahi jusqu'au
cœur, se couvrit d'un voile douloureux, et l'ennemi entra timidement le 21 mars dans cette magnifique cité, consternée du jour le plus néfaste de
ses annales. Les cités sont comme les individus, elles
sont comme toute chose au monde : le deuil vient

---

(1) De Vaud., t. III, p. 84.

(2) Au faubourg Saint-Just, le 13ᵉ de cuirassiers se jeta
sur une batterie incommode qu'il prit, et dont il sabra tous
les artilleurs. — Trois compagnies du 12ᵉ de hussards taillè-
rent en pièces le régiment de Hiller sur la route de Clermont,
enlevèrent son colonel et firent 360 prisonniers. (F. Kock,
t. II, p. 261.)

(3) F. Kock, t. II, p. 262.

à certain jour contraster avec toute splendeur humaine ! Le matériel de l'armée française avait quitté Lyon dans la nuit, et l'armée elle-même s'était retirée sur Valence. Cet évènement et l'occupation de Bordeaux par les Anglais furent deux atteintes mortelles portées à la France, et ranimèrent les forces et les espérances des coalisés. Ils reconnurent si bien l'importance de leur prise de possession, qu'ils firent faire des clefs d'or de la ville de Lyon pour les envoyer à leurs souverains (1).

Je n'ai rien dit encore du congrès de Châtillon, où les plénipotentiaires étrangers exploitèrent la loyauté française. Le dernier acte de cette comédie se joua le 18 mars, et c'est parce que nous en sommes à cette époque de notre histoire que je m'y arrête un instant. L'Angleterre prit la dictature du congrès. Lord Castelreagh, ministre des affaires étrangères, présida et eut pour assesseurs trois autres plénipotentiaires: lord Aberdeen, lord Cathcart et le général Stewart. Ils commencèrent par établir en principe que toute question maritime serait écartée. Il n'y eut que quatre autres ambassadeurs: le duc de Vicence pour la France; le comte Rasumowski, ennemi personnel de Napo-

---

(1) De Vaud., t. III, p. 86.

léon, pour la Russie; le comte Stadion (1) pour
l'Autriche; le baron de Humboldt pour la Prusse.

Dans la première conférence (le 4 février) on se
constitua; dans la deuxième (le 7), à l'occasion
de l'article 3 des préliminaires posés par les plénipotentiaires étrangers et ainsi conçu : « *La
France rentrera dans ses limites de* 1792, » le duc
de Vicence réclama l'application de la note remise
à Francfort à notre ambassadeur français, M. de
Saint-Aignan, comme déclaration franche des
coalisés au moment de l'invasion. Les puissances
s'engageaient alors à laisser à la France ses limites naturelles du Rhin, des Alpes et des Pyrénées. Voici comment un historien véridique résume l'effet de cette juste réclamation : « Le plénipotentiaire russe dit ignorer cette note, l'autrichien en doutait, les anglais firent les sourds » (2).
A la troisième conférence (le 17), les plénipotentiaires étrangers désavouèrent formellement cette
même note, et repoussèrent l'intervention de la
France dans les partages des provinces conquises
par elle. Ce fut à cette occasion que l'empereur
donna à la France l'exemple de la dignité, en révo-
quant les pleins pouvoirs de son ministre. La con-

---

(1) Le baron Fain l'appelle l'*irréconciliable ennemi de Napoléon.* (Voir p. 72.)

(2) De Vaud., t. II, p. 194.

férence du 28 février présenta un autre aspect : les victoires de Napoléon avaient fait réfléchir, et l'on convertit un premier ultimatum cassant en un *projet à discuter*. La conférence du 10 mars eut un caractère de temporisation. Il parut clair que la tactique de la diplomatie étrangère tendait à forcer la France à énoncer elle-même ses sacrifices : c'était joindre l'humiliation à la déchéance. La réunion du 13 mars se ressentit des nouvelles du théâtre de la guerre (1) : on demanda au duc de Vicence un contre-projet dans le délai de trente-six heures. Le 15, notre ambassadeur remit ce contre-projet, qui était un terme moyen entre les propositions de Francfort et les conditions présentées le 17 février, et qui offrait une grande partie des sacrifices exigés par la coalition. Dans la dernière conférence (le 18 mars), les plénipotentiaires, après avoir épuisé tout leur arsenal diplomatique, présentèrent au duc de Vicence une *note finale*, dans laquelle ils taxaient d'obscur son contre-projet. C'était là une rupture manifeste; la meilleure preuve de cela, c'est qu'une réplique de l'ambassadeur français demeura sans réponse.

Nous avons laissé, le 16 mars, Napoléon occu-

---

(1) On avait eu des nouvelles des journées des 9 et 10 mars vers Laon.

pant Soissons, Reims et Châlons. Au lieu d'avoir
anéanti Blücher, comme cela devait avoir lieu sans
l'inqualifiable conduite du général Moreau (1),
l'empereur n'était parvenu qu'à jeter l'armée prussienne hors de sa ligne d'opérations et à couper les
communications entre cette armée et celle de
Schwartzenberg. Maintenant, il s'agissait de tomber, par un mouvement rapide, sur le flanc de ce
dernier pendant sa marche décousue et hésitante
entre la Seine et l'Aube. Napoléon partit donc le
17 de Reims, laissant, pour contenir Blücher, les
ducs de Trévise et de Raguse sur l'Aisne, avec
13,000 hommes d'infanterie et 6,000 chevaux.
Lui-même ne prit pour son expédition que
10,000 hommes d'infanterie et 5 ou 6,000 chevaux (2), et, ne voulant pas laisser à l'ennemi le

---

(1) Voici de quelle manière Jomini (*loc. cit.*, p. 554) s'exprime, dans son franc parler, sur le compte de ce personnage :
« Le général Moreau, qui commandait à Soissons, était un
imbécile. Cerné par les corps de Bulow et de Wintzingerode,
il ne sentit pas l'importance du poste qu'il tenait, et, croyant
faire merveille d'obtenir la liberté de sa garnison, il consentit
à capituler le 3, avant d'avoir épuisé tous ses moyens de défense, et à l'instant où une canonnade lointaine lui annonçait
tout l'intérêt qu'il avait à tenir bon. »

(2) L'empereur ne fut joint que le 20 au soir par le corps
de Lefebvre-Desnouettes, et le 21 au matin seulement par
12,000 hommes du corps d'armée de Macdonald. (Jomini,
loc. cit., p. 567.) — Il n'est pas indifférent de connaître au

temps de soupçonner sa présence, il continua son habile manœuvre sans attendre à Plancy l'armée du duc de Tarente ni les renforts que Lefebvre-Desnouettes lui amenait de la capitale. Le 20 mars il se portait sur Arcis; là, Napoléon, qui avait l'espoir de tomber inopinément de cette position sur un corps isolé, rencontra presque toutes les forces de Schwartzenberg. C'était le résultat de résolutions nouvelles et inattendues de la part des coalisés. En effet, les souverains, ayant tenu conseil, avaient résolu de se concentrer, afin d'éviter les combats partiels, toujours défavorables pour leur cause, surtout quand leurs généraux avaient affaire à Napoléon : en conséquence, l'ordre venait

---

juste les ressources de la France en ce moment suprême. Marmont et Mortier avaient sur la rivière d'Aisne 19,000 hommes.

Napoléon en conduisait sur l'Aube. . . .	16,000	—
L'armée du duc de Tarente sur la Seine était de.	32,000	—
Lefebvre-Desnouettes amenait de Paris 4,500 hommes d'infanterie et 1,500 cavaliers, soit.	6,000	—
La division Allix et Souham sur l'Yonne était de.	4,500	—
	77,500	—

Sur cet ensemble, la cavalerie dépassait 20,000 hommes. — Voir, pour plus de détails, au t. II, p. 210, du général de Vaudoncourt.

d'être transmis à Blücher et au généralissime de l'armée austro-russe de se grouper sans aucun retard. Par suite de cette résolution, que Napoléon ne pouvait encore connaître, il arriva qu'en cherchant à manœuvrer sur les flancs de l'ennemi afin de l'entamer et de le contraindre à un mouvement rétrograde, l'empereur tomba de front sur la ligne que les coalisés venaient de prendre en masses réunies. C'était dans l'après-midi du 20 mars, et une collision devenait inévitable.

Dans la matinée, une partie de notre cavalerie légère rejoignait l'empereur par Méry (1), et le vaillant colonel d'éclaireurs de la garde, Testot Ferry, suivant ce mouvement, escortait, avec un peu plus d'un escadron, l'artillerie de la division Letort. Pendant ce trajet, il se vit tout à coup assailli et enveloppé par une nombreuse cavalerie russe et bavaroise, et harcelé par une nuée de cosaques. Dire ce qu'il lui fallut déployer alors d'énergie, de courage et de sang-froid n'est pas chose facile : lui et sa petite troupe étaient dans le rapport d'un à quinze ou à vingt peut-être. Attaqué partout à la fois, il lui fallut agir partout et pour ainsi dire se multiplier, repousser des charges réitérées par des charges à fond que son rapide coup d'œil lui faisait entreprendre au vrai moment,

---

(1) Voir Jomini, *loc. cit.*, p. 565.

donner à son artillerie un emploi vigoureux, et affermir ses hommes, qui, tous, entraînés par son exemple, se montrèrent dignes d'un tel chef. Aussi passa-t-il sur le corps de cette multitude d'ennemis sans se laisser entamer et sans perdre le moindre charriot, et il eut la gloire de conduire le convoi d'artillerie à sa destination. Il devait encore, au moment suprême de la bataille qui allait se livrer, donner, comme nous le verrons, les plus éclatants témoignages de bravoure, malgré la fatigue de cette matinée ardente, et après avoir passé toute la nuit et la moitié du jour suivant à protéger son convoi de Méry à Arcis-sur-Aube.

Le 20 mars, vers deux heures, les Wurtembergeois du maréchal de Wrède commencèrent l'attaque. Au premier moment, le général russe Kaisaroff, voyant la cavalerie française bien inférieure à la sienne numériquement et trop éloignée de notre infanterie pour en recevoir l'appui nécessaire, chargea brusquement les divisions Excelmans et Colbert, et les ramena sur Arcis. Nos cavaliers, pressés vivement, commençaient à se diriger en désordre vers les ponts d'Arcis et allaient les franchir, lorsque l'empereur, se jettant tout à coup au devant de ses escadrons rompus, et, mettant l'épée à la main : « Voyons, dit-il aux fuyards, qui de vous repassera les ponts avant moi ! » (1).

---

(1) Jomini, p. 567.

Cette attitude et ces paroles arrêtèrent notre cavalerie, laquelle, honteuse d'une panique semblable et excitée par le point d'honneur, refoula l'ennemi et reprit la position qu'elle occupait d'abord. Le moment était critique : en effet, si l'ennemi s'était rendu maître des ponts, notre infanterie était coupée, sa retraite compromise, et le village d'Arcis allait nous être enlevé ; mais, grâce au mouvement opportun et chaleureux de l'empereur, nous demeurâmes maîtres de la rive gauche, qui était notre champ de bataille, et alors le reste de notre infanterie put s'y établir aussi, en passant les ponts (1). Ainsi un peu plus de 2,000 chevaux venaient d'arrêter tout court quarante escadrons du corps de Wrède et les cosaques de Kaisaroff dans leur élan victorieux (2). Notre infanterie fut bien plus inébranlable encore : 7,000 hommes des divisions Janssens et Boyer et deux bataillons de gendarmerie luttèrent contre toute l'infanterie de Wrède, c'est-à-dire contre 22,000 hommes (3), et restèrent maîtres du village de *Grand-Torcy*, malgré des attaques opiniâtres et réitérées, et malgré le feu roulant de soixante-dix pièces de canon dirigé contre une poignée de héros.

(1) Jomini, p. 567.
(2) De Vaud., t. II, p. 224.
(3) Ibid.

Ce combat sanglant et acharné dura jusqu'à minuit, à la lueur de l'incendie qu'avaient allumé les bombes des batteries étrangères, et qui réduisait en cendres le malheureux village d'Arcis. A cette heure suprême, l'empereur fut plus d'une fois enveloppé et combattit au milieu de son escorte et de ses braves éclaireurs. Il restait exposé comme le dernier des siens au feu épouvantable des batteries russes ; un obus éclata à ses pieds et le couvrit de fumée et de poussière (1). Dans cette journée terrible, Napoléon affronta tous les dangers pour mourir dans sa gloire. Quelle nuit ! quel combat ! Electrisé par l'exemple de l'empereur, chacun des nôtres se précipitait aveuglément sur l'ennemi ; la lutte avait lieu corps à corps ; ni le nombre, ni la fatigue n'arrêtaient l'héroïsme de la garde impériale, passionnée pour le danger, et inébranlable dans toute l'acception du mot. Le colonel Testot-Ferry brillait dans ces redoutables tourbillons de charges de cavalerie (2) : malheureusement son cheval, lancé à fond de train, fut foudroyé par un boulet, et tomba de tout son poids sur son cavalier. A l'instant, des dragons russes, des Bavarois et des cosaques s'élancèrent sur Ferry. Il n'était pas difficile de s'emparer d'un homme à moitié mort,

---

(1) De Vaud., *loc. cit.*
(2) Le baron Fain, p. 191.

meurtri, contusionné et accablé de coups de hampes de lances par ses nombreux adversaires, qui se disputaient l'honneur de le faire prisonnier. Enfin l'ennemi, ne pouvant rompre notre immortelle phalange, nous laissa maîtres du champ de bataille.

Le lendemain matin 21 mars, tout le reste de l'armée de Schwartzenberg arrivait par les différents débouchés de Troyes à Arcis, et occupait plusieurs villages sur la rive gauche de l'Aube. Néanmoins le combat s'engagea ; mais le maréchal Ney, qui observait la position des Austro-Russes du point le plus élevé du plateau d'Arcis, alla dire à Napoléon que l'ennemi était en nombre quadruple de nos forces. L'empereur s'en assura lui-même ; il n'avait pas 35,000 hommes, et, au lieu de s'engager contre 110,000 (1) et contre une artillerie formidable, il ordonna sagement la retraite. Schwartzenberg, qui supposait, on ne sait comment, 70,000 hommes à son adversaire, et attendait l'attaque au lieu de prendre l'offensive, ne comprit rien à la manœuvre fortuite de Napoléon et perdit quatre heures des plus précieuses, tandis que, par un mouvement concentrique de son armée, il pouvait envelopper la nôtre. Ce ne fut qu'à deux heures qu'il se mit en mouvement. Le duc

---

(1) Jomini, *loc. cit.*, p. 568.

de Reggio soutint énergiquement notre retraite,
après avoir barricadé toutes les avenues d'Arcis.
L'empereur, en se retirant sur Saint-Dizier, alla
prendre une nuit de repos à *Sommepuis*, sans que
Schwartzenberg se doutât de la route que son adversaire avait suivie.

L'empereur s'aperçut bien qu'il n'avait plus à
ses côtés l'intrépide colonel-major de sa garde
particulière, avec lequel il aimait à s'entretenir :
il en exprima plusieurs fois son chagrin. Il savait
avec quelle patriotique abnégation l'officier qu'il
venait de perdre éclairait sa marche, et avec quelle
sûreté de coup d'œil il pratiquait l'art de la guerre
dans ses plus délicates et ses plus périlleuses conditions : toujours aux avant-postes, sans cesse aux
prises avec l'ennemi, le colonel était obligé d'agir
sous sa propre impulsion, et il avait pour ainsi
dire la charge du salut du chef et de l'armée.

Pendant que Testot-Ferry était l'objet des justes
appréciations de l'empereur, on entraînait le noble
prisonnier avec une nombreuse garde à travers
les lignes alliées. Son riche uniforme et ses dé-
corations l'avaient signalé à l'ennemi comme un
officier de marque appartenant à la garde impériale, si renommée et surtout si redoutée. Cela
suffisait pour motiver les précautions dont on l'entourait. Il fut conduit de poste en poste, sans
égards et avec brutalité, jusqu'au Fays-Billot

(Haute-Marne), pouvant à peine se soutenir pendant ce trajet pénible. Toutefois, l'amour de la patrie remplissait tellement son cœur, que le prisonnier eut la pensée de mettre à profit pour elle ses moments de captivité et d'infortune. Il examina avec attention le placement des troupes ennemies, leur campement et leur manière de se garder : il vit des soldats sans impulsion dirigés sans intelligence, des lignes mal gardées, une sorte d'incurie des désavantages des lieux, et une foule de dispositions vicieuses. Il conçut dès lors l'espoir de tirer parti de ces données pour s'échapper et, ce but atteint, porter des coups plus sûrs à l'ennemi, et, en particulier, lui faire payer cher ses mauvais traitements.

On se relâcha insensiblement un peu de l'étroite surveillance exercée sur Ferry, et il put échanger çà et là quelques signes d'intelligence avec des amis et notamment à *Poinson–les-Fays*, non loin de Langres. Dans ce village, un brave Français, nommé Joseph Edme, instituteur, comprit tout ce qu'il pouvait faire pour la délivrance du prisonnier. Il prodigua aux Russes l'eau-de-vie, qu'ils aiment passionnément. Les libations furent si copieuses, que bientôt officier et soldats furent dans un état complet d'ivresse et d'oubli de leur importante capture. C'était le moment de ressaisir sa liberté. Ferry trouva un refuge dans une maison voisine, y prit un accoutrement destiné à le rendre méconnaissable, et profita de la nuit pour s'échapper, sous la conduite de guides sûrs, et aux risques de tomber sur des voies envahies. Une âme trempée comme la sienne ne pouvait se résigner à une fuite qui n'eût servi qu'à lui seul. Aussi eut-il la pensée de mettre à profit les dispositions des habitants exaspérés par le pillage, pour former un corps de partisans. Déjà en divers lieux on courait aux armes, en choisissant pour chefs quelques vieux soldats mutilés : c'est avec eux qu'il organisera ses nouveaux combattants ; il se jettera sur les derrières de l'armée d'invasion ; à son tour il fera contre l'ennemi une guerre de cosaques, le harcèlera la nuit comme le jour, sans paix ni trève ; il se jettera au besoin dans la Lorraine, dont il sait que les populations se soulèvent en ce moment.

Tout en cherchant à réaliser ce projet et à continuer de cette manière son dévoûment à son pays, notre officier va, vient, s'informe, examine et reconnaît la possibilité de rejoindre l'armée française par des chemins impraticables et loin des postes et des lignes austro-russes. Il juge alors qu'il fera mieux de chercher à gagner les positions qui lui sont indiquées ; il se décide, et, après une marche accablante de sept ou huit jours, allant et revenant sur ses pas afin d'éviter l'ennemi, qui laissait peu d'endroits inoccupés, et au milieu duquel il tomba plusieurs fois, il put parvenir à travers les forêts jusque sur les hauteurs de Sens, où le général Allix avait établi un camp dans une position inexpugnable.

Cependant Napoléon s'était rendu de Sommepuis à Faremont, et delà à Saint–Dizier, où il arriva le 23 mars sans que sa marche fût inquiétée. En se portant ainsi sur la Marne et vers la haute Meuse (1), il espérait attirer les coalisés hors de leur position sur l'Aube, les faire renoncer à leur marche sur Paris, intercepter leurs parcs de munitions, les séparer de leurs bases et de leurs grandes réserves, rallier des renforts sortis de Metz, soulever la Lorraine comme un seul homme, et manœuvrer sur les derrières des armées ennemies. Il commença par faire expédier l'ordre aux ducs de Raguse et de Trévise de le rejoindre par Vitry avec leurs 25,000 hommes.

On ne sut que ce jour–là même, 23 mars, au quartier général des souverains, la nouvelle position que prenait l'empereur, et son intention ne fut pas difficile à pénétrer. On prit dès lors, dans le conseil aulique, le parti de marcher en masse (2) sur

---

(1) Jomini, *loc. cit.*, p. 571.

(2) Le 23, Blücher occupait Châlons, et Wintzingerode Vitry. La jonction des deux grandes armées était donc réellement opérée. (Jomini, *ibid.*, p. 580.)

Napoléon, et de s'ouvrir une nouvelle ligne d'opérations par la Belgique. Mais le 25, au matin,
tout changea. Pendant que l'empereur de Russie
et le roi de Prusse, qui avaient couché à Sommepuis la veille, étaient en marche pour Vitry, un
émissaire de Talleyrand (1) leur apporta un billet
contenant ces seuls mots : « Vous pouvez tout, et
vous n'osez rien : osez donc une fois ». Ces mots
mystérieux, dont le sens était parfaitement compris
de l'empereur Alexandre, produisirent l'effet d'un
talisman. Le conseil des souverains s'installa sur
un tertre de la route ; on exposa les bonnes et les
mauvaises chances ; on se raffermit à la pensée de
la reddition des villes importantes de Bordeaux et
de Lyon ; on crut à une puissante diversion de nos
provinces de l'Ouest contre l'empereur, et l'on for-

---

(1) Ce haut personnage, à double face, tenait alors un bureau secret et permanent d'intrigues royalistes. « Depuis la
rupture des conférences de Châtillon, le czar avait reçu, du
sein de Paris même, la première communication un peu au-
thentique de la situation réelle de cette capitale. » (Alph. de
Beauchamp, *Histoire des campagnes de 1814 et 1815*, t. II,
p. 139.) — Un témoin oculaire, M. Wilson, p. 91 d'un exposé
de cette campagne, a peint en très peu de mots la situation
critique des coalisés au moment de la diversion que tentait
l'empereur :

« Les alliés se trouvaient dans un cercle vicieux d'où il
leur était impossible de se tirer, si la défection ne fût venue à
leur secours. »

mula une décision telle que je la rapporte ici :
« Les armées coalisées se rendront à marches forcées à Paris, *dont le chemin vient de leur être ouvert.* Le général Wintzingerode, avec sa cavalerie,
se mettra à la piste de l'armée de l'empereur Napoléon vers Saint-Dizier, et cherchera, par tous les
moyens, à lui faire croire qu'il est suivi par toute
l'armée coalisée. » En conséquence, Blücher dut
marcher sur Meaux par Châlons et Montmirail, et
Schwartzenberg par Vitry et Sezanne. Wintzingerode se dirigea vers Saint-Dizier par *Eclaron*,
avec huit mille chevaux et quarante pièces de canon (1).

Les manœuvres des deux maréchaux mandés
par l'empereur étaient difficiles : il fallait passer
entre les deux armées ennemies qui, alors, pour
faire leur jonction, marchaient vers les mêmes
points qu'eux. De Fismes, où ils étaient, la route
la plus courte était celle par Epernay et *Fère-
Champenoise*. Le général Belliard représenta que
Sézanne se trouvant sur la communication directe
de Paris à l'armée impériale, était, quoique le plus
long, le chemin le plus sûr, et débordait d'ailleurs
la grande armée, qui semblait s'avancer dans la
direction de Châlons. Le duc de Trévise sentait la
justesse de cette observation; mais le duc de Raguse

(1) Jomini, p. 578.

s'obstina à faire le trajet par Fère-Champenoise.
Si, au contraire, les maréchaux s'étaient rendus
aux sages observations de Belliard, ils auraient
rencontré à Sézanne la division Ancey, de 1,800
hommes, plus un convoi très important, et enfin
le général Pacthod avec 4,000 hommes (1), en
marche pour rejoindre l'empereur.

Les maréchaux, assaillis le 25 mars à Fère-
Champenoise par des masses de troupes ennemies,
eurent à souffrir, par surcroît, d'un violent orage
de pluie et de grêle fouettant le front de leurs colonnes et inondant leurs armes. On se mit en retraite vers *Conantray*; le duc de Raguse perdit
vingt-quatre pièces de canon et soixante caissons.
A Fère-Champenoise, les coalisés portaient des
brassards de toile blanche; c'était un signe de ral-
liement dont ils étaient convenus dans leur fameuse
halte près de Vitry, afin d'éviter les méprises dans
les rencontres sur les champs de bataille entre tant
d'hommes de pays divers.

Le même jour, le général Pacthod, surpris à
Villeseneux par les corps de Langeron, Sacken et
Strogonow, repoussa d'abord longtemps leur attaque; mais de nouveaux assaillants vinrent sur
ses derrières lui couper le chemin de Fère-Cham-

---

(1) Le général Jomini dit 8,000 hommes. (Voir *loc. cit.*,
p. 581.)

penoise. Il essaya alors de gagner les marais de
Saint-Gond, afin de paralyser l'action de la cavalerie ennemie ; peu d'instants après, l'empereur de
Russie, le roi de Prusse et Schwartzemberg arrivèrent sur les lieux, et, s'étonnant de voir une
poignée d'hommes tenir les leurs en échec, ils envoyèrent au combat leur propre réserve. Alors le
général Pacthod exhorta ses soldats à mourir, et
ils le jurèrent comme les trois cents Spartiates.
78 bouches à feu, ajoutées à la multitude de leurs
assaillants, firent bientôt des brèches béantes dans
les carrés de cette milice sacrée : 3,500 gardes nationaux moururent au champ d'honneur témoin
de leur glorieux serment. Sans doute les voyageurs ou les villageois foulent avec insouciance
cette terre sacrée, où manque une simple et modeste pierre pour parler aux passants, comme
autrefois la petite colonne de marbre au pied du
mont *Œta!* Cette sanglante journée de Fère-
Champenoise nous coûta 9,000 hommes, dont
moitié faits prisonniers (1).

Le lendemain 26 mars, le corps de Wintzingerode fut mis dans la plus complète déroute vers
Saint-Dizier par l'armée impériale. Les prisonniers qu'on fit dans cette affaire apprirent à Napo-

---

(1) F. Kock, *loc. cit.*, t. III, p. 392 ; — De Vaud., t. II,
p. 287.

léon la marche des coalisés sur Paris. Alors commencèrent autour de l'empereur toutes sortes de suggestions pour le ramener vers la capitale. Malgré la fermeté qu'il s'était promise dans l'exécution de son dernier plan, Napoléon se laissa gagner par une profonde tristesse et une grande perplexité (1). Il se trouvait séparé de ses lieutenants et ne savait dans quel lieu, dans quel temps, ni de quelle manière ceux-ci pourraient le rejoindre. Sa petite armée se trouvait encore affaiblie; car il l'avait disséminée à la suite de sa dernière victoire afin d'en poursuivre les fruits (2). C'en était fait de nos jours de triomphes! Napoléon venait de remettre au fourreau la glorieuse épée qui avait brillé dans ses plus célèbres campagnes, celles d'Italie à l'aurore de ses incomparables destinées, et celles de France à leur déclin!

A partir de ce jour les évènements marchèrent avec une rapidité effrayante. Les ducs de Trévise et de Raguse, après leur échec de Fère-Champenoise, n'eurent plus qu'à s'efforcer de gagner Meaux et Paris avant les coalisés. Le 26 mars, à

(1) Jomini, p. 583.

(2) Un corps d'armée poursuivait Wintzingerode jusqu'à Bar-le-Duc, et toute la cavalerie légère s'était portée jusqu'à Chaumont, d'où l'empereur d'Autriche, surpris à l'improviste, se sauva à franc étrier jusqu'à Dijon, dans la compagnie d'un seul serviteur. (Jomini, p. 584.)

Sézanne, ils culbutèrent la cavalerie prussienne; mais, par une fâcheuse compensation, la division du général Compans fut attaquée à *Chailly* par le général Yorck et poursuivie jusque vers Coulommiers. Après différentes vicissitudes, les maréchaux, voyant leur marche compromise à travers des multitudes de colonnes ennemies qui couraient de toutes parts, affamées de la conquête de Paris, prirent les chemins de traverse et arrivèrent le 27 mars à Provins (1). L'ennemi entrait à Meaux le 28 dans la matinée. Dès ce jour et le lendemain il y passait la Marne ainsi qu'à *Trilport,* et marchait sur Paris en trois colonnes (2) par la rive droite de cette rivière. Le général Compans leur en disputa vivement le passage, et alla prendre position à *Bondi* avant que les coalisés ne pussent s'y poster. Les maréchaux, qui s'étaient séparés à Nangis pour courir à marche forcée et par deux voies différentes au secours de la capitale, firent leur jonction à Brie-Comte-Robert. Ils arrivèrent à Charenton vers midi, et s'établirent immédiatement sur les hauteurs qui dominent la capitale au nord (3).

Le lendemain 30 mars, dès cinq heures du matin, Paris était attaqué par 145,000 coalisés (4),

(1) F. Kock, t. II, p. 403.
(2) Ibid., p. 409.
(3) Ibid., p. 586.
(4) De Vaud., *loc. cit.,* p. 313.

Russes, Prussiens, Autrichiens et Wurtembergeois,
et défendu héroïquement par 30,000 Français qui,
en moins de dix heures, mirent hors de combat
18,000 assaillants (1). Au petit nombre de défenseurs de la capitale, il pourra paraître que la
continuité des guerres avait atrophié dans les
cœurs l'idée de patrie; mais on manquait d'armes : les manœuvres de la trahison se voyaient
presque au grand jour. La présence seule de l'empereur aurait pu ranimer ce sentiment auquel
venait de porter une profonde atteinte le départ
de Marie-Louise (2) et de la plupart des membres
du gouvernement.

Le duc de Trévise défendait Montmartre (3) et

---

(1) Bignon, *Histoire de France sous Napoléon*, t. XIV,
p. 35.

(2) « Si vous quittez les Tuileries, vous ne les reverrez
plus, » lui disait avec la plus vive émotion la reine Hortense.
L'évènement n'a que trop justifié cette prédiction dictée par
un parfait bon sens et un noble courage. Le petit roi de Rome
ne voulait pas se laisser emmener, et appelait son père pour
le défendre. Ce pauvre enfant n'était plus d'un âge assez
tendre pour ignorer son malheur.

(3) C'était une dérision que les moyens de défense extérieure de la capitale : « Par exemple, au lieu d'être garnies
d'un nombre imposant de pièces d'un gros calibre, les hauteurs de Montmartre n'avaient, le 29 mars, que soixante-douze
pièces, dont un tiers de huit et deux tiers de quatre. » (De
Vaud., t. II, p. 312.) — « Tout était à l'avenant. Les batteries manquèrent de munitions, ou reçurent des boulets d'un

tout le côté de Paris de Pantin à Saint-Ouen ; le maréchal Moncey gardait les abords de la Villette ; la plus forte tâche échut au duc de Raguse, qui n'avait que 8,000 hommes à opposer aux masses russes et prussiennes tourbillonnant comme des essaims farouches et tumultueux sur les hauteurs de Belleville et de Ménilmontant. Les élèves de l'école d'Alfort luttèrent avec de l'artillerie contre les troupes du prince de Wurtemberg, qui s'étaient portées sur Charonne et sur Vincennes (1). Vingt-huit pièces de canon de la garde nationale, placées à la barrière du Trône (2), et servies par les élèves de l'Ecole polytechnique, gênaient tellement les Russes, que les hulans firent une charge où quinze de nos jeunes et généreux défenseurs furent blessés et six autres faits prisonniers (3). Le colonel Ordener tomba avec ses dragons sur ces hulans et les mit en fuite.

---

calibre inférieur. » (Bignon, *loc. cit.*, p. 9.) — « Des cartouches d'exercice au lieu de cartouches de guerre furent distribuées en certains lieux. » (De Vaud., *loc. cit.*, p. 311.)

(1) Baron Fain.

(2) Pour faire une diversion utile à la droite du duc de Raguse, dit le général de Vaudoncourt.

(3) De Vaud., *loc. cit.*, p. 343, et F. Kock, ibid., p. 465. — Le général Marey-Monge, né à Nuits en 1796, et dont M. J. Bard, dans son *Plutarque de la Bourgogne*, a déjà signalé les glorieux titres militaires, était un des nobles défen-

Marmont se battit toute la journée avec une admirable intrépidité. L'ennemi profitait, ainsi que nous, du moindre pli de terrain, des haies, des vignes et des jardins : c'était une fusillade continue et très meurtrière, où chacun perdait tour à tour le terrain qu'il avait conquis. Enfin le duc de Raguse se vit attaquer de front et en flanc ; l'ennemi parvint à placer sur une butte du bois de Romainville une batterie qui fit beaucoup souffrir l'héroïque petite troupe du maréchal ; lui-même eut son cheval tué sous lui et dut combattre à pied comme un simple soldat. Il réunit alors quelques hommes des plus valeureux, avec lesquels il se jeta avec un acharnement sans exemple sur les Russes, déjà maîtres du haut de Belleville, et les en chassa. Deux de ses généraux ainsi que lui-même furent blessés dans cette charge désespérée ; les cadavres de onze grenadiers de sa petite phalange, percés de coups de baïonnettes l'abritèrent un instant comme d'un rempart. Il était quatre heures, et l'ennemi lançait déjà, de plusieurs points culminants dont il s'était rendu maître, des obus sur Paris (1). Dans cet instant critique, le maréchal donna le

---

seurs de Paris en mars 1814, parmi les élèves de l'Ecole polytechnique.

(1) F. Kock, p. 484.

fusil dont il venait de se servir à un des 40 grenadiers qui l'entouraient (1), tint l'épée haute, et,
se jetant à travers les Russes, vint reprendre haleine à la barrière. Là, il fit usage de l'autorisa-
tion que le roi Joseph lui avait envoyée au milieu
du jour, avant de partir pour Blois, et s'entendit
avec le duc de Trévise et les autres chefs pour
une suspension d'armes. Cet acte devait aboutir,
dans la nuit, à une capitulation (2) d'après laquelle l'armée française se retirerait de suite
hors de Paris, en conservant toute sa liberté d'action. Ce traité avait pour but d'éviter la guerre
dans Paris même. Jamais Marmont ne s'était
couvert d'une gloire pareille à celle qu'il venait
d'acquérir en affrontant mille morts pour repousser l'étranger du cœur de sa patrie; mais, hélas!
six jours plus tard le nom de ce maréchal était
tout à coup répercuté comme un son sinistre, par
tous les échos de la France, à travers les profondes
émotions publiques!

Un ennemi, le plus redoutable de tous, l'attendait dans Paris même : je veux dire l'influence

---

(1) Vaulabelle, t. I, p. 329.

(2) Elle était ardemment désirée par les coalisés. L'empereur Alexandre savait la pénurie de munitions dans laquelle
ils étaient. Il allait et venait, se tenant le front dans les
mains. (Bignon, *loc. cit.*, p. 11.)

d'une foule de personnes terrifiées et agissant elles-
mêmes sur l'opinion publique (1). Je ne sais, en
vérité, comment on put reconnaître Marmont :
tous les insignes de sa dignité étaient perdus, il
avait un bras en écharpe, ses habits pendaient en
lambeaux, il était tout noir de poudre, et sa barbe,
laissée inculte depuis au moins dix jours, contri-
buait à le rendre méconnaissable. Chacun des spec-
tateurs éprouvait un mouvement involontaire d'hor-
ripilation à la vue de la métamorphose qu'avaient
opérée dans cet homme de guerre tant d'heures
consécutives de souffrances et de combat (2). Que
n'est-il tombé alors enseveli dans sa gloire, comme
un héros d'Homère, au pied des murailles de la
grande cité ! Mais une panique insurmontable dominait la foule dans cette soirée du 30 mars : on
entourait le maréchal aussi bien sur le boulevard
que dans les salons ; on lui disait qu'il était le seul
chef dans Paris, et par conséquent l'arbitre du salut de la France, et qu'il pouvait éviter une épou-

(1) « Une foule de citoyens harcelaient Marmont ; on se jeta
à ses pieds ; le conseil municipal vint le supplier de s'entre-
mettre. » (Vaulabelle, t. I, p 331.)

« L'opinion publique avait toujours été la règle de conduite
de Marmont. » (Thibaudeau, *Histoire de l'Empire*, t. VII,
p. 6.)

(2) C'était le soixante-septième engagement de son corps
d'armée depuis la campagne de France.

vantable catastrophe; on l'enivrait de tout l'encens
qui puisse brûler autour d'un général qui se serait
cru prédestiné à sauver sa patrie autrement que
par l'épée.

Marmont était assurément un personnage d'un
esprit supérieur, mais plus subtil que sensé. Telle
me paraît être l'impression de ceux qui lisent avec
impartialité ses Mémoires posthumes. Il est le seul
homme de guerre qui ait jamais songé à faire
deux parts à celui qui porte l'épée, c'est-à-dire la
part de l'*homme de conscience* et celle de l'*homme
d'honneur* (1). Cette théorie, inacceptable dans
nos mœurs militaires, a été un malentendu fatal
de Marmont avec lui-même, si l'œuvre d'Essonne,
accomplie quelques jours plus tard, doit peser sur
lui seul. Après avoir prodigué son sang, il se crut
sans doute le droit de mettre son honneur à l'abri
de sa conscience, afin de sauver son pays d'une
ruine complète (2). Voilà tout ce qu'on peut penser

----

(1) Le duc de Raguse, dans ses Mémoires (t. V, p. 275), in-
voque le souvenir d'une conversation qu'il dit avoir eue à Düben sur l'*homme d'honneur* et l'*homme de conscience*. Cette
théorie, qu'il prête à Napoléon lui-même, a trouvé beaucoup
d'incrédules sous ce dernier rapport.

(2) Le duc de Raguse a dit (p. 255, t. VI de ses Mémoires) :
« Dévoué à mon pays, et pouvant influer sur son état et sa
destinée, je sentais le besoin de le sauver d'une ruine complète. »

de plus équitable au sujet du maréchal ; mais l'intention ne suffit point pour justifier les entreprises politiques : il y aura toujours en France une consigne impérissable, c'est celle que l'honneur est l'unique conscience du soldat. Mettez par la pensée Macdonald ou Drouot à Essonne, et vous serez forcé de conclure que ce poste n'aurait pas été abandonné. Napoléon semble avoir pressenti, dans le silence de ses méditations à Sainte-Hélène, la véritable intention et le vrai mobile de la conduite du duc de Raguse : « La postérité, disait l'empereur, flétrira la vie de Marmont ; pourtant son cœur vaudra mieux que sa mémoire » (1).

Le 31 mars, à midi, les armées étrangères défilèrent sur les boulevards de la capitale, pendant que l'armée française se retirait vers Melun et Corbeil. L'accueil des Parisiens fut aussi morne qu'il convenait qu'il le fût de la part d'un grand peuple dans un jour de deuil public. Cette attitude générale amenait un contraste pénible : c'était celui de l'explosion de joie du parti royaliste. Le brassard blanc porté par les soldats de toutes les nations de l'Europe étonna la multitude et contint son mécontentement : elle prit les coalisés pour autant de royalistes, auxquels se mêlait l'escorte de ceux

---

(1) *Mémorial de Sainte-Hélène* (t. I, p. 412, édit. de Paris, 1823).

de l'ancienne cour, empressés d'entourer les souverains de la coalition et de les conduire triomphalement à l'hôtel de Talleyrand, rue Saint-Florentin.

Nous avons laissé, le 27 mars, à Saint-Dizier, Napoléon absorbé sur ses cartes de guerre et méditant son plan de diversion. Toutefois, il tint conseil, et voyant ses maréchaux unanimes pour se diriger sur la capitale, il quitta Doulevent le 28, et, passant par Bar-sur-Aube et Vaudœuvres, il arriva à Troyes dans la nuit du 29 avec la garde impériale, qui avait fait quinze lieues tout d'une traite. Elle prit la rive gauche de la Seine, alors silencieuse et déserte. Le 30, l'empereur était à *Villeneuve-la-Guyard*, d'où, quittant ses escadrons de service, il partit seul et à franc étrier pour Fontainebleau. Là, s'étant élancé dans une voiture, il se dirigea vers Paris, et arriva à dix heures du soir à l'auberge de la *Cour de France*, à un relai de distance de la capitale. Les généraux Girardin et Belliard lui ayant appris les évènements, Napoléon retourna à Fontainebleau, et, reprenant le calme nécessaire à sa défense personnelle, il calcula toutes ses ressources et donna les ordres les plus détaillés. Les troupes ralliées entre les rivières d'Yonne et d'Essonne s'élevaient, dit l'historien Bignon, à plus de 60,000 hommes (1);

_____

(1) Jomini dit 50,000 hommes. Le général de Vaudoncourt

c'en était assez pour faire trembler les coalisés et leur faire éviter le risque d'une bataille sous les murs de Paris.

Le gouvernement et la défense sacrée du sol ne résidaient plus que dans l'armée, et c'était parmi les militaires à qui rejoindrait au plus vite son drapeau. Cela ne fut pas facile à tous. En vain le général Allix, qui était campé près de Sens, voulait retenir le colonel Ferry : ce dernier, apprenant que les éclaireurs de la garde stationnaient près de Fontainebleau, partit pour se réunir à ses compagnons d'armes. Ce trajet était à peine d'une demi-journée de marche; mais il offrait de telles difficultés, à cause de la présence des troupes légères de l'ennemi occupant tous les passages, que Ferry essaya de gagner la petite ville de Nemours. Là, il trouva les communications avec la forêt interceptées par d'innombrables partis de cosaques. Comme il s'était muni d'une carte du général Allix, la municipalité lui délivra un billet de logement chez un des principaux habitants, M. Sédillez, inspecteur des écoles de droit et ancien membre du tribunat, son parent du côté de sa femme, et qu'il ne connaissait pas encore (1). Rien ne peut donner l'idée du misé-

---

dit 48,500 fantassins et 21,400 cavaliers; en tout, 69,900 hommes. (Voir t. III, p. 34.) — Thibaudeau (t. VII, p. 1), dit 65,000 hommes.

(1) M. Thiers (*Cons. et Emp.*, t. I, p. 211) parle honora-

rable accoutrement du colonel : sa tête était couverte d'un chapeau de paille usé, une vieille blouse cachait des lambeaux de chemise ; il était sans cravate ; un pantalon de toile, déchiré et couvert de boue, descendait à peine sur ses pieds nus renfermés dans des souliers tout percés. Il était épuisé de fatigue et de faim. On le revêtit des habillements de M. Sédillez, et, lorsqu'il descendit au salon pour remercier ses hôtes, il se nomma, et les témoignages d'affection s'ajoutèrent aux simples prévenances que sa qualité d'officier supérieur de la vieille garde lui avait attirées. Il s'arracha à cette diversion si douce, pour courir de nouveaux hasards. Tous les environs étaient aussi battus par les cosaques ; il fit un détour et gagna la *Chapelle-la-Reine*, par la contrée *des vallées* de la forêt de Fontainebleau, à travers les sables et les rochers ; il arriva la nuit au milieu de sa famille, qui ignorait toutes les vicissitudes par où il avait passé. Les Russes venaient d'évacuer ce bourg à la nouvelle de la marche des Français sur Fontainebleau, et campaient entre la Chapelle et *Ury*, villages contigus. Par suite de leur mission constante d'observer l'ennemi, les éclaireurs de la

---

blement de Sédillez, ami et compatriote du mathématicien Bezout, et cite de lui de remarquables paroles au Corps législatif.

garde étaient en ce moment placés en première ligne devant les Russes. Ferry brûlait du désir de franchir cet intervalle ; mais cela lui fut impossible, toute communication étant interceptée. C'est en ce moment qu'avait lieu la première abdication de l'empereur (1), après sa déchéance proclamée par une fraction du Sénat et du Corps législatif. On ne saurait exprimer l'impression que ressentit à cette nouvelle le brave colonel Ferry. Une fièvre ardente s'empara de lui et l'obséda pendant plusieurs jours. Depuis le commencement de cette campagne de 1814, il ne s'était couché que chez son parent M. Sédillez ; il semblait n'avoir de forces que pour continuer la guerre, et non pour subir un repos si inattendu.

Le poste important d'Essonne, qui couvrait Fontainebleau, avait été confié au duc de Raguse. Tout à coup, le 5 avril avant le jour, il se fit un vide dans cette position, pendant que le maréchal était avec Ney, Macdonald et Caulaincourt, chez le prince de Schwartzenberg, afin de négocier avec lui sur les bases de l'abdication conditionnelle de Napoléon. Le duc de Trévise garnit tout aussitôt la ligne abandonnée, et le général Leval vint la renforcer.

---

(1) En faveur du roi de Rome, et sous la régence de Marie-Louise.

L'Autriche désirait la régence, et l'empereur de Russie était bien ébranlé; mais la défection du 6ᵉ corps changea tout. Talleyrand, avec son intelligence dépravée, mais bien profonde de la situation (1), redoubla ses intrigues près des souverains dont il était l'hôte, et il fit tant qu'ils exigèrent l'abdication absolue.

L'empereur pouvait encore faire une diversion terrible en marchant sur la Loire, en réunissant son armée à celles de Soult (2), de Suchet (3), du prince Eugène (4), en rappelant ses troupes de

---

(1) Bignon, p. 29.

(2) Pendant tout le temps de l'invasion, le duc de Dalmatie maréchal Soult soutint, avec une armée de 50,000 hommes, le choc des nombreuses troupes anglo-espagnoles (100,000 hommes) commandées par Wellington. Il lui livra la bataille d'*Orthez* (27 février), où les pertes furent balancées; le combat de Tarbes (20 mars); la bataille de Toulouse (10 avril), où la victoire resta indécise, et où le maréchal Soult, ignorant les évènements de Paris, tira le dernier coup de canon contre l'étranger. — Quand on blâme Napoléon de n'avoir pas rappelé vers Paris cette armée, celle de Suchet et celle d'Italie, on ne pense pas que ces troupes faisaient une diversion des plus nécessaires en comprimant l'invasion au midi de la France.

(3) L'armée du maréchal Suchet, duc d'Albuféra, se joignit à celle du duc de Dalmatie lorsque, par suite d'une convention avec Napoléon, Ferdinand VII rentra en Espagne, le 24 mars.

(4) Il soutenait en Italie l'honneur de nos armes. En effet,

Belgique (1) : il aurait eu de la sorte plus de 130,000 soldats excellents, et, avec l'aide des populations, il pouvait faire de la France le tombeau des coalisés ; mais la coupe était épuisée, et déjà il ressentait un profond dégoût de la situation ; car l'attitude actuelle de ses maréchaux contrastait avec celle des jours de sa fortune : lui seul était impassible. On le vit passer à Fontainebleau la revue de sa garde, avec ce calme et cette dignité qu'on avait toujours observés en lui au moment de ses plus éclatants triomphes et au milieu des palais des capitales étrangères.

Le 11 mars Napoléon signa son abdication pure et simple, avec une noble résignation que la postérité qualifiera mieux encore quand elle méditera sur une grande infortune préludant aux paroxismes d'une infortune plus profonde encore. L'allocution du 20 avril, connue sous la dénomination d'adieux de Napoléon à sa garde (2), est

---

le 8 février, il avait rejeté le maréchal de Bellegarde de l'autre côté de l'Adige, et lui avait livré la bataille du *Mincio,* où 5,000 Autrichiens avaient été mis hors de combat et 2,000 faits prisonniers. Le prince Eugène repoussa noblement les suggestions de Murat, qui s'était déclaré pour la coalition.

(1) Les opérations du général Maison en Belgique furent heureuses. Il rentra à Lille le 6 avril.

(2) J'étais jeune écolier, et je jouais alors avec les biscaïens ramassés par quelques-uns de mes camarades dans les

saisissante. Jamais la voix de l'empereur n'avait été plus ferme ni plus accentuée ; mais en embrassant le drapeau de la France il fondit en larmes. Quand il partit, ce jour-là même, pour l'île d'Elbe, il ne restait plus auprès de sa personne que le duc de Bassano et une dizaine d'officiers supérieurs. Tout le reste avait disparu, depuis le prince de Neufchâtel jusqu'au mameluk Roustan.

Dans les premiers jours de mai, notre brave armée d'Italie revint parmi nous. Elle avait jeté, en partant, un regard douloureux sur cette antique et noble terre qui allait gémir encore sous le joug et ne devrait que plus tard son indépendance et sa liberté, aux généreux enfants de ceux qui lui faisaient alors un aussi triste adieu. Italie ! Italie ! renais à l'espérance et marche à la victoire sous les aigles d'un illustre chef qui porte dignement l'épée et le nom glorieux de Napoléon (1)!

---

plaines de Bar-sur-Aube et de La Ferté ; mais je n'oublierai jamais le récit de cette scène et de ce discours d'adieu que fit à cette époque, dans ma famille, M. le capitaine Goyard, aujourd'hui juge de paix à Châteauvilain, beau-père de l'éminent général de division du génie M. Frossard.

(1) En 1821, peu de temps avant sa mort, Napoléon parlait des grands desseins qu'il avait sur l'Italie. Il regrettait amèrement de n'en avoir pas fait une monarchie indépendante.

Du jour de la rentrée des Bourbons commença
pour l'armée une série de mesures réactionnaires.
Au lieu de capter sa confiance par des égards si
bien mérités d'ailleurs, on l'affligea dans ses titres
et ses souvenirs de gloire, et jusque dans ses
moyens d'existence : car on fit une réduction considérable dans les pensions militaires (1). On ne
tint pas même avec celui-que le malheur et l'exil
rendaient sacré, les engagements et les stipulations
du traité de Fontainebleau. Napoléon ne reçut
rien, en effet, des deux millions réservés par lui
pour les distribuer à titre de gratifications aux
hommes dévoués à sa mauvaise fortune (2). Les
ci-devant, comme on les appelait alors, et les *ca-
dets de famille* remplacèrent autour du trône dy-
nastique les vieux soldats qui l'auraient mieux
gardé que *les anciens nouveaux-venus.* La petite lettre suivante, écrite de Paris au colonel Ferry le 20 juillet 1814, achèvera, avec ce que je
viens de dire, de caractériser la situation : « Je
désire bien vivement, mon colonel, que la revue de
M. le maréchal Ney vous mette à même d'obtenir

---

(1) Napoléon avait dit, à Fontainebleau : « Il faut qu'on
traite bien l'armée et qu'on ne revienne pas sur le passé. »
Conseils d'un parfait bon sens, dont on ne tint malheureusement aucun compte.

(2) Bignon, p. 67.

ce qui vous est dû et vous a été promis. Il est fort ennuyeux de postuler ici : il y a toujours cent demandeurs pour une place ; et c'est au petit bonheur. On ne voit que gardes du corps ; ils sont tous très vieux ou très jeunes » (1).

Le colonel Ferry et ses éclaireurs avaient été envoyés à Blois ; tous, sous un air martial des plus expressifs, montraient une dignité singulière : on les entendait dire que les évènements avaient été plus forts qu'eux, mais qu'ils n'avaient point été vaincus par l'ennemi. Le colonel avait le droit d'être fier de commander à de tels hommes ; mais cette satisfaction devait bientôt cesser : une ordonnance royale du 12 mai 1814 répartit ces glorieux débris de l'empire dans les régiments de cavalerie de formation nouvelle. Le maréchal Ney fut chargé du licenciement, et ses premières paroles furent qu'on ne laisserait pas longtemps en disponibilité son *noble émule* dans les charges périlleuses du plateau de Craonne. On oublia sans doute la recommandation du prince de la Moskowa, puisque la seule faveur qu'on fit à son protégé fut de le considérer comme colonel du corps royal des cuirassiers de France, en disponibilité et en demi-solde. Ferry avait un modique patri-

---

(1) « Le roi n'aurait dû s'entourer que d'hommes de trente à quarante ans, » a dit judicieusement Jomini, t. IV, p. 610.

moine, ses propriétés avaient été ravagées, ses bâtiments incendiés, et les frais d'équipement des deux dernières campagnes avaient absorbé ses ressources du moment.

Le colonel, malgré ses sympathies et sa profonde admiration pour l'empereur, avait cédé à la force des choses; il avait adhéré au gouvernement de Louis XVIII, ainsi que tous les autres colonels de l'armée, à l'exemple de leurs généraux. Dès ce moment, Ferry se crut irrévocablement lié à la nouvelle cause que le *grand empereur*, ainsi qu'ils le nommaient tous, les engageait à servir (1).

Testot-Ferry fut nommé le 23 août chevalier de Saint-Louis. Il entra dans les gardes du corps avec un grade proportionné à celui qu'il avait dans l'armée. Un mois après, les maréchaux Ney et Marmont se le disputaient pour les fonctions de premier aide de camp : le duc de Raguse obtint

---

(1) Les historiens ont donné plusieurs textes des adieux de Fontainebleau. Bignon a souligné les paroles qu'il croit avoir été ajoutées postérieurement. Le baron Fain me paraît avoir donné le texte dans sa simplicité primitive. On y trouve ces mots : « Je pars : vous, mes amis, continuez de servir la France. » — On lit dans Norvins (*Histoire de Napoléon*, p. 166) : « Soyez fidèles à votre nouveau roi; soyez soumis à vos nouveaux chefs, et n'abandonnez point notre chère patrie. »

du roi la préférence. Le prince de la Moskowa ne voulut pas être vaincu sur ce terrain de cour, et il demanda pour le colonel Ferry le titre de commandant (1) de la Légion-d'Honneur (le 22 décembre).

J'ai souvent entendu mon noble ami exprimer le regret de n'avoir pu assister aux adieux de Fontainebleau. Généreux comme il l'était, il aurait sans doute aspiré à suivre l'empereur : toute la garde, en effet, voulut accompagner Napoléon dans son exil ; mais le conseil des souverains étrangers n'accorda que quatre cents volontaires pris parmi les régiments de la garde impériale, génie, artillerie, cavalerie, grenadiers et chasseurs à cheval. C'était la fleur de l'élite des braves, et l'on peut dire que Napoléon, en quittant la France, ne fut point séparé du cœur de l'armée et de la nation. Je voudrais pouvoir citer les noms de tous ces hommes généreux; mais, fidèle à mon plan, je ne puis mentionner que ceux sur qui j'ai des documents précis et particuliers.

En suivant la hiérarchie des grades, les généraux Bertrand, Cambronne et Drouot furent les premiers agréés comme volontaires de l'exil. Les autres, au nombre de quatre cents, et commandés par Cam-

---

(1) Le mot *commandeur* n'était pas encore usité.

bronne, se mirent en route six jours avant Napoléon,
et n'arrivèrent à l'île d'Elbe que vingt-trois jours
après lui. La maison de l'empereur continua d'être,
sur une échelle réduite, ce qu'elle avait été aux jours
de sa splendeur. Le général Bertrand avait conservé
son titre de grand-maréchal, et le colonel Baillon (1) celui de fourrier du palais. Cette nouvelle

---

(1) Pierre-Quentin-Joseph Baillon est né à *Liancourt-Fosse*
(Somme) en 1776. Volontaire de 1792, il reçut en 1804 la dé-
coration de la Légion-d'Honneur sous le n° d'ordre 452, alors
qu'il appartenait comme sous-officier à la gendarmerie d'élite;
fut nommé fourrier du palais de l'empereur le 1er janvier 1806
et *chevalier de l'empire* le 1er janvier 1812 : le brevet qui lui
conférait cette qualité lui a été donné à *Witepsk* le 5 août
suivant, scellé le 10 septembre, et transcrit sur les registres
du Sénat le 8 janvier 1813. Il reçut en 1814 la croix d'officier de la Légion-d'Honneur, et fut nommé colonel-adjudant
du palais le 15 mai 1815, après le retour de l'île d'Elbe. Il
avait tout quitté, femme, enfants et intérêts privés, afin
d'accompagner l'empereur dans l'exil.

Pendant les premiers jours de cet exil, il n'était question
dans l'île que d'une femme et d'un enfant mystérieux qui
s'étaient, disait-on, montrés un instant sur la plage de *Porto-
Ferrajo*, et qu'on n'avait plus revus; le commandant Baillon leur avait parlé, ajoutait-on, et c'était sans doute Marie-
Louise et le roi de Rome. Cette préoccupation étrange pouvait
s'expliquer par le jeu de l'imagination de ces braves militaires, frappés et attristés eux-mêmes de la douleur de Napoléon, dont la pensée la plus vive était alors naturellement
portée vers la privation de son fils; mais les mieux avisés
egardèrent cette apparition comme réelle, et virent dans *la*

cour de l'empereur à *Porto Ferrajo*, capitale d'une
île de 100 kilomètres de tour et de 15,000 habi-

---

femme mystérieuse la superbe et blonde Polonaise W..., venue du continent sur un bâtiment frété par elle, et avec une
délicieuse créature d'enfant qui, porté sur les bras d'un marin,
lui disait en lui prenant la tète : » Tu es un soldat de papa. »
Une barque s'était détachée du navire et avait amené la belle
Polonaise sur la plage, où Napoléon la reçut sous une tente
près des mines de *Rio*, et la conduisit à Porto-Longone. Il
demeura absent trois ou quatre jours dans la compagnie du
général Bertrand.

Le colonel Baillon a fait toutes les campagnes de l'an I à
l'an VIII de la République, et celle de 1805 ; il s'est trouvé
aux batailles d'Ulm, d'Austerlitz, d'Iéna, d'Eylau, de Friedland et de Wagram ; il a fait la campagne de Russie, où il a
beaucoup souffert et beaucoup perdu ; il a reçu plusieurs blessures dans divers combats. Après la fatale issue de la bataille
de Waterloo, où il assistait, il a accompagné à Rochefort
l'empereur, et ne l'a quitté que près du vaisseau le *Belléro-
phon*. Malgré leurs instances, Savary et le colonel Baillon ne
purent ni l'un ni l'autre obtenir de suivre à l'île Sainte-Hélène l'illustre proscrit. Persécuté, comme beaucoup de ses
compagnons d'armes, sous la Restauration, le colonel Baillon
ne fut réeintégré sur les contrôles de l'armée et confirmé
dans son grade qu'en 1831, sous le roi Louis-Philippe. Le colonel est décédé dans sa soixante-cinquième année à *Houdan*
(Seine-et-Oise), où il a laissé les regrets les plus vifs et les
souvenirs les plus honorables.

Il avait été créé baron sur la fin des Cent-Jours ; mais les
évènements ont fait ajourner indéfiniment la régularisation
du titre.

M. Noisot, capitaine sous-adjudant-major au 1er régiment de
grenadiers d'infanterie de la garde avait connu le colonel Bail-

tants, était donc comme une image fort adoucie
de celle de France, moins les courtisans. Le même

---

lon à l'armée, et s'était lié si intimement avec lui dans la terre
d'exil, que l'on ne peut parler de l'un sans mentionner l'autre.
Toutefois, il m'est interdit de faire l'énumération des importants services militaires de M. Noisot, parce que ce serait
faire son éloge, et qu'il n'est guère d'usage de louer les vivants. Il ne m'empêchera pourtant pas de dire que ses compatriotes l'appellent avec un juste orgueil *le grenadier de l'île
d'Elbe*, et qu'ils admirent la manière dont il a traduit, après
tant d'autres preuves d'attachement, son admiration pour
l'empereur Napoléon Ier, c'est-à-dire en employant une partie
de sa fortune à ériger dans sa pittoresque demeure de *Fixin*
un monument impérissable dû au ciseau de Rude, qui était
un des plus célèbres sculpteurs de notre époque, et que Dijon
a vu naître.

Dans ce magnifique bronze, Napoléon est représenté levant
le suaire qui couvre son cercueil, et qui n'est autre chose que
le manteau d'Austerlitz. D'après la pensée de l'éminent artiste, la mort a été pour le héros le tribut d'un seul moment :
à peine a-t-elle fait sentir ses inévitables atteintes, qu'elle fuit
des lèvres de Napoléon, de ses yeux et de tous ses traits, où
commence à se répandre l'éclat d'une vie immatérielle. L'aigle,
sa chère compagne, s'éteint, et montre une aile traînante;
la redoutable épée qui a fait trembler le monde est enchaî-
née au rocher fatal, et les flots d'une mer lointaine, baignant
le pied du monument, attestent que le héros a comblé dans
un funeste exil la mesure de l'infortune, comme il avait
comblé celle de la gloire.

Honneur au grenadier de l'île d'Elbe et à son ami le célèbre artiste Rude, qui ont légué à la postérité une aussi belle
page de notre immortelle histoire !

cérémonial s'y pratiquait ; des fêtes et des cercles fréquents avaient pour âme la princesse Pauline et la mère de l'empereur ; on s'y rendait de toutes les parties de l'île ; Napoléon y paraissait avec le même naturel que s'il eût été aux Tuileries.

Cependant ses préoccupations étaient profondes. Le mot du duc de Vicence à l'empereur de Russie se réalisait : « les Bourbons, lui avait-il dit, rentrant en France avec des idées rétrogrades, y amèneront indubitablement des révolutions. » En effet, un petit nombre de privilégiés respirant la haine de nos institutions de 1789 et affectant de se reporter plus d'un siècle encore en arrière, barraient la route de l'avenir à la majorité des familles : l'armée peu ménagée se croyait avilie, la tendance rétroactive menaçait de n'avoir plus de limites ; mais un poète nous était né et venu en son temps pour chanter notre gloire et stigmatiser les fureurs des réactions mesquines. Il berçait nos douleurs dans cette pauvre France vouée encore aux révolutions, et les accents du poète traversaient les mers.

L'empereur savait tout ce qui se pratiquait non seulement en France (1), mais au congrès de Vienne, ouvert par les puissances alliées, le 25 sep-

---

(1) M. Fleury de Chaboulon, qui était venu de France, tenait l'empereur au courant de ce qui s'y passait. (*Note de M. Noisot.*)

tembre 1814, pour fixer les bases de la politique
européenne. La France y était humiliée, et la haine
des ministres de la Restauration y poursuivait si
âprement Napoléon lui-même, qu'on y agitait déjà
la question de changer son exil de l'île d'Elbe en
celui de l'île Sainte-Hélène (1). Un Corse opulent,
dévoué à l'empereur, trouvait le moyen de lui faire
parvenir un bulletin hebdomadaire des délibéra-
tions du congrès de Vienne, et ce Corse, dit-on, faisait servir sa villa, placée sur la côte de Toscane, en
face de l'île d'Elbe, à une correspondance par si-
gnaux. La France était en combustion ; l'austère
et loyal Carnot y stigmatisait dans un écrit courageux les écarts dont il était témoin, et vengeait
la dignité de la nation. Enfin, l'empereur vit que
la coupe débordait, et qu'en se montrant en France
il aurait pour allié, selon l'heureuse expression
d'un historien, *l'honneur de la patrie* : le retour
en France fut donc décidé.

Le colonel anglais Campbell croisait avec une
frégate dans la Méditerranée; mais il devint, dit-on,
éperdûment amoureux d'une femme de Livourne,
ville peu distante de la rade de Porto-Ferrajo, et
où il allait fréquemment passer deux jours. L'empereur, qui connaissait cette circonstance, sut ha-

(1) Jomini, t. IV, ch. XXII. — Bignon, t. XIV, *Congrès de
Vienne.*

bilement la mettre à profit : en effet, le 26 février
1815, pendant que la frégate anglaise glissait légèrement vers les côtes de la Toscane, Napoléon
fait au milieu du jour donner à toute sa garde,
l'ordre de se tenir prête pour aller en mer ; les
hommes reçoivent des cartouches et doivent se
munir de tout leur fourniment. Ils croient qu'on les
mène à Naples : les généraux sont seuls dans
la confidence de l'empereur. La vieille garde
s'embarque la première à bord de l'*Inconstant*,
brick de l'empereur, armé de quelques canons;
cinq autres petits bâtiments appareillés, dans la
baie de Porto-Ferrajo, reçoivent un bataillon de
chasseurs corses et les quelques chevau-légers
polonais qui composaient sa modeste cavalerie (1).

---

(1) Par suite de la difficulté de nourrir les chevaux dans sa
nouvelle résidence, l'empereur les avait fait placer à l'île de
Pianosa pour y vivre à l'état de chevaux sauvages. Cette île
était inhabitée, et il y avait une fontaine d'eau douce. L'empereur s'était reposé de ce soin, ainsi que de beaucoup d'autres
plus importants, sur le zèle éclairé de M. *Larabit,* alors officier du génie, aujourd'hui sénateur, après avoir été pendant
vingt ans député de l'Yonne. Elève distingué de l'Ecole polytechnique, neveu du célèbre architecte Soufflot, M. Larabit,
entraîné par son admiration pour l'empereur et par une vive
sympathie pour tant d'infortune, avait quitté à vingt-un ans
une carrière honorablement commencée, un avenir des plus
riants et un riche héritage pour un exil qui semblait devoir
être éternel.

Avec l'éminent M. Larabit, né à Roye (Somme), en 1792,

En tout, un millier d'hommes pour conquérir la France et en expulser le rejeton de la plus vieille dynastie européenne sans verser une goutte de sang !

---

et qui habite une partie de l'année Irancy, département de l'Yonne, où sont ses propriétés, il n'y a plus que trois officiers survivants parmi les braves du glorieux bataillon de l'île d'Elbe.

1° M. le colonel Laborde, né à Carcassonne, aujourd'hui grand-officier de la Légion-d'Honneur, gouverneur du Luxembourg, et alors capitaine adjudant-major (chef de bataillon), officier énergique, intrépide, et homme de cœur dévoué, selon les expressions parfaitement équitables de son compagnon d'armes, M. le capitaine Noisot, alors sous-adjudant-major.

2° M. le colonel Jerzmanowski, grand-officier de la Légion-d'Honneur, chef des Polonais, et commandant alors la place de Porto-Longone, à l'île d'Elbe. Après être entré de bonne heure au service de France, la première bataille à laquelle il prit part fut celle de *Hohenlinden*, et la dernière celle de Waterloo. Voici un renseignement que M. Jerzmanowski me fait l'honneur de me transmettre de Paris, où il demeure :

« L'escadron des lanciers polonais était composé de cinq officiers et cent quatre lanciers, y compris deux mamelouks et quatre chasseurs de la garde. Au départ de l'île d'Elbe, on n'avait embarqué que quatre chevaux pour l'empereur. Au débarquement à Cannes, les lanciers portaient leurs selles sur le dos. J'ai acheté de suite quinze chevaux aux douaniers et gendarmes. Le cinquième jour, tous nos hommes étaient montés. »

3° Et enfin M. le commandant Noisot, officier de la Légion-d'Honneur, né à Auxonne (Côte-d'Or) le 5 septembre 1787, et demeurant aujourd'hui à Fixin, près de Dijon.

Dans la soirée, Napoléon, debout sur un rocher dominant sa demeure, tient son foulard tendu au vent ; mais aucun souffle ne se révèle. Cependant dès la nuit close, et malgré l'immobilité de la mer, la flottille prend le large au signal convenu. En même temps une fête, dont les princesses font les honneurs, donne le change aux habitants de l'île. Pendant le trajet, on bariole le brick impérial de couleurs étrangères. Dans la matinée du 27, la frégate anglaise sembla s'avancer à toutes voiles sur la flottille ; mais elle se contentait de faire coquettement ses évolutions dans les eaux de Livourne loin de l'œil du maître, et elle parut bientôt s'éloigner tout aussi vite. Dans la première impression, l'empereur avait ordonné au lieutenant de vaisseau, M. Sari, de bien observer, et lui criait : « Plus haut, monsieur, montez plus haut. » Cet officier avait répondu que la frégate marchait sur le brick *avec toute sa toile* (1).

Cependant on signale les côtes de France ; Napoléon alors révèle le but de l'expédition ; il jette sur le pont sa cocarde de l'île d'Elbe, et reprend ses couleurs ; toute la flottille l'imite aux cris de : *Vive l'Empereur!* et au son d'une musique guer-

---

(1) En outre, l'empereur ayant cru s'apercevoir qu'on faisait cap sur la Corse, avait ordonné à M. Sari de prendre la barre. (*Note de M. Noisot.*)

rière (1). Napoléon dicte ses proclamations, qui sont copiées en grand nombre et avec transport, pour être distribuées sur le trajet qu'on allait parcourir. La consigne porte d'en donner aux soldats,

---

(1) Quoique fourrier dans la 2ᵉ compagnie des chasseurs à pied du bataillon de l'île d'Elbe, M. Philippe Chanat, né à Beaucaire en 1791, et habitant depuis longtemps Dijon, où il est connu comme artiste et père de famille recommandable, présidait au corps de musique de l'île d'Elbe. Il avait été chargé par l'empereur de se rendre à Gênes afin d'organiser ce corps, et il y avait engagé un chef et des exécutants italiens.

Je transcris ici quelques-uns des principaux souvenirs de M. Chanat : « En voyant les bonnets à poil des grenadiers, l'enfant qui était venu avec la dame mystérieuse s'écria : « Ah ! maman, voici les soldats de papa ! » Sa mère reprit : « Tu te trompes ; tu es prince polonais. » — D'après ce qu'ajoute M. Chanat, je juge que l'empereur fit lui-même répandre le bruit que la dame mystérieuse était partie de l'île d'Elbe le même jour que celui de son arrivée.

Selon M. Chanat, le brick l'*Inconstant* était armé de douze canons; 300 hommes y prirent place avec l'empereur. Il y avait cinq bateaux de transport numérotés. Voici, d'après lui, le nombre des hommes composant l'expédition pour la France :

Vieille garde, moitié grenadiers, moitié chasseurs.	571 hommes.
Cavaliers polonais, artilleurs et marins.	180 —
Flanqueurs et chasseurs corses de diverses nations.	300 —
Ensemble.	1,051 —

Dans l'île on ne se doutait pas du départ, et l'on ne tira

et principalement à ceux qui avaient vu et connu l'empereur. On débarque au golfe Juan, et la renommée grossissant aussitôt les forces dont dispose l'empereur, toutes les garnisons jusqu'à Grenoble se retirent devant une poignée d'hommes qui font vingt lieues par jour. Leur nombre se grossit, et leur marche devient un triomphe de Lyon à Châlon, Auxerre et Fontainebleau, où Napoléon arrive le 20 mars, juste onze mois après qu'il en était parti en emportant la gloire de la France (3).

---

pas un coup de canon pour le signal, ce qui aurait été éventer le secret. Le 26 février 1815, à midi, le bataillon de l'île d'Elbe apprit qu'on allait en mer, mais sans savoir où. On s'est embarqué vers quatre heures et l'on est parti vers neuf heures du soir. Il ne faisait pas le moindre vent, et le capitaine du brick l'*Inconstant* voulait rentrer dans la rade de *Porto-Ferrajo;* mais l'empereur ordonna de remorquer le brick et les petits bâtiments de transport à l'aide de chaloupes à rames.

La traversée fut de deux jours et demi. On arriva au golfe *Juan* vers trois ou quatre heures du soir, le 1er mars.

D'après la récapitulation de M. le commandant Noisot, il y aurait eu à l'île d'Elbe, sans compter les chasseurs corses :

Officiers.	45
Sous-officiers et soldats.	547
Artillerie	38
Chevau-légers polonais	58
Marins.	20
	708

(1) Voici une lettre que M. Noisot, le brave *grenadier* de

L'aigle avait volé de clocher en clocher jusque sur les tours de Notre-Dame.

Il y eut d'éclatantes et nombreuses défections à

---

l'île d'Elbe, et dont je tiens déjà divers autres détails curieux, m'écrivait le 17 juin 1859. Il y a tant de mouvement, de vérité et de cœur dans son récit, que ce serait dommage de ne pas lui donner place dans nos documents historiques :

« Mon cher et très sympathique monsieur Mignard,

« Vous invoquez mes souvenirs depuis le jour de l'abdication du grand empereur à Fontainebleau (mars 1814), en ce qui concerne le bataillon de l'île d'Elbe, souvenirs de quarante-cinq ans : la tâche est difficile, surtout pour un homme qui n'a jamais pris de notes.

« Vous savez que Napoléon s'était réservé, par le traité de 1814, la possession de l'île d'Elbe, avec l'île de la *Pianosa*, deux millions par an qui n'ont pas été payés par Louis XVIII, et un bataillon pris dans toutes les armes de sa vieille garde, c'est-à-dire le noyau d'une petite armée. Le génie était principalement représenté par M. Larabit, aujourd'hui sénateur; il y avait une compagnie d'artillerie, un escadron de chevau-légers, lanciers polonais, et vingt marins; les grenadiers et chasseurs à pied formaient le plus grand nombre. Cette petite armée était commandée par Cambronne; sa formation avait été tout exceptionnelle : le général Drouot s'était jeté au milieu des carrés de tous les régiments de la vieille garde, et avait fait appel aux hommes de bonne volonté... Abnégation complète, plus d'avenir! mais vivre près du grand empereur et le consoler, remplissait de joie le cœur de ces vieux soldats. Où se trouvera-t-il une voix assez généreuse pour apprendre à Napoléon III que quelques-uns de ces vieux serviteurs si dévoués vivent dans la misère?

« Le bataillon, à peine formé, s'est mis en route le 11 avril

la cour des Tuileries, à mesure que la marche de
Napoléon vers Paris faisait des progrès. Je regrette
de ne pas savoir le nom du garde national qui

1814 pour l'île d'Elbe, en passant par Orléans, Briarre, Saint-
Fargeau, Auxerre, Vermanton, où il reçut une ovation dont
cette petite ville garde encore le souvenir, et enfin Chalon,
Lyon, etc. Pendant qu'il traversait cette dernière ville au milieu
des Autrichiens, un des officiers de ces derniers se manqua à
lui-même au point d'insulter le sergent *Crolet*, de l'arrière-
garde. Celui-ci se jeta sur l'*insultant*, lui arracha son épée, la
brisa sur le genou et en jeta les morceaux à ses pieds, au grand
contentement des Lyonnais. L'année suivante, au retour de l'île
d'Elbe, les témoins de cette scène vinrent rapporter au sergent Crolet les débris de l'épée de l'officier autrichien. *Crolet*
n'avait jamais dit un mot de ce fait à ses camarades. Le bataillon continua sa route par Chambéry, le mont Cenis, Turin
et Savone, où il prit la mer. L'empereur l'attendait im-
patiemment, tant il se défiait de la sainte-alliance. Il vint en
rade aussitôt que la flottille lui fut signalée. Porto-Ferrajo
était pavoisé, et un banquet fut offert dans le palais de l'empereur aux quarante-cinq officiers du bataillon.

« L'empereur paraissait éviter tout ce qui aurait pu faire
soupçonner de sa part quelque entreprise aventureuse : ainsi,
il ne s'est jamais présenté au bataillon réuni, et n'a fait aucune revue. Il nous a invités, quelques jours après notre arrivée, à un bal qu'il donnait aux dames de l'île; il a été on
ne peut plus gracieux, et nous demandait volontiers nos noms.
S'attendait-il à en trouver quelques-uns précédés de la particule? — Pas la moindre particule... Du reste, le corps d'officiers était souvent reçu soit chez l'empereur, soit chez la
toute gracieuse princesse Pauline, ou chez Mme Mère. L'empereur fit construire une salle de spectacle où les officiers

fut décoré à Lyon des mains de l'Empereur, pour
avoir eu le courage d'accompagner le comte d'Artois abandonné de tout le monde; j'ai toujours été

jouaient quelquefois la comédie. Il s'occupait beaucoup des
richesses industrielles de l'île, et avait pris en grande estime
M. Pons, de l'Hérault, directeur des riches minerais de fer de
Rio. Il avait acheté une petite maison de campagne à quelques
kilomètres de Porto-Ferrajo, où il allait tous les jours. Le
prince russe Demidoff en est aujourd'hui propriétaire, et l'a
transformée en un musée où figurent quelques reliques de
Napoléon.

« Quant à la dame mystérieuse, voici ce que m'en écrit un
de mes bons amis alors officier supérieur à l'île d'Elbe :

« La dame mystérieuse qui est venue à l'île est la belle Polonaise comtesse W.... Elle était avec son jeune fils Alexandre,
de la race de Napoléon-le-Grand, greffé à Vienne en 1809,
entre la bataille d'Essling et celle de Wagram. A son arrivée
à l'île, on la prenait pour Marie-Louise, faisant avec le roi de
Rome une visite incognito à l'empereur. Cette apparition étant
gênante pour Napoléon, il fit partir la belle comtesse pour
Porto-Longone, où elle passa deux jours.

« Nous avions pris notre parti de vivre et de mourir dans
cette nouvelle patrie, lorsqu'un beau jour nous apprenons que
l'embargo est mis sur le port. Ce jour-là même les invitations
les plus pressantes avaient été faites pour un grand bal chez la
princesse Pauline. Il est ordonné aux officiers et soldats, aussi
brusquement que je le raconte, de prendre les armes à huit
heures du soir. Tout était prêt : le brick l'*Inconstant* et quatre
autres petits bâtiments ou barques de pêcheurs garnies de
voiles. Cependant quelques officiers avaient éventé ce mouvement; le colonel Baillon avait vu l'empereur se promener
seul sur le promontoire dominant la mer, et tenant son fou-

touché de ce trait de grandeur d'âme, qui, place le devoir au-dessus des intérêts privés, mais je ne me sens pas moins saisi d'admiration pour la ma-

---

lard par un coin pour chercher le vent... Pas le moindre signe de brise ! — « Nous partons ce soir, s'écrie le colonel Baillon, le sort en est jeté ! » En effet, un moment de la nuit avait été désigné pour mettre à la voile, et toute la petite armée était d'avance en mer. L'empereur était venu vers neuf heures, accompagné de sa sœur Pauline, et dans la voiture de cette dernière. Toujours pas de vent; mais à peine le coup de canon s'est-il fait entendre et les voiles sont-elles développées, qu'une légère brise les anime. Nous marchons doucement, doucement; mais marche, beau navire, tu conduis le roi des batailles !

« Campbell était en ce moment à Livourne avec sa frégate. Bientôt nous passons en vue de Lucques et le lendemain devant Livourne; alors l'empereur aperçoit un trois-mâts venant sur nous. Il le fait reconnaître : c'est une frégate anglaise paraissant faire force de voiles sur le brick l'*Inconstant*, monté par l'empereur avec son état-major et la plus grande partie des grenadiers. On ordonne un branle-bas, on jette à la mer tous les colis encombrant le pont; deux petites barques, qui étaient amarrées et ralentissaient la marche du brick, sont éventrées. Les autres petits bâtiments suivent de leur mieux. Toutefois, la frégate anglaise ne s'occupait pas de nous: comment, en effet, soupçonner une aussi audacieuse entreprise !

« Quelques heures après, un brick portant pavillon blanc nous arrive en pointe; le capitaine *Andrieux*, qui le commandait, ayant été hélé, il répondit en demandant des nouvelles de l'empereur. — Il va bien, lui fut-il répondu. — A la bonne heure, et tant mieux ! répliqua le capitaine. L'empereur eut

gnanimité du souverain qui récompense un acte
de courage opposé à sa politique. Ainsi, le brave
colonel Testot-Ferry a eu l'estime de l'empereur

---

un moment la pensée d'enlever ou d'entraîner ce brick comme
première épave ; mais, pour ne pas éveiller les soupçons, il
avait d'abord ordonné à ses hommes de se coucher à plat
ventre sur le pont du brick impérial.

« Le temps était beau, et la petite escadrille marchait bon
vent ; l'empereur, après être resté un assez long temps dans
la chambre du capitaine pour rédiger ses fameuses proclamations, était venu sur le pont au milieu de ses officiers,
causant avec eux, et fort calme dans ce moment suprême.
«Qu'aurait fait Votre Majesté, demanda l'un d'eux, si Campbell
cût persisté à rester en rade? — J'aurais brûlé son bâtiment,»
répondit Napoléon. Puis venaient une foule d'anecdotes ra-
contées avec enjoûment par l'empereur. Il parlait du siège
de Toulon et du général Carteaux, qui avait établi de superbes
batteries, disait-il, mais *fabuleusement* distantes de la ville.
Il racontait comment il avait fallu transporter ces pièces d'artillerie au fort *Malbosquet* pour brûler la flotte anglaise. Il se
complaisait aussi à nous faire le portrait de quelques-uns de
ses lieutenants. Marmont était à ses yeux l'officier du génie le
plus accompli dans le cabinet ; mais, malgré sa bravoure,
quand il entendait le canon *il n'y avait plus personne*. Au contraire, le maréchal Lefebvre, disait-il, ne savait ni parler ni
écrire ; mais entendait-il le canon, il devenait presque un homme
de génie. C'était l'Achille moderne, un vrai foudre de guerre.

« Le brave général Bonnaud, ancien payeur de l'armée
d'Italie, était sur le brick l'*Inconstant*. Il demanda à l'empereur l'épaulette pour son protégé *Garcin*, sergent-major d'artillerie. — Faites-le venir, dit l'empereur. Le vieux soldat se
présente. — Combien de service? mon brave. — Sire, j'étais

à un titre encore plus élevé que le garde national de Lyon : car, malgré les avantages assurés d'une haute position, le colonel Ferry se considéra

---

caporal au 4ᵉ d'artillerie. — Qui était ton capitaine ? — Votre Majesté. — Tiens, bois à ma santé, lui dit l'empereur, qui alors déjeûnait sur le pont avec ses généraux; et en même temps il lui met en main sa timballe d'argent pleine d'une bonne rasade. Immédiatement et sur place, en présence de Napoléon, les camarades du vieux soldat lui enlèvent ses épaulettes de laine et les remplacent, en un tour de main, par celles de lieutenant d'artillerie. Je ne sache pas que cette élection populaire, faite sous ses yeux, ait été contredite par l'empereur. Quelques mois après, le brave Garcin était brutalement dégradé par les Bourbons sur la place d'Auxonne. Le général Gourgaud l'a fait réhabiliter en 1830 par le roi Louis-Philippe.

« Tout à coup les côtes de France sont signalées; alors l'empereur, qui n'a pas cessé d'être sur le pont depuis le départ de l'île, détache de son chapeau la cocarde de l'île d'Elbe (centre amaranthe avec trois abeilles; pourtour blanc, drapeau : écu d'argent à la barre de gueule, semée de trois abeilles d'or), et là remplace par l'ancienne cocarde. Aussitôt les pavillons tricolores flottent sur notre escadrille, les tambours battent aux champs, la musique joue l'air : *Veillons au salut de l'empire*. Les cris de : *Vive l'Empereur ! Vive la France !* font vibrer les flots, je crois ! C'est alors que Napoléon nous dit qu'il avait été question entre les souverains de l'enlever de l'île d'Elbe et de le transporter à Sainte-Hélène.

« Antibes est en vue. L'empereur avait fait tâter l'opinion de la garnison de cette place, et il la croyait sympathique à ses vues. Dans cette pensée, il ordonne à cinquante grenadiers et à trois officiers en grande tenue de pénétrer dans Antibes.

comme engagé par le serment qu'il avait prêté à Louis XVIII, et en même temps, il fit violence à toutes ses sympathies pour le grand homme à la

---

Pendant ce temps-là, nous doublions cette ville pour débarquer au golfe Juan, à trois ou quatre cents pas de la route de Grasse à Antibes. La première nouvelle que nous apprenons, c'est la prise de nos cinquante hommes. Personne n'a parlé de ce fâcheux début, qui devait nous préoccuper. Un moment après le débarquement, le général Cambronne amenait au bivouac de l'empereur le prince de *Monaco*, qui rentrait dans ses Etats. Ce prince s'était mal conduit avec Napoléon, et se croyait peu en sûreté : cependant aucune menace ne lui fut faite, et il put revenir paisiblement dans sa principauté en affirmant qu'il avait vu l'empereur, ce à quoi Napoléon tenait beaucoup.

« A minuit, la petite armée se met en route pour *Grasse*, où elle arrive dans la matinée ; elle prend position sur la hauteur dominant la ville. Quelques rares habitants, dont un vieux soldat d'Egypte, viennent à nous. L'empereur ordonne de laisser à Grasse les deux pièces d'artillerie que nous avions amenées, et nous prenons un sentier escarpé pour tendre plus directement à Grenoble. Partant, plus de chevaux, plus de moyens de transport : tout le monde à pied, comme l'empereur, et se dirigeant sur Castellane, Digne, Sistéron, Gap, etc. Toutes les petites garnisons se retirent devant nous jusqu'à Grenoble. Le général Marchand avait fait fermer les portes : elles sont enfoncées et portées à l'empereur par les citoyens. L'aide de camp, aujourd'hui le général Randon, poursuivi par le capitaine Schoulz des Polonais, n'a dû son salut qu'à la vitesse de son cheval. Douze heures après notre entrée à Grenoble le monde entier était en ébullition. »

« *P. S.* — Ce même *Garcin* dont j'ai parlé tout à l'heure,

cause duquel il avait donné tant de fois son sang. Le brave colonel suivit donc à Gand ce roi malheureux et délaissé par tant de personnages qui lui avaient fait de vaines protestations de fidélité. Il resta à ce poste d'honneur jusqu'à ce qu'une réduction opérée dans la maison militaire du roi, par suite de sa détresse, eut rendu au colonel Ferry la faculté de revenir en France. Il était à peine de retour qu'un commandement lui fut offert et ce fut le général Gentil Saint-Alphonse qui le lui proposa de la part de l'Empereur; mais Ferry n'accepta point parce qu'il n'avait pas été délié de son serment de fidélité envers Louis XVIII, et ajouta qu'il servirait son pays dans les rangs de la garde nationale si par malheur l'ennemi venait encore fouler le sol de la France.

---

et qui a été fait officier d'artillerie sur le brick l'*Inconstant*, était un homme vigoureux. A *Waterloo*, il assommait à coups de levier les dragons anglais qui venaient sur ses pièces. Ce brave officier a un fils aujourd'hui capitaine d'artillerie à l'armée d'Italie, et pour gendre M. Dole, professeur à Auxonne.

« Le loyal et probe général Bonnard, qui avait été payeur de l'armée d'Italie, est mort à Paris, où il a laissé deux filles sans fortune.

« Parmi nos compatriotes bourguignons qui avaient suivi l'empereur à l'île d'Elbe, se trouvait au hameau de Darois, près de Dijon, un nommé *Jules,* qui a laissé un fils aujourd'hui garçon de ferme. Il y avait aussi à Echenon, près Saint-Jean-de-Losne, un nommé Jacques Courtois, mort en 1847, laissant une veuve et deux enfants sans ressources. »

Pourtant, la position de notre brave colonel était alors singulièrement difficile : il avait beaucoup souffert dans sa fortune; il avait à soutenir une nombreuse famille, et, par surcroît, sa femme, si bonne qu'on l'appelait la Providence de la contrée, était atteinte d'une cruelle maladie qui ne laissait plus d'espoir. Elle mourut en effet dans l'année (le 25 mars 1816), des suites des nombreuses agitations qu'elle avait éprouvées pendant les campagnes de 1813 et 1814, lorsque son mari lui revenait tout sanglant et couvert de blessures, et surtout lorsqu'il s'exilait volontairement en 1815, préférant, comme un autre Régulus, la foi du serment aux douceurs du foyer domestique.

Pendant toute la durée des Cent-Jours, le colonel était sans solde, et il fut sur le point de demander au travail de ses mains, les ressources nécessaires à la vie. Il s'imposait les plus dures privations, s'abstenait de vin, de feu, et alla jusqu'à vouloir se contenter de pain et d'eau. Combien, à sa place, eussent été découragés, abattus, remplis de désespoir! Mais lui, c'était plus qu'un sage, c'était un chrétien; il s'était fait l'instituteur des ses enfants, et remplissait religieusement cette première tâche que Dieu nous impose. Mais complétons par les paroles de son fils aîné ce tableau imparfait :

« J'ai vu mon père maniant la bêche, et plein

de courage pour supporter avec une pieuse résignation toutes les épreuves auxquelles la Providence
le soumettait. C'est lui qui nous faisait faire nos
prières. Avec quel recueillement il faisait les
siennes! il y puisait certainement la force morale qui le soutint constamment. »

Ferry, malgré ses graves préoccupations nouvelles et les soucis de sa situation, n'en suivait pas
moins avec les plus vives sympathies tous les mouvements de l'armée française ; nous le verrons accablé de douleur à la nouvelle du grand naufrage
de celui qu'il réputait invincible.

Cependant, Napoléon revoyait avec bonheur
près de lui, et parmi ses plus fidèles compagnons
de gloire, le duc de Bassano, qui était rentré dans
la vie privée au retour des Bourbons (1). L'em-

---

(1) Hugues-Bernard *Maret*, duc de Bassano, naquit le
1er mars 1763, à Dijon, où son père, médecin fort distingué,
était secrétaire perpétuel de l'Académie des sciences, arts et
belles-lettres. On verra tout à l'heure comment ce titre se rat-
tache aux vicissitudes de la vie de notre éminent personnage.

Il s'appliqua d'abord aux mathématiques, et fut l'émule
d'un autre illustre Dijonnais, Carnot, jusque dans l'éloge du
maréchal de Vauban, proposé en 1780 par l'Académie bourguignonne.

A cette époque, la vie de famille semblait renfermer la
première condition du bonheur. Un mariage avait éloigné la
sœur de Maret de la maison paternelle ; un frère aîné (Philibert) en était également sorti pour se mettre à même d'occu-

pereur travailla avec lui seize heures par jour, pendant plus de deux mois, afin de créer la défense du
sol français, et de raffermir l'autorité impériale à

---

per un poste dans le génie civil. Bernard Maret, voyant ce
vide cruel autour de ses bons parents, changea la direction de
ses études dans le seul but de rester au pays natal. Il laissa là
les sciences physiques et mathématiques, dans lesquelles il
faisait pourtant les progrès les plus recommandables, et il se
consacra exclusivement au droit à l'Université de Dijon, où
il prit en effet tous ses grades, et fut reçu avocat au Parlement. L'étude des belles-lettres faisait en même temps ses délices, et il y débuta par la composition d'un poème en deux
chants sur la bataille de Rocroy, accueilli avec des témoignages flatteurs par le prince de Condé. Ce premier succès et
d'autres plus réels encore firent, à une autre époque, recevoir Maret à l'*Athénée* de Paris, société académique très en
vogue alors, et où il fut présenté par Buffon, Lacépède et
Condorcet. Il quitta donc aussi sa famille et son pays, malgré
lui-même, et pour obéir à sa destinée. En effet, le comte *de
Vergennes* lui avait donné le conseil de venir à Paris afin d'y
suivre le cours du droit des gens professé par *Bouchaud* au
Collège de France. Comment résister aux bons avis d'une personne d'un esprit distingué et d'un rang supérieur, quand
cette personne s'intéresse vivement à un jeune compatriote
auquel d'heureuses dispositions et un excellent naturel ga-
rantissent l'avenir!
Bientôt la Révolution lança le jeune Maret dans une véritable arène de droit public, avec un bien autre succès que les
théories de l'école. Sa rare perspicacité lui fit comprendre
qu'à cette époque de régénération politique et civile le vrai
champ d'études était la tribune du *logographe*. Il alla donc
s'installer à Versailles, et suivit avec ardeur toutes les séances

l'intérieur. Il ne fallait pas attendre que les contingents de l'Europe entière liguée contre nous, et
qui s'élevèrent à un million d'hommes répartis en

---

des Etats généraux transformés en *Assemblée constituante*. Il revint à Paris lorsqu'elle y fut transférée, et les notes de Maret,
rédigées par lui seul sous le titre de *Bulletin de l'Assemblée
nationale*, ayant attiré l'attention des Mirabeau, des Clermont-
Tonnerre et autres orateurs alors en renom, il se décida, sur
leurs instances, à imprimer chaque jour ses bulletins des
séances. Cet exposé de droit vivant et pratique, présenté dans
sa ferveur, eut la plus grande vogue, et commença la réputation du *Moniteur*, lorsque ce journal, alors à son début, unit
sa fortune à celle du Bulletin de l'Assemblée nationale. La rédaction de ce bulletin, véritable modèle de clarté et de précision, exigea de notre laborieux jeune homme dix-huit heures
de travail par jour pendant près de trois années.

A l'époque de la clôture de l'Assemblée constituante, Maret
rencontra Bonaparte au petit *hôtel de l'Union*, rue Saint-
Thomas-du-Louvre, où ils logeaient tous deux. La fortune ne
s'était encore révélée ni à l'un ni à l'autre, et peut-être fa-
vorisait-elle un peu plus en ce moment le futur Mécène, car
il put offrir l'aide de sa bourse au futur César.

Il était bien juste que toutes les voies de la diplomatie
s'ouvrissent devant un travailleur consciencieux et renommé
comme l'était alors Maret : aussi le ministre des relations extérieures, *Lebrun*, l'attira-t-il près de lui et lui confia-t-il plusieurs missions importantes, délicates et conciliatrices, soit à
Hambourg, soit à Bruxelles, soit à Londres, où le célèbre Pitt
le distingua. Le ministre *Desforgues* l'envoya en 1793 en Italie, où il eut à subir un bien déloyal traitement de la part de
l'Autriche. De cette mission, si elle n'eût été indignement traversée, devait pourtant résulter la délivrance de l'infortunée

sept armées, fussent prêts. Le 12 juin Napoléon entrait en campagne dans la Belgique avec 167,000 combattants, pendant que le général Lamarque

---

Marie-Antoinette et de ses enfants! En effet, les vrais républicains d'alors, ceux qui tenaient à leur considération en France et parmi les étrangers, ne faisaient aucun doute que si Naples, Venise et Florence, alors nos seuls alliés, demandaient pour prix de leur alliance la sûreté des princesses, la Convention ne s'empressât d'accéder à cet ultimatum généreux. En conséquence de ces vues honorables, *Sémonville*, alors ambassadeur à Constantinople, et Maret, furent nommés ministres plénipotentiaires à Naples. Ils étaient en route afin de remplir cette noble mission, lorsque, par une violation flagrante du droit des gens, ils furent arrêtés par des émissaires autrichiens à *Novale*, sur un terrain neutre. Quelques dangereux ultra-révolutionnaires de Paris avaient sans doute éventé le secret de la démarche de ces deux hommes de cœur. Maret a raconté lui-même, dans une lettre à un ami, les circonstances de sa captivité. Sa plume élégante et animée ajoute à cet épisode dramatique tout le coloris dont il est susceptible. Ce que je vais dire sera bien succinct et bien pâle à côté de son récit.

Les deux plénipotentiaires furent garottés et conduits à la prison de *Gravedona*, où ils demeurèrent attachés chacun à part à une longue chaîne nuit et jour. Peu après (le 24 juillet 1793), on les transféra à Mantoue, au vieux palais ducal, dans un milieu méphitique qui engendra pour Maret une longue et cruelle maladie nerveuse pendant laquelle le sommeil fuyait obstinément ses paupières. Sa forte constitution put seule chasser la mort.

Cicéron a résumé dans d'éclatantes périodes les avantages des lettres; mais il a oublié leur meilleur attribut, je veux

allait contenir la Vendée avec 25,000 soldats. En
se hâtant ainsi, on devait surprendre l'armée
prussienne et l'empêcher de faire sa jonction avec

---

dire le privilège d'attendrir les geôliers des plus affreuses
prisons. En effet, l'Académie de Mantoue, qui s'était appa-
rentée à celle de Dijon, s'émut au récit des souffrances du
jeune Maret, fils de l'académicien bourguignon mort sept
ans auparavant, mais dont le souvenir était en honneur
parmi ses confrères de Mantoue, et particulièrement dans
l'esprit du *chancelier*, le professeur Castellani. Ce corps savant commença par adoucir le sort des pauvres captifs au
moyen d'influences de toutes sortes ; il fit des démarches près
du gouverneur, et il alla jusqu'à envoyer des commissaires
à Vienne, d'ou arriva enfin l'ordre de conduire les prisonniers dans la forteresse de *Kuffstein*, en Tyrol. Leurs compagnons d'infortune laissés au palais ducal de Mantoue ne vé-
curent pas six mois.

On ne peut retenir son émotion au tableau que, dans sa
correspondance, faisait Maret de l'expansion subite de son
âme à l'air libre, à la vue d'un beau lac, d'un ciel pur, et au
milieu de belles campagnes embaumées par la vigne en fleur:
cependant le sang ruisselait d'un de ses poignets comprimé par
un anneau de fer trop étroit. Le fils du bon docteur *Pozzi*,
de Milan, le fit alors délivrer de cette barbare étreinte. Les
deux prisonniers furent mis à Kuffstein dans deux cellules de
huit pieds de long sur six de large; ils étaient séparés l'un de
l'autre par une cellule intermédiaire. Un bloc de marbre reçut leurs chaînes laissées désormais inertes comme un simple
signe de captivité. Une fenêtre grillée, ayant son jour sur un
beau site animé par le cours de la rivière d'Inn, éclairait
chaque cellule. L'aspect continuel d'une nature riante et l'u-
sage de la pipe ranimaient les pauvres prisonniers. Les songes

l'armée *anglo-batave*; mais le général Bourmont, avec deux officiers supérieurs, passèrent à l'ennemi dans la journée du 14, et avertirent Blücher de

---

seuls pouvaient les transporter au doux pays de France; mais, hélas! comment donner ce nom à un pays secoué alors jusque dans ses fondements par la plus horrible des fièvres révolutionnaires!

Les captifs sont ingénieux : Maret essaya de chanter pour se mettre en rapport avec Sémonville : rien. Ce dernier traîna la chaise de son lit à sa table pendant plusieurs soirs : rien. Maret inventa des signes auriculaires à l'aide du manche de son balai projeté de différentes façons contre la muraille. Sémonville comprit enfin, et ils eurent un alphabet de convention. Le commandant de la forteresse, officier d'artillerie aussi spirituel qu'instruit, les laissa faire par humanité. Maret, à l'aide du feu de son poêle et d'une petite fiole qui avait renfermé de l'huile, trouva moyen de faire de l'encre avec un peu de vinaigre, avec des parcelles de fer détachées de sa porte et quelques atômes du principe astringent des feuilles de thé qu'on lui servait fréquemment. Un tuyau de plume de poulet prise dans son traversin, taillé on ne sait comment avec une pierre à fusil, et monté sur un brin de balai, lui donna de quoi remuer le monde. Il avait eu soin de mettre de côté toutes sortes de petits carrés de papier qui enveloppaient les choses à son usage journalier, des feuilles d'almanach, celles d'un livre, d'autres ayant servi à envelopper des fruits ou des fleurs provenant des attentions délicates et réitérées de la famille du commandant, etc. La prose usant trop de papier, Maret écrivit des vers. Il composa une comédie en cinq actes, intitulée : *l'Infaillible.* Il préludait ainsi, sans le savoir, à ses titres d'admission à l'Académie française, laquelle lui ouvrit ses portes le 23 mars 1803, en remplace-

l'approche de Napoléon et de son plan de campagne. Honte à cette félonie !

La campagne s'annonça par la victoire de Fleu-

---

ment de Saint-Lambert. Maret et Sémonville ne virent cesser leur captivité que le jour où la fille de Louis XVI, rendue elle-même à la liberté, sortit de France. Ils reçurent une ovation au Conseil des Cinq-Cents le 22 nivôse an IV (1796), et un arrêté du Directoire déclara que *tous deux avaient honoré le nom français par leur constance et leur courage.* Ils avaient passé vingt-deux mois dans leur dernière prison.

Nos succès en Italie avaient imposé à la fière Angleterre, et elle avait envoyé en France, le 4 juillet 1797, *lord Malmesbury* pour entamer des négociations pacifiques. Le ministre anglais entra en pourparlers à Lille avec Maret, « lequel conduisit l'affaire à merveille, dit Jomini (*Vie polit. et milit. de Nap.*, t. I, p. 226), grâce à sa modération et à ses antécédents. » La paix se traitait en même temps à *Campo-Formio* avec l'Allemagne, d'où il suivit que des relations diplomatiques des plus importantes s'établirent entre les plénipotentiaires qui avaient mission de négocier pour les deux puissances. Ce fut alors surtout que le général Bonaparte remarqua l'esprit supérieur et éminemment conciliant de Maret, et conçut une si grande estime pour son caractère, qu'il résolut dès lors de s'attacher Maret par les liens de la confiance, et de le mettre au rang de ses plus intimes conseillers.

Dès le surlendemain du 18 *brumaire*, Bonaparte, qui n'oubliait pas les hommes éminents, fit nommer Maret secrétaire général des consuls, poste érigé depuis en ministère sous la dénomination de *secrétairerie d'Etat.* Dans ces importantes attributions, et avec la science approfondie du droit, Maret acquit un coup d'œil et une pénétration politique des plus rares. Il ne fallut pas longtemps au premier consul pour ap-

rus (le 15 juin); mais elle fut achetée par la perte d'un brave général, celle de Letort, au moment où, à la tête des escadrons de la vieille garde, il

---

précier de nouveau l'aptitude, la probité et la facilité de travail de son digne favori. Aussi ne s'en sépara-t-il plus, ni aux époques de sa puissance, ni à celles de son déclin; il le trouvait même à ses côtés sur les champs de bataille. « Eh quoi! on ne peut tirer un coup de canon que vous ne vouliez en avoir votre part, lui disait-il en Espagne à *Sommo-Sierra*.» Il fallait au souverain le plus infatigable et qui a plus travaillé dans sa vie que tous les souverains d'une longue dynastie pris ensemble, un ministre qui lui ressemblât pour l'activité, pour la science des hommes et de l'administration, et pour l'aptitude aux détails. Il lui fallait, enfin, un ministre consciencieux et ferme, et Napoléon l'en avait prévenu par ces mots : « Je suis un homme à qui l'on peut tout dire. » Ces genres de mérites divers et nécessaires se trouvaient réunis dans le duc de Bassano. Il avait ce que possèdent assez généralement les Bourguignons, et ce qui distinguait son compatriote Carnot au degré le plus honorable, c'est-à-dire la fermeté des principes et des opinions. Maret avait joint à ces qualités essentielles une aménité de mœurs et un esprit serviable que ses compatriotes, aussi bien que les étrangers, admiraient en lui. Rien n'était calme et pacifique comme sa figure; elle l'aurait justifié de toute calomnie en face d'ennemis candides et de bonne foi, s'il en existe de cette nature.

Maret prit toujours part aux évènements diplomatiques. Il rédigea les diverses constitutions destinées par l'empereur au grand-duché de Varsovie, à l'Espagne et à la Westphalie. Il facilita à *Schœnbrunn* les négociations enveloppées de subtilités et de détours de la part des plénipotentiaires allemands. Pendant son séjour à Vienne en 1805, loin de rien faire paraître

culbutait les carrés du général prussien Pirch.

Le lendemain 16, Blücher laissait 20,000 hommes et 40 pièces de canon sur le champ de bataille

---

de ses cruels souvenirs de *Mantoue* et de *Kuffstein*, il se montra bienveillant pour l'Autriche. Tant de réserve et de magnanimité honore le caractère de Maret. La part active qu'il eut alors à la paix fut récompensée par les insignes du grand-cordon de la Légion-d'Honneur. En 1809, il rédigea dans le même esprit le traité de pacification avec cette puissance alors profondément humiliée, et sut si bien se concilier le comte de Bubna et le prince de Lichstenstein, qu'il leva tous les obstacles apportés à cette paix nouvelle. L'empereur reconnut encore cet éclatant service en conférant à Maret, le 15 août 1809, le titre de duc de Bassano. Ce dignitaire fut le premier auquel Napoléon s'ouvrit de son dessein d'épouser Marie-Louise, et le conseiller intime prit la plus grande part à cette négociation si bien combinée pour faire tomber les éternelles défiances de l'Autriche.

En avril 1811 il fut nommé ministre des relations extérieures, et fit alors tout au monde pour prévenir la rupture de la France avec la Russie. On a surtout remarqué son éminent esprit de conciliation dans ses rapports avec le prince de Kourakin, ambassadeur de Russie. Il serait étrange, en vérité, qu'un ministre fidèle, veillant à toute heure et de tous ses regards pour dépister les menées des traîtres et des sycophantes, eût échappé aux coups de ces insidieux personnages. Il serait tout aussi étrange d'accepter à notre époque la moindre impression des infâmes coteries du mal qui multipliaient alors les échos du mensonge et de la calomnie autour de l'empereur. Ce coupable manège avait pour but de lui faire prendre le change sur ses vrais amis, sur ceux, en un mot, qui ne séparaient point les intérêts de la France de ceux de

de Ligny. 57,000 Français luttèrent contre toute
l'armée prussienne, forte de 96,000 combattants.
Ce fut une des batailles les plus meurtrières de

Napoléon. Le duc de Bassano était un de ces amis sincères de
son pays, et le plus empressé de tous à faire chaudement
prévaloir la politique de la paix et avec le plus de loyale liberté dans d'intimes discussions avec l'empereur. Le baron
Fain (*Mémoires de 1814,* p. 9) a délicatement caractérisé
cette phase de la vie militante du duc de Bassano par ces
paroles : « Distingué par son mérite non moins que par son
intégrité, le duc de Bassano joignait à une fidélité incorrup-
tible l'heureux talent d'ôter à la vérité ce qu'elle avait de de-
sagréable, sans jamais la déguiser. »

En 1813, les ennemis du duc de Bassano l'accusèrent de
pousser Napoléon à maintenir la guerre. Eh bien! il fit tout
l'opposé, ainsi que le témoigne une lettre écrite par lui le
8 mai à l'empereur au sujet de la victoire de *Lutzen.* Dans
cette lettre il le conjurait de faire la paix, en lui montrant qu'au
moment où ses alliés l'abandonnaient, il s'exposerait, en ne
profitant pas d'un retour de fortune, à se voir imposer plus
tard des conditions qui coûteraient beaucoup plus cher à sa
gloire et à la France. On l'accusa d'avoir donné à l'empereur
d'infidèles exposés tant sur les ressources de l'empire que sur
notre situation à l'égard des puissances étrangères. Or, quant
au premier point, c'est tout au plus ce qu'aurait pu pratiquer sous les Mérovingiens l'ambitieux ministre d'un roi
fainéant; quant au second point, toutes les dépêches des ambassadeurs passaient sous les yeux de Napoléon, suivant un
usage invariablement observé pendant tout son règne; de plus,
il dictait lui-même ses réponses et conférait avec les ambassadeurs étrangers. Soumettre ainsi aux prétendus actes tor-
tueux de son conseiller le génie d'un souverain qui démêlait

cette époque pour l'ennemi, tandis que, d'après les rapports officiels, notre perte ne s'éleva pas à 7,000 hommes. L'attaque du village de Saint-

---

tout et qui avait horreur de l'intrigue, c'est une accusation saugrenue : encore, si l'on veut supposer au duc de Bassano un intérêt personnel, il n'y avait que la paix, la paix seule, qui pût bien établir la gloire et la fortune de ce ministre. Ici le vraisemblable s'accorde avec le vrai.

Depuis les désastres de Russie, les ennemis de Napoléon conspiraient contre lui dans l'ombre ; après Leipsik, ils ne gardèrent plus aucune mesure. Or, le plus grand obstacle pour les conspirateurs, c'était le duc de Bassano, toujours en éveil dans son ministère des relations extérieures, observant et agissant sans cesse, tenant les fils de toute chose, et ayant des agents actifs jusque dans l'entourage des souverains étrangers. Comme on ne pouvait ni le séduire ni entamer sa fidélité, on résolut de le perdre dans l'opinion, afin que l'opinion réagît sur l'empereur lui-même. C'était facile : le vœu pour la paix étant universel, on accusa audacieusement le duc de Bassano d'avoir été et d'être encore un opposant perpétuel à cette paix ; alors tous les moyens, tous les échos, toutes les coteries entrèrent en jeu. Talleyrand, le plus dangereux ennemi de l'empire, eut le talent d'avoir pour complice de cette audacieuse calomnie le chef de la police : qu'on juge du progrès de son odieuse tentative ! Bientôt l'entourage de l'empereur lui fit comprendre que, fondé ou non, le motif de l'accusation avait pris tant de consistance, qu'il fallait changer son ministre des relations extérieures, dont la vie même courait de graves dangers. L'empereur, en cédant à la pression de cette force occulte et infernale, voulut montrer que le duc de Bassano conservait toute sa confiance. Il l'investit du ministère de la secrétairerie d'Etat, et voulut lui confier sur-le-

Amand par le général Vandamme, ouvrit le feu.

Le passage suivant extrait d'un journal militaire autrichien (1819, VIᵉ cahier, p. 202), donne

---

champ les deux négociations les plus importantes et les plus difficiles de l'époque, c'est-à-dire celle du retour de Ferdinand en Espagne et de Pie VII à Rome. Napoléon ne fut pas longtemps à s'apercevoir que les ennemis du duc de Bassano étaient les siens. A plusieurs reprises, au milieu des discussions les plus solennelles, entouré d'une foule de grands dignitaires, et en face de Talleyrand, il faisait à l'improviste l'éloge des actes et du dévoûment du duc de Bassano, et flétrissait à brûle-pourpoint les menées de ses ennemis.

A Troyes, le 4 février 1814, le duc de Bassano conjurait Napoléon de céder ce qu'il n'était plus possible de défendre et ce que son courage ne pouvait reconquérir. Alors Napoléon répondit : « Eh bien! prenez *carte blanche*, signez la paix à Châtillon, mais n'attendez pas que je dicte moi-même ma propre humiliation. » — Dans un long entretien qui dura presque toute la nuit du 4 au 5 février, le duc de Bassano avait fortifié l'empereur dans ses résolutions de faire la paix, et il écrivit au duc de Vicence, alors plénipotentiaire au congrès de Châtillon, une lettre bien connue qui se terminait par ces mots significatifs : « Sa Majesté vous donne *carte blanche* pour conduire les négociations à une heureuse issue, sauver la capitale et éviter une bataille où seraient exposées les dernières espérances de la nation. » Un pouvoir si étendu effraya le duc de Vicence. On sait ses perplexités, ses hésitations, et l'on connaît tout aussi bien les dispositions plus insidieuses que pacifiques des plénipotentiaires étrangers. Je n'y reviendrai pas ici; mon seul but est de montrer les efforts réitérés du duc de Bassano pour ranimer jusqu'aux dernières lueurs de la paix. Au château de Surville, près de Montereau, alors

une idée de l'acharnement des deux partis : « On combattait dans les rues du village à coup de crosse et de baïonnette. On s'attaquait homme à homme

---

que Napoléon voyait avec enivrement fuir les coalisés vaincus, le duc de Bassano conjurait l'empereur de ne se point laisser éblouir par ces nouveaux retours de fortune. Que pouvait faire de plus ce conseiller fidèle? Le reste dépendait du prince, lequel, en tout temps, demande toujours plus d'obéissance que de conseil, au dire judicieux de Duclos.

Le duc de Bassano, aussi fidèle à son maître aux jours de l'infortune que pendant ceux de la prospérité, reçut les adieux de Napoléon au moment même du départ pour l'île d'Elbe, le 20 avril 1814. Hélas! le héros du siècle et de tous les siècles passés était en ce moment dans un complet abandon.

Comme le duc de Bassano n'a prêté dans toute sa vie qu'un serment, il reprit sans arrière-pensée et avec une conscience calme et heureuse sa première position près de l'empereur au retour de l'île d'Elbe, et ne le quitta ni après Waterloo, ni à l'Elysée, ni à la Malmaison, ni pendant les dernières heures de son séjour en France. Il faut renoncer à décrire les angoisses de leurs suprêmes adieux.

Après les Cent-Jours, Talleyrand ressaisit la victime de sa haine. Il fit comprendre le duc de Bassano dans l'ordonnance de proscription de juillet 1815, et réussit à le faire rayer de la liste de l'Académie française. L'illustre proscrit fut une seconde fois livré à l'Autriche après une attaque de nuit et une violation de son domicile près de Genève. Il fut conduit à Gratz et à Goritz; mais on y honora sa personne et son caractère, ce à quoi ne s'attendait point son implacable persécuteur. On accorda au duc la faculté d'aller dans divers lieux

avec toute la fureur de la haine personnelle. Il
semblait, dit un témoin oculaire, que chacun eût
rencontré dans son adversaire un ennemi mortel
et se réjouît de trouver le moment de sa vengeance.
On ne demandait pas de quartier. » Jomini rapporte que l'armée prussienne était tellement dé-
moralisée, que si on l'eût poursuivie dans la nuit
on l'aurait détruite tout entière.

Le même jour, l'aîle gauche de l'armée fran-

---

de son choix ; il habita successivement Trieste et Padoue, et
ne rentra en France qu'en 1820.

Disons-le à la louange des illustres contemporains dijonnais
de cette mémorable époque, ils n'ont pas fait mentir le pro-
verbe de *francs Bourguignons*. Carnot a été aussi fidèle à son
serment pour la république que le duc de Bassano l'a été à son
unique serment pour l'empire ; l'un et l'autre n'ont jamais eu
qu'une seule ligne de conduite et la même fermeté de caractère.

En 1830, l'Académie des sciences morales et politiques re-
vendiqua le duc de Bassano. Il fut aussi nommé pair de
France, et en 1834 ministre de l'intérieur avec la présidence
du conseil. Il mourut à Paris le 16 mai 1839. Il avait épousé
sa cousine, Mlle Lejéas, fille du maire de Dijon, et qui était
remarquable autant par sa beauté que par la grâce et la distinction de son esprit. L'aîné des enfants issus de ce mariage porte noblement le titre de son père, et occupe aujourd'hui une des charges les plus élevées de l'Etat. Il est
filleul de Napoléon ; son proche parent, M. Alfred Lejéas,
remplit en ce moment avec un zèle digne d'éloges les fonctions dévouées de premier adjoint du maire de la ville de
Dijon.

çaise forte de 38,000 hommes, commandée par le
maréchal Ney, fut moins heureuse contre l'armée
anglo-batave, à la journée de la ferme des *Quatre
Bras*. L'occupation stratégique de ce point était de
la plus haute importance, parce que l'on séparait
les deux armées ennemies. Or, le maréchal avait
négligé de s'y porter, malgré l'ordre réitéré de
l'empereur. Dans cette journée le prince Jérôme
se comporta avec une rare intrépidité : le bois
Bossu fut disputé avec acharnement par la division
placée sous ses ordres. La perte de l'ennemi fut un
peu plus forte que la nôtre; il perdit 5,000 hommes et nous 4,000, mais la possession des *Quatre-
bras* lui fut assurée. Le 18 juin, l'armée française
forte de 96,000 hommes (Vaud., t. IV, p. 9), se
trouva en présence de l'armée anglo-batave, forte
de 116,000 combattants; mais Napoléon engagea en réalité la BATAILLE avec 66,000 hommes
seulement : car le général Grouchy s'obstina à
rester inerte près de Wavre avec ses 30,000 hommes à trois lieues du champ de bataille de Waterloo, malgré la protestation de ses généraux divi-
sionnaires. Il avait été placé là, en effet, pour tenir en échec l'armée de Blücher ; mais ce dernier,
ayant laissé un de ses corps d'armée devant Grouchy, passa la Dyle à Wavre, et vint tout à coup
sur le soir, renforcer l'armée de Wellington, de
82,000 hommes de troupes fraîches. (Id., 76.) La

bataille avait commencé un peu avant midi; la division du prince Jérôme, fière de ses succès de la veille, s'empara dès le commencement de l'action d'une partie du bois de *Goumon*; la défense fut très vive et l'ennemi perdit là beaucoup de monde; le prince Jérôme fut blessé au bras, mais ne voulut pas quitter le champ de bataille. Le plateau du mont Saint-Jean était la position importante; aussi fut-il attaqué par nos troupes avec une énergie sans exemple. L'empereur y dirigea lui-même les feux de son artillerie. Là, le maréchal Ney se montra terrible par son entraînante intrépidité; les cuirassiers de Milhaud, ceux de Kellermann, et la cavalerie légère de la garde, firent d'épouvantables trouées dans les carrés anglais. On dit qu'au spectacle de cette lutte gigantesque, de grosses larmes roulèrent sur les joues de Wellington qui désespérait du sort de son armée si la nuit ou les prussiens de Blücher ne lui venaient en aide. Hélas! des larmes bien autrement amères nous étaient réservées! « A huit heures du soir dit l'historien Bignon, deux corps prussiens arrivèrent de Wavre à marche forcée. Lobau, qui luttait à *Planchenoit* avec 15,000 hommes contre 60,000, fut enfin accablé par Bulow et Pirch réunis. »

La victoire nous fut arrachée aux dernières lueurs du jour, et lorsque l'armée anglo-batave, mise dans le plus grand désordre commençait sa retraite. L'attaque de flanc opérée par Blücher rompit nos colonnes que la cavalerie prussienne acheva de disperser. Nous perdîmes 25,000 hommes, dont 7,000 prisonniers seulement. Toute la garde impériale voulut mourir, et l'on fit violence à l'empereur pour l'éloigner du centre d'un carré où la mort moissonnait les derniers défenseurs de la patrie (1).

L'armée française ne put se rallier que quelques jours après à Laon. Le prince Jérôme y ramena 25,000 hommes et cinquante pièces de canon ; les 30,000 hommes de Grouchy se trouvaient intacts par suite de son inaction ; l'armée du Rhin était composée de 20,000 soldats aguerris. On pouvait mobiliser de suite 150,000 gardes nationaux, et c'était une force immédiate de 225,000 hommes à opposer à l'ennemi pour couvrir la capitale ; mais la France était divisée en deux partis et, il suffisait de la perte d'une grande bataille pour donner une immense prépondérance à l'un de ces partis. Ce qu'il y avait, en effet, de plus désastreux, c'était la situation de notre politique inté-

---

(1) Le carré où s'était jeté Napoléon pour mourir avec sa garde, était d'un millier d'hommes composés de chasseurs à pied commandés par le colonel Duringue. Auprès de l'empereur se trouvaient quelques officiers d'état-major. Le capitaine adjudant-major Noisot faisait partie de cette noble phalange.

rieure. Aussi les évènements marchèrent-ils avec une effrayante rapidité.

On fit halte près de Rocroy et on tint conseil. Napoléon, depuis que le sort lui devenait contraire, ne suivait plus son impulsion personnelle, et aidait en cela à sa mauvaise fortune. L'avis le plus extraordinaire ou le plus généreux en apparence est toujours celui qui triomphe dans un moment de crise : ainsi, le général Labédoyère dit qu'il fallait aller au milieu des représentants de la France délibérer avec eux sur la situation, et offrir, comme Philippe-Auguste, la couronne au plus digne. Un des généraux mieux avisé, parla de l'impression défavorable que ferait l'abandon de l'armée. C'était l'opinion de l'empereur ; mais la majorité l'emporta et Napoléon se mit en route pour Paris, tout en protestant contre la démarche qu'on lui faisait faire. Il arriva le 21 juin à l'Elysée et tint conseil avec ses ministres. Là il fut assiégé d'avis divergents, et l'on délibérait lorsqu'il aurait fallu agir. Pendant ce temps-là, l'assemblée des représentants, enhardie par cette inaction, prenait une attitude hostile et se déclarait en permanence. Fouché, qui trahissait la cause impériale, avait insinué que l'intention de Napoléon était de dissoudre la Chambre, et de remplacer par une dictature la monarchie constitutionnelle. Il fit répandre le bruit que le ministre de la guerre avait fait donner l'ordre aux troupes de marcher sur le Corps Législatif. Inventer des conspirations, c'est conspirer soi-même ; et, en effet, Fouché trompa tout le monde pour arriver à ses fins.

A l'Elysée, Regnault de Saint-Jean d'Angely conseilla l'abdication ; mais Carnot fut d'un avis opposé, et Napoléon le voyant fondre en larmes à la pensée que la France allait être exposée sans chef et sans appui à tous les périls de l'anarchie, dit à l'illustre Carnot cette belle et profonde parole du cœur : « Je vous ai connu trop tard. » Carnot répliqua qu'il fallait déclarer la patrie en danger, appeler les fédérés et les gardes nationales, défendre d'abord Paris, et enfin se retirer derrière la Loire : c'était l'opinion la plus sensée ; mais il faut bien le remarquer à l'honneur de Napoléon, il ne voulut point flétrir sa mémoire du poids d'une guerre civile tentée à son profit. Il abdiqua, et c'était la seconde fois qu'il ne voulait pas ressaisir la couronne au prix du malheur de la France. Le 23 juin, un gouvernement provisoire fut installé ; l'empereur se retira à la Malmaison, où, à la place de Joséphine, qui était morte de douleur (29 avril 1814), il ne trouva plus qu'un tombeau.

Quel triomphe pour les ennemis de la France ! mais quel triomphe plus grand encore pour les

coalisés, de n'avoir plus à rencontrer entre eux et
nous la puissante épée de celui dont la gloire ne
s'était point séparée, puisque la fatale responsabilité des évènements pesait sur un seul des lieutenants de l'empereur!

Le 29 juin au soir, Blücher, toujours affamé
d'initiative, se présentait devant Paris à plus de dix
heures de marche en avant de l'armée anglaise. Il
avait tout au plus 50,000 hommes, et le maréchal
Davout pouvait, avec des forces bien supérieures,
le faire repentir de sa témérité. Cette faute inouïe
du généralissime prussien fut aperçue de toute
l'armée française ; mais les principaux chefs, fa-
tigués de gloire, avaient perdu tout ressort. Que
faire lorsque l'âme s'engourdit au moment même
où le corps tout entier bouillonne d'un reste inutile de chaleur et d'énergie ? Déjà l'ennemi fondait
sa confiance sur l'anarchie qui dévorait en ce moment le cœur de la France ; il était enhardi par
la trahison et les intelligences dans Paris, facilitées
par Fouché. Il faut bien qu'il en fût ainsi pour
que Blücher eût hasardé, avec si peu de monde,
un mouvement de la rive droite à la rive gauche
de la Seine en étendant et dispersant ses corps
d'armée (1). On dit que quelques-uns de nos sol-

_____

(1) Si vers deux heures du matin l'armée française eût attaqué *Bulow*, elle n'aurait eu affaire qu'à ce corps seul; celui

dats brisèrent leurs armes lorsqu'ils virent les Prussiens les braver aussi impunément. Le 1er juillet, la capitulation fut décidée dans un conseil extraordinaire où figuraient de glorieux noms que je n'ai pas le courage de mentionner ; mais je cite avec fierté notre illustre Bourguignon Carnot (1), parce que lui seul s'opposa à ce honteux

---

de *Ziethen* était engagé en colonnes de marche dans la vallée de Montmorency ; celui de *Thielman* approchait de Saint-Germain. Dans une situation semblable, ces trois corps pouvaient être détruits l'un après l'autre. (De Vaud., t. IV, p. 231.)

(1) Déjà plusieurs fois, dans cet ouvrage, j'ai parlé de l'illustre Bourguignon Carnot ; j'ai dit le lieu et l'époque de sa naissance. Il ne me reste plus qu'à rassembler ici les faits essentiels de sa biographie, afin de le montrer sous son véritable jour, c'est-à-dire sous celui d'un républicain austère qui aurait pu naître aussi bien à Rome du temps de *Publicola* que parmi les républicains d'une probité à toute épreuve et des plus illustres de nos annales modernes.

Son père, mort en 1797, exerçait noblement la profession d'avocat, tout en présidant lui-même à la première éducation de ses enfants. Il en avait eu dix-huit de dame Marguerite Pothier, morte en 1788. Fécondité et prospérité s'allient, dit-on ; les enfants de cette belle famille n'ont pas fait mentir l'adage. Deux ont été lieutenants généraux des armées. Un autre (Joseph-François-Claude) a siégé pendant trente-quatre ans à la Cour de cassation ; il est mort en 1835 membre de l'Institut et de l'Académie de Dijon ; il a laissé plusieurs commentaires sur les Codes pénal et d'instruction criminelle. Un quatrième a été procureur général près la Cour criminelle

traité. On se battit encore pour la forme à Sèvres et à Issy le 2 et le 3 juillet. Le 7, les Prussiens entrèrent dans Paris, qu'ils frappèrent d'une con-

---

de Chalon-sur-Saône. Un cinquième a occupé un poste important dans l'administration des domaines. Un autre, enfin, a été pendant vingt-quatre ans maire de Nolay. Je ne puis passer sous silence l'aînée des sœurs, vertueuse et respectable dame qui a été pendant cinquante-deux ans supérieure de la maison de charité ou hospice civil de Nolay.

L'enfance du jeune Lazare Carnot va nous révéler l'illustre Carnot de l'âge mûr. Il avait à peine dix ans lorsque sa mère le conduisit pour la première fois au spectacle à Dijon. Le théâtre représentait des évolutions de troupes, une citadelle et un combat. Au beau milieu du spectacle, l'enfant s'écria que l'artillerie était mal placée, et désigna du geste et de la voix une éminence où il prétendait qu'il aurait fallu la poster pour attaquer la place. Jugez de la gaîté de la salle et de l'embarras des parents! Le jeune Carnot annonçait ainsi d'avance le glorieux défenseur d'Anvers et l'émule de Vauban. Sur la fin de ses études au petit séminaire d'Autun (établissement renommé alors pour l'enseignement de la philosophie), il fut le héros d'une anecdote qui dénotait de bonne heure l'esprit de fermeté et d'indépendance dont il a donné tant de preuves. Il était d'usage en philosophie de soutenir une thèse publique en latin contre tout auditeur bénévole; cependant, pour affermir l'élève contre un choc quelque peu redoutable, on plaçait à ses côtés son professeur. Or, le jeune Carnot signifia qu'il ne monterait pas en chaire si on lui donnait un *souffleur*. On lutta le plus possible; mais il fallut se soumettre à cette étrange volonté pour ne pas faire d'esclandre en public. Chose plus étrange encore! une femme aussi modeste qu'instruite et spirituelle (Mme Lhomme) vint argumenter en latin

tribution de cent millions, pendant que notre armée était dissoute par ordonnance royale. Malgré
cette ordonnance, l'armée du Rhin soutint encore

---

contre le jeune Carnot. On ne dit point qu'il perdit la partie;
mais, assurément, il aurait eu mauvaise grâce de la gagner.
Je saisis l'occasion de faire remarquer que les parents de Carnot n'ont jamais eu l'intention de le faire entrer dans les ordres
sacrés, quoi qu'en ait dit la duchesse d'Abrantès dans ses
Mémoires.

A l'école de Mézières, où il avait pour professeur le célèbre
bourguignon Monge, le jeune Carnot obtint dès l'âge de dix-
huit ans l'épaulette de lieutenant en second, et deux ans après
(1773) celle de lieutenant en premier du génie dans le service
des places. Il avait tout étudié, jusqu'à la théologie. Ses camarades l'appelaient *un original*; ne l'est pas qui veut. Il
avait pour tout le monde un fond d'indulgence qui modifiait
avec bonheur son inébranlable fermeté dans les principes et
dans les choses; et l'on comprendra mieux son humeur et
son caractère réel lorsqu'on saura qu'il n'avait pas dédaigné
de mêler le goût de la poésie à ses fortes études : en
effet, l'*Almanach des Muses* a laissé des traces de ce doux
loisir du jeune Carnot. Alors les études littéraires étaient en
honneur : aussi rien ne manquait aux hommes distingués de
cette époque dans l'ensemble heureux qui constitue le mérite véritable.

En 1784, à trente-un ans, Carnot obtint à l'Académie de
Dijon le prix pour l'éloge de Vauban : le prince Henri de
Prusse assistait à la séance, présidée par le prince de Condé.
Dans le cours de l'année, un officier général censura avec
amertume certain passage relatif à la théorie des fortifications; mais Carnot répondit à cette incartade avec une modération, un tact et une délicatesse qui désarmèrent la cri-

pendant quelque temps l'honneur de nos armes, ainsi que la petite armée du Jura commandée par Suchet.

---

tique. En 1791, lorsqu'il était en garnison à Saint-Omer, il y épousa Mlle Dupont, fille d'un administrateur militaire. Cette même année il fut nommé député à l'Assemblée législative. Pendant que quelques hommes déshonoraient par leurs égarements le Comité de salut public, Carnot y avait pris place pour organiser la victoire, selon l'expression heureuse et vraie de Bourdon de l'Oise. Toutes les opérations décisives de nos belles campagnes sur le Rhin sont l'œuvre de Carnot. La principale cause de nos revers précédents était dans la confusion des ordres et des plans. Afin d'y remédier, Carnot, s'enfermant seize heures par jour dans son cabinet, et méditant sans relâche, réformait les marches décousues, combinait les mouvements d'ensemble, indiquait les ressources. Il était bien secondé dans ce gigantesque travail, qui porta un instant sur quatorze armées, par son compatriote Petiet, ministre de la guerre, lequel avait le génie de Carnot en grande estime.

L'excuse de plusieurs hommes pendant un des moments les plus difficiles de la grande époque qu'ils traversaient se trouve dans ces paroles d'un illustre conventionnel : « Tout pays en révolution est une voiture dont les chevaux ont pris le mors aux dents ; vouloir arrêter les chevaux, c'est courir de gaîté de cœur à une catastrophe ; celui qui saute de la voiture s'expose à être broyé sous les roues ; le mieux est de s'abandonner au mouvement en fermant les yeux : ainsi ai-je fait. » Carnot n'était pas un homme de parti ; son intervention a sauvé une foule de malheureux ; et d'ailleurs il dirigeait les armées, où se concentraient tous les sentiments généreux pendant qu'une anarchie furibonde régnait à l'intérieur. Il ne se contenta point de conduire les armées, du fond de son cabinet ; il reçut glorieusement le baptême du feu en

Au milieu de ces évènements, Napoléon, emportant toute la renommée de la France, allait offrir à l'Angleterre la plus belle occasion qui ait été ja-

---

emportant d'assaut la ville de *Furnes*, gardée par les Anglais, et en triomphant des Autrichiens à la bataille de *Wattignies*.

Quatorze départements envoyèrent Carnot à la législature qui remplaça la Convention en 1795. Il fit partie du Directoire exécutif avec Barras, Rewbell, Barthélemy et Laréveillère; mais Carnot, pour me servir d'une expression de M. Thiers (*Révolution française*) n'avait jamais aimé la tourbe des révolutionnaires turbulents. Il détestait Barras, qui s'intitulait roi de *la canaille,* tout en vivant comme un sybarite et en faisant étalage de luxe et de plaisirs. L'austérité de Carnot était avec raison blessée de ce scandaleux contraste; puis, quelle estime et quelle confiance pouvait-il accorder à cet homme dangereux qui avait un pied dans tous les partis! Carnot ne pouvait donc manquer d'être proscrit au coup d'État du 18 fructidor, œuvre du satrape Barras. Il le fut, en effet, avec son collègue Barthélemy qu'on mena au Temple; mais Carnot s'évada du Luxembourg par une porte dérobée, et alla se réfugier à Genève. Chose étrange et par laquelle on apprend que l'Institut peut quelquefois être accessible aux passions du dehors, Carnot y subit un ostracisme comme un autre Aristide, et il y fut remplacé par le général Bonaparte. Il va sans dire qu'après le 18 brumaire, le général Bonaparte s'empressa de rappeler Carnot et de lui rendre son titre à l'Institut. Il le nomma de plus inspecteur aux revues, et, quelque temps après, lui confia le portefeuille de la guerre. Ce fut sous ce ministre éminent, plein de vigueur et d'énergie, que les armées françaises triomphèrent à *Marengo* et à *Hohenlinden.* Remarquons, en passant, qu'à deux époques mémorables

mais donnée à une grande nation d'être généreuse
et magnanime. Elle préféra celui de l'abus de la

---

deux Bourguignons eurent beaucoup de part à l'organisation
de nos armées en Italie, l'un en 1800, l'autre en 1859.

Aucune des œuvres mathématiques de Carnot n'a vieilli,
tant il creusait profondément et au cœur de la science. Son
Théorème sur les pertes des forces est encore aujourd'hui dans
les mains de tous les ingénieurs. Il a déjà rendu et rendra, a
dit l'illustre Arago, d'incontestables services à l'art et à l'industrie. En 1799, Carnot donnait au monde savant ses *Réflexions sur la métaphysique du calcul infinitésimal.* « On n'y
a pas encore assez pensé, ajoute Arago, quoique la question
ait souvent depuis provoqué les réflexions et les recherches
des plus grands géomètres de l'Europe. »

En 1802, Carnot accepta le titre de tribun, dans la pensée
que ce titre ce mettrait à même de s'élever contre toute tendance absolutiste. Il protesta contre la création de l'empire, et
repoussa la fortune qui venait à lui, car Napoléon lui avait dit
un jour, en le congédiant, ces paroles laconiques : « Adieu,
M. Carnot : tout ce que vous voudrez, quand vous voudrez et
comme vous voudrez. » L'austère Carnot rentra bénévole-
ment dans la vie privée, et, décidé à mettre tous ses loisirs
au profit de la science, il alla se réfugier dans sa petite maison de campagne près d'Etampes. Là, il écrivit son traité de
la *Géométrie de position.* Ce livre, dit Arago, est l'origine
et la base du progrès que la géométrie a fait depuis trente
ans en France et en Allemagne. L'illustre géomètre bourguignon élabora aussi, dans sa studieuse retraite, son *Système
des fortifications.* Il y proscrit les citadelles comme pouvant
foudroyer les villes et les soumettre au seul caprice de la
force, et il substitue les feux courbes à l'emploi des feux di-
rects. C'est tout une nouvelle voie qui tendrait à rendre les
moyens de défense aussi efficaces que les moyens d'attaque.

force, celui de la haine et de la vengeance, et la vindicte de l'histoire.

___

La liste des ouvrages de Carnot est considérable; on en compte vingt-deux, dont l'exacte énumération est donnée dans la *Galerie bourguignonne* de MM. Ch. Muteau et J. Garnier, t. I, p. 164.

Carnot, qui s'était constamment tenu à l'écart pendant la prospérité de Napoléon, lui offrit magnanimement son épée dès qu'il vit la France en danger. Aucun historien n'a manqué de reproduire la lettre patriotique et touchante de ce noble citoyen (24 janvier 1814), ni cette réponse de l'empereur : « Dès que Carnot offre ses services, il sera fidèle au poste que je lui confierai; je le nomme gouverneur d'Anvers. » On sait avec quel héroïsme Carnot a répondu à cet appel. Il ne put atteindre la forteresse que le 2 février, et encore à travers les bivouacs de l'ennemi, qui leva le siège après trois jours de bombardement. Dans le même temps, Bernadotte ayant voulu détourner Carnot de son devoir, en reçut une lettre qui dispense de tout commentaire. La voici :

« Prince,

« C'est au nom du gouvernement français que je commande dans la place d'Anvers. Lui seul a le droit de fixer le terme de mes fonctions : aussitôt que le gouvernement sera définitivement et incontestablement établi sur ses nouvelles bases, je m'empresserai d'exécuter ses ordres. Cette résolution ne peut manquer d'obtenir l'approbation d'un prince né français et qui connait si bien les lois que l'honneur prescrit. »

Carnot dédaigna jusqu'au bout les honneurs dont les hommes sont si follement idolâtres. Pendant les Cent-Jours, lorsqu'il était ministre de l'intérieur, il décacheta une lettre qu'on venait de lui apporter au milieu d'un cercle de quelques amis : «Ah! s'écria-t-il, me voila *comte de l'empire!* C'est ma

Le 11 août, un bâtiment anglais, le *Northumberland*, sortit du canal de la Manche. Lorsqu'il fut à la hauteur du cap de Gascogne, point le plus avancé en mer et par conséquent le plus visible de notre terre de France, l'illustre captif s'écria :

---

démission qu'on veut sans doute. Eh bien! je ne prendrai pas ce diplôme, quelques instances qu'on me fasse. Soyez certains, Messieurs, que Carnot ne restera pas longtemps ministre après que les ennemis auront été repoussés. »

Dans les premiers jours de la deuxième restauration, il fut proscrit, comme le duc de Bassano, par l'influence de Talleyrand; mais le jour même, et comme une éclatante protestation (24 juillet 1815), il reçut un sauf-conduit de l'empereur Alexandre. Il se rendit à Varsovie, où le grand-duc Constantin lui fit l'accueil le plus honorable. Dans ce même lieu d'exil, le général Krasinski fit les plus grandes instances à Carnot pour lui faire accepter un majorat de 8,000 fr. de rente. Les loges maçonniques établirent une souscription dont le produit fut considérable; mais Carnot refusa tout, jusqu'à l'offre faite par un Français, pauvre lui-même, établi à Varsovie depuis longues années, et qui vint un matin lui apporter dans un sac le fruit des épargnes de toute sa vie. Le climat de la Pologne étant trop âpre pour sa santé, l'illustre proscrit alla s'établir à *Magdebourg*, en Prusse, où il passa ses dernières années dans la méditation et dans la compagnie d'un de ses fils, dont il dirigeait l'éducation. Il y mourut le 2 août 1823, à l'âge de soixante-dix ans. Son fils, dont il vient d'être question, a été membre de la Chambre des députés sous le règne de Louis-Philippe et ministre de l'instruction publique et des cultes en 1848. Puissé-je n'avoir pas été à ses yeux trop inférieur à la tâche que je me suis prescrite de reproduire en toute vérité une biographie qui doit lui être chère!

« Salut, terre des braves ! adieu chère France !
Quelques traîtres de moins, et tu serais encore la
maîtresse du monde. ». Soixante-six jours après,
le 16 octobre, commençait le long martyre du
plus illustre des hommes dont l'histoire ait à nous
entretenir. Ce qui a été dit de Prométhée n'est
point un mythe. Il était réservé à Napoléon de
le prouver. Lui-même avait dérobé au ciel le
feu du génie ; il était condamné à mourir sur un
rocher perdu au milieu des mers tropicales, et
l'affreux vautour qui lui rongeait le cœur s'était
abattu de la Tour de Londres à Sainte-Hélène
sous le nom de sir Hudson Lowe.

L'armée eut aussi sa grande victime, qui avait
passé à travers le feu de toutes les batailles de
l'empire pour être immolée sous le gouvernement
de celui qui s'était dit *un Français de plus*. Et
pourtant, combien d'autres avaient abandonné le
le roi fugitif au 20 mars, et étaient revenus près
de lui en courtisans. On fit à ces empressés du
lendemain un accueil qui aurait appartenu à
meilleur titre à ceux dont la loyauté n'avait
point failli. Or, cette dernière qualité, si essen-
tielle autour du pouvoir, est presque toujours sa-
crifiée, attendu que l'intrigue ronge les trônes
plus encore que les moindres maisons.

Dans la nouvelle cour revenue aux Tuileries,
le duc de Berry, soit par politique, soit par sym-

pathie réelle, recherchait les militaires de l'ancienne armée; il honorait particulièrement le colonel Ferry, dont la conduite avait été si noble et si pure. Le croirait-on? le colonel ne profita de cette faveur que pour faire améliorer la position d'un grand nombre de ses frères d'armes et liquider les pensions de retraite de quelques vieux légionnaires nécessiteux, ou pour rendre des services d'un autre genre à des personnes investies de fonctions civiles. On ne prenait que trop littéralement au mot son abnégation personnelle; et quoiqu'il eût contribué de son zèle et de son intelligence à l'organisation de l'armée nouvelle, et notamment de la garde royale, qui fut constituée en grande partie des éléments de l'ancienne garde impériale, il ne demanda rien, et resta classé comme colonel au corps royal d'état-major, en conservant la charge de premier aide de camp du duc de Raguse; toujours modeste et toujours étranger à l'intrigue, il attendait patiemment qu'on lui rendît justice, et disait qu'un militaire digne de ce nom doit avoir bien plus en vue le bien du service que l'avancement.

Plus les sympathies personnelles du colonel Ferry le mettaient en lutte avec lui-même, et plus il faut admirer sa conduite depuis la première restauration des Bourbons. En effet, pendant la campagne qui se termina par le désastre de Waterloo, le colonel Ferry souffrait visiblement de ne pouvoir partager les périls et le dévoûment de ses anciens compagnons d'armes; d'une part, dans cet instant suprême, sa patrie éplorée, l'honneur national humilié, les nobles instincts militaires réveillés chez tous, et, d'autre part, le devoir sacré de la foi jurée, étaient comme autant d'images vives passant et repassant dans l'âme du vieux guerrier. On l'entendit se plaindre avec amertume de l'abaissement de la France, et rappeler avec feu et avec orgueil les époques de gloire. Toutefois il a pu, dans ses derniers jours, voir le drapeau français (1) glorieusement porté par le successeur de celui qui dictait la loi au monde, et je sais que son âme en a tressailli de joie.

Le colonel repassait souvent dans sa mémoire les plans que Napoléon avait conçus dans la profondeur de son génie stratégique; mais il considérait comme le spectacle le plus imposant qui puisse être donné aux hommes la contemplation d'un héros supérieur à ceux de tous les siècles, un jour par son indicible grandeur, le lendemain par le profond abîme de son infortune. Il semble que, selon la pente de son âme chrétienne, le vieux guerrier admirât plus encore le grand

_____

(1) Dans la guerre de Crimée.

homme aux prises avec l'adversité (1) que lorsqu'il l'avait vu si souvent couvert de gloire après
cinquante batailles rangées.

Après le 5 mai 1821, jour plus néfaste pour
l'Angleterre que pour nous, à cause de sa déloyauté envers Napoléon, le colonel Ferry disait
que le rocher de Sainte-Hélène avait été comme
un de ces sanctuaires antiques d'où la profonde sagesse d'un homme sacré par le malheur envoyait
des oracles au monde ; il regardait les jugements
de Napoléon sur les personnes et sur les choses
comme des sentences sans appel, et l'énoncé

---

(1) Une des cruelles préoccupations de l'empereur était de
se voir à jamais séparé de son fils. Il aimait Racine, et disait
que la tragédie d'*Andromaque* est la pièce des pères malheureux. Le souvenir de son pays natal, sentiment si vif chez
tous les hommes, l'assiégeait sur son roc meurtrier : « Quels
souvenirs la Corse m'a laissés ! disait-il au docteur Antomar-
chi. Je jouis encore de ses sites, de ses montagnes ; je la
foule, je la reconnais à l'odeur qu'elle exhale ! La patrie ! la
patrie !... Si Sainte-Hélène était la France, je me plairais sur
cet affreux rocher ! Hélas ! où est la France ? où est son riant
climat ? Si je pouvais respirer au moins un peu d'air qui ait
touché cet heureux pays ! » D'autres fois il s'animait au récit
de ses campagnes, et il lui échappait, dit un historien, des
éclairs de génie semblables à ceux qui jaillissent d'un horizon
enflammé. L'affreux geôlier de Napoléon consentit à l'inter-
peler par le nom de *patient* à la place de la qualité d'empereur refusée par les Anglais, et de celle de général refusée
par les Français.

de ses opinions sur les affaires comme le tes-
tament politique de l'Europe. Tacite, disait-il,
n'a pas de crayon qui nous dessine, comme l'a fait
Napoléon, Alexandre débutant avec l'âme de Tra-
jan, et finissant avec le cœur de Néron et les
mœurs d'Héliogabale (1); César commençant par
une jeunesse oisive et vicieuse, et montrant enfin
le caractère le plus aimable de l'histoire (2)! Où
trouvera-t-on mieux définie la diversité de mérite
de nos grands capitaines modernes, tels que Fré-
déric et Turenne, par exemple? La seule gloire
de législateur, laquelle appartient à Napoléon
comme aux Lycurgue, aux Solon et aux Numa,
aurait suffi pour l'immortaliser; mais cette gloire
se confond avec une infinité d'autres dans l'éclatante auréole de son génie universel. L'antiquité
n'a pas fourni de plus belle parole que celle où
il exprime ainsi l'insuffisance de toute œuvre humaine : « La morale publique est le complément
naturel des lois. » — Ses travaux d'art, d'industrie,
et de communication de peuple à peuple ont été
innombrables et souvent même gigantesques; il a
créé l'ordre et l'unité dans l'administration et a
donné d'impérissables bases à l'enseignement; les
Ecoles normale et polytechnique, le Conservatoire

---

(1) *Mémorial de Sainte-Hélène.*
(2) Ibid.

des arts et métiers, l'uniformité du système métrique, le cadastre etc., toutes ces grandes institutions lui doivent leur existence ou leurs progrès. Les lettres avaient eu infiniment de part aux sympathies de Napoléon, lequel, dans ses causeries intimes de Sainte-Hélène, disait avec profondeur et esprit que la France doit à Corneille une partie de ses belles actions. L'illustre captif ne pouvait se lasser d'admirer Homère, parce qu'il trouvait, disait-il, en lui le poète, l'orateur, l'historien, le législateur, le géographe, le théologien et le peintre de la nature tout ensemble. A-t-on jamais donné une plus belle ni une plus exacte définition d'Homère? C'était aussi placer le plus puissant levier de l'humanité dans les lettres mêmes (1). Une des satisfactions les plus vives de Napoléon dans son retour sur lui-même à Sainte-Hélène, c'était d'avoir récompensé tous les mérites et d'avoir reculé les limites de toutes les gloires. La religion lui devait sa réintégration manifeste en France, et elle a assisté à ses derniers moments.

---

(1) Les hommes de génie se rencontrent. M. de Lamartine a dit tout récemment : « Que le mécanicien préfère la machine, je le veux bien ; mais que le philosophe, le poète, le politique, le spiritualiste préfèrent sans comparaison l'*Iliade*, je suis de la religion du philosophe, du poète, du politique, du spiritualiste. Honneur et profit au mécanicien, mais culte au poète ! Voilà le mot de la vérité. »

L'adversité avait tellement grandi Napoléon à ses propres yeux, qu'il avouait lui-même qu'elle aurait manqué à sa carrière. Une vue aussi profonde ne pouvait venir que d'une âme chrétienne ; mais jamais torture morale, plus inusitée, plus cruelle, plus lente a-t-elle assiégé le cœur d'un martyr de l'Eglise! On avoue que non, et l'on est saisi de l'émotion la plus vive en voyant Napoléon sanctifier son dernier soupir près d'un ministre de Dieu (1). Celui qui avait été traité comme le roi des rois en 1812, à Dresde, au centre de l'Europe, mourait sur un rocher désert dans le sein du seul véritable roi.

Il semblait que la mort de ce grand homme mît plus à l'aise la politique de la cour ; l'émotion que cet évènement causait à tous les militaires de l'empire était considérée comme séditieuse, et on les écarta plus que jamais du service et de l'avancement. Ce fut surtout à l'avènement de Charles X que cette mesure, ainsi que bien d'autres, dépassèrent les bornes. Elle atteignit le colonel Ferry en 1826, époque à laquelle il fut mis en non activité avec le grade de *maréchal de camp*, titre qui équivaut aujourd'hui à celui de général de brigade. Il n'avait pas sollicité sa retraite, et se vit frappé par l'arrêté ministériel qui ne lui permettait plus de

---

(1) L'abbé Vignali.

servir son pays. Il n'avait alors que cinquante-quatre ans et était plein de force physique et de vigueur d'esprit. La mesure dont il était une des victimes lui causa d'autant plus de peine, qu'en vertu de promesses faites et surtout de l'éclat de ses anciens services, il était en droit de se croire dans les plus favorables conditions possibles d'avancement ; mais tout était changé ! il fallait faire place aux courtisans nouveaux, qui allaient perdre une troisième fois la dynastie des Bourbons.

Le général Ferry, en quittant le service, emporta l'estime de l'armée. Ses compagnons d'armes de toutes les victoires de l'empire lui avaient décerné le titre de *chevalier sans peur et sans reproche* (1). On ne se trompe guère dans l'armée ni dans le peuple sur le véritable caractère de celui qu'on observe sans prévention. Une femme de beaucoup d'esprit, dont les titres littéraires sont trop estimables pour que je n'en parle pas un peu plus loin (2), disait du général Ferry : *c'est un preux*. On ne pouvait, ce me semble, ajouter une épithète plus juste à celle du baptême des camps. En effet, la foi la plus vive, la résignation chrétienne la plus édifiante, l'honneur le plus sévère

(1) Il avait cela de commun avec le brave général Saint-Hilaire, un des héros d'Eckmühl.

(2) Mme la comtesse Victorine de Chastenay.

et la courtoisie la plus pure ont toujours présidé
aux actes de sa vie.

A dater du mois de décembre 1826 le général Ferry cessa de se produire. Il fit ses adieux au
duc de Raguse, qui, trois ans plus tard, se trouva
placé au milieu de circonstances fatales et quitta
la France pour n'y plus occuper qu'un tombeau
après vingt-deux ans d'exil. Le général Ferry eut
le triste privilège de se réunir à quelques anciens
compagnons d'armes pour assister aux honneurs
funèbres qui furent rendus au duc de Raguse, à
Châtillon-sur-Seine, son pays natal (1).

---

(1) Le duc de Raguse donne dans ses Mémoires les détails les
plus complets sur son origine. D'autre part, M. Lapérouse a
écrit sur Marmont une notice biographique qui laisse peu à
désirer. Je dois donc me borner ici à quelques détails inconnus encore. D'ailleurs, le maréchal a été mis en scène par
moi-même dans mon exposé général des évènements militaires. Il me restera donc peu de chose à en dire dans cette
note, qui va se retrancher aux deux limites extrêmes de la vie
du duc de Raguse.

Il est né en 1774, à Châtillon-sur-Seine (Côte-d'Or), dans la
maison de Calvi, rue de l'Orme, maison que je connais d'autant
mieux que je l'ai habitée moi-même, et il est mort à Venise le
3 mars 1852.

Il s'était lié avec Bonaparte lorsque ce dernier était sous-
lieutenant d'artillerie à Auxonne. Dans le même temps, Marmont achevait à Dijon ses études mathématiques. Les deux
officiers d'artillerie se retrouvèrent au siège de Toulon. Les
talents militaires de Bonaparte l'ayant fait remarquer, on lui

Marmont avait beaucoup négligé les intérêts de son premier aide de camp Ferry, à une époque que j'ai précisée plus haut; mais ce dernier était

---

donna un commandement dans l'artillerie du corps d'armée qui avait pour mission de réduire la Vendée. Il vint alors passer trois jours dans la famille de Marmont. C'est là que Bonaparte vit pour la première fois une charmante jeune fille qui devait un jour ajouter l'illustration dans les lettres au prestige de la naissance. Pendant son séjour à Châtillon, Bonaparte, attentif à la gloire et aux reflets scintillants de son étoile qu'il voyait luire à l'horizon, n'était rien moins qu'aimable; car il demanda avec assez peu de ménagement à Mlle Victorine de Chastenay, dont la famille était étroitement liée avec celle du père de Marmont, si ce dernier l'aimait toujours. On peut juger de l'embarras de l'aimable jeune fille, laquelle se prit à rougir beaucoup et à dire que personne ne lui avait jamais fait une telle confidence. On prétend que la spirituelle Mme Victorine, devenue depuis chanoinesse, admira toujours plus en Napoléon l'homme de génie qu'elle n'eut de sympathie pour le souverain. Elle avait eu en cela un point de ressemblance avec Mme de Staël, bien autrement maltraitée un peu plus tard que cette première dame, il faut en convenir. C'était bien la peine de rester trois jours à Châtillon, chez un vieux gentilhomme, pour se faire rayer d'un commandement par suite d'un retard de vingt-quatre heures à se rendre à son poste. En effet, Bonaparte se trouva, comme on dit, *sur le pavé de la capitale*, et usa de la bourse de Marmont en attendant la fortune, qui se plaisait, dans son caprice, à exercer la patience de son favori.

Un peu plus tard, en 1795, Bonaparte fut nommé général en chef de l'armée d'Italie, et, se souvenant de Marmont, il se l'attacha comme aide de camp. Marmont avança rapide-

la droiture et la bonté même, et sa conduite avec
le maréchal a toujours été aussi noble que réservée. Marmont l'aimait moins que ceux qui le flat-

---

ment; il n'avait que vingt-quatre ans lorsqu'il parvint au
grade de colonel de chasseurs à cheval, et peu après (en
juin 1798), il était général de brigade après une action d'é-
clat à Malte. Tout se faisait vite alors : le monde avait affaire
à un autre Alexandre, qui choisissait des lieutenants aussi
jeunes que lui. Marmont cumulait la gloire, un brillant avancement et un riche mariage : il avait épousé Mᵐᵉ Perregaux.
Le bonheur conjugal devait durer ce qu'il peut avec un mari
aussi emporté dans les plaisirs du monde qu'avide de se faire
un nom. D'après les termes d'une lettre intime, Marmont
avait semblé craindre que sa jeune épouse ne voulût affronter, pour le suivre, les fatigues redoutables de la campagne
d'Egypte ; il n'en fut rien : les lauriers cueillis plaisent plus
aux femmes que ceux à cueillir. J'ignore si Bonaparte devi-
nait juste dans son propos, tant soit peu sans façon, tenu à
Mˡˡᵉ de Chastenay au coin d'une fenêtre du château actuel de
Châtillon ; mais un sort bien différent aurait été réservé à cet
autre mariage, que l'amitié des pères aurait si aisément pu conclure. Jamais Plutus, avec son faux éclat, ne pouvait doter
aussi richement un époux que l'aurait fait cette charmante
jeune fille par toutes les qualités de son cœur et les trésors
de son esprit.

Marmont, après la glorieuse campagne de Marengo, pour
laquelle il avait fait transporter les canons à travers les Alpes
au moyen de sapins creusés en auges, fut placé à la tête de
l'artillerie en qualité d'inspecteur général. Avec quel étonne-
ment il aurait vu le progrès de notre artillerie sous l'impulsion directe de l'empereur Napoléon III ! En 1809, Marmont
devenait maréchal de France à trente-cinq ans. Voici, à ce su-

taient avec empressement et en toute occasion.
Ferry s'était bien aperçu de la faiblesse du duc
pour les louanges ; mais le modeste aide de camp,

---

jet, une petite anecdote peu connue : Un honorable magistrat,
fort zélé pour son ministère, avait attaqué, à l'occasion d'un
procès, la mémoire du duc de Raguse d'une manière assez
vive. Il voulut ensuite s'en excuser courtoisement près du général Ferry. « Quel âge avez-vous, Monsieur? lui demanda le
général? — Trente-cinq ans. — Ah! ah! mon cher Monsieur,
c'est l'âge où le duc de Raguse reçut les insignes de maréchal
de France. C'est un âge assez précoce pour un pareil titre,
mais pas trop précoce pour réfléchir aux choses qu'on avance,
avouez-le. » Jamais absent ou mort a-t-il trouvé un défenseur plus généreux et de meilleur goût? Toutefois, chacun
des deux honorables interlocuteurs avait accompli le devoir de
sa situation, comme on achèvera de s'en convaincre plus bas.

De 1814 à 1830, le duc de Raguse donna à l'industrie mé-
tallurgique et agricole du Châtillonnais une impulsion puissante pour les intérêts généraux, mais ruineuse pour son auteur. Il ne trouvait rien d'impossible : aussi, quand sa fortune
particulière était compromise, le pays s'enrichissait. Il serait
donc injuste de ne pas reconnaître ce service, tout en gémis-
sant de l'abus avec lequel une foule de gens rongeaient les
ressources du pauvre duc, comme l'abbé Terrai, au dire de
Voltaire, *mangeait la France* au XVIIIe siècle. Le maréchal se
faisait de telles illusions sur les résultats futurs de ses entreprises industrielles, qu'il répondait au petit nombre de ceux
qui entreprenaient de l'éclairer sur l'abus dont je viens de
dire un mot : « Les personnes comme nous doivent fermer les
yeux ; il est de l'essence d'un grand seigneur d'être trompé. »
Telles étaient les étranges maximes de gentilhommerie que
Marmont débitait particulierement à celui de ses officiers qu'il

sévère avec lui-même en toute chose, et plaçant
sa dignité au-dessus de sa fortune, n'avait pas plus
recours à la flatterie qu'à la médisance et au déni-

---

traitait avec le plus d'épanchements et de confiance, en marchant appuyé sur le bras de cet officier, sauf à faire sentir
dans un autre moment à ce dernier la distance du rang : car
le maréchal était fier, d'humeur inégale, dissimulait mieux ses
chagrins et ses ennuis que sa joie, et n'aimait jamais à avoir
tort. La chose la plus triste à dire, c'est que l'amour du gain
a été trop surexcitée autour du duc de Raguse, taillant dans
le vif, et sans y regarder, pour toutes ses intarissables entreprises. Qui sait si la simplicité des anciennes mœurs, si
l'honnêteté et la sincérité des relations n'ont pu recevoir de
là quelque funeste atteinte! Voilà justement ce que l'honorable magistrat dont je parlais tout à l'heure déplorait à tort
ou à raison : il ne m'appartient pas de décider.

En 1826, le duc de Raguse avait été envoyé par Charles X
pour représenter la France au couronnement de l'empereur
Nicolas. Marmont s'y montra plus magnifique que tous les
autres ambassadeurs, même que le duc de Devonshire, représentant d'une puissance qui n'aime pas à être éclipsée. La fameuse bouquetière du Palais-Royal, Mme *Provost*, avait expédié dans des boîtes de fer-blanc de délicieux assemblages de
fleurs provenant des serres les plus renommées de France, et
qui eurent le mérite de faire six cents lieues sans subir d'altération avant d'être offerts à chaque dame à son entrée au
bal du duc de Raguse à Moscou. Les fruits les plus savoureux
venus par des courriers voyageant nuit et jour, les vins les
plus exquis expédiés par mer, parurent à la table du moderne
Lucullus pour effacer tous les autres dîners diplomatiques.
Que pouvaient monter à ce jeu les cent mille écus fournis par
Charles X au duc de Raguse! Ce grand dignitaire avait décidé

grement. Il savait que les flatteurs courtisent d'un geste et immolent de l'autre! il méprisait donc souverainemment cette triste comédie humaine; le

---

seul que la France devait être représentée à un taux plus élevé, et il avait pris sur sa fortune personnelle. Il rentra en France l'année suivante, après avoir parcouru et étudié les champs de bataille de la campagne de Russie. Il n'avait pu, en effet, les connaître auparavant, puisqu'il avait été envoyé en Espagne au moment de ce grand drame militaire.

En 1828, le duc de Raguse commença à écrire ses Mémoires, qui parurent seulement en 1857, après la mort de leur auteur. Ils sont écrits avec art, avec esprit avec élégance; mais, malheureusement, ils l'ont été sous l'impression d'une fatalité cruelle, et inspirés par un cœur aigri au-delà de toute mesure. Ils devaient donc réveiller beaucoup de passions assoupies, et amener des récriminations destinées à obscurcir longtemps encore les lueurs de l'impartiale histoire. Je suis bien sûr que, sous ce rapport, ils n'auraient pas été du goût du modeste général Ferry, lequel, avec sa prudente et loyale circonspection, n'aurait pas manqué de pressentir les suites de cette publication *ab irato*.

1830 arrive et dès ce moment, le duc de Raguse vérifie, comme Ney, Berthier et Murat, la prédiction de Napoléon à Fontainebleau le jour où il abdiquait la souveraineté: « Vous voulez du repos, disait-il à ses lieutenants: ayez-en donc! Hélas! vous ne savez pas combien de chagrins et de dangers vous attendent sur vos lits de duvet! » Quelle juste prédiction! Tout d'abord l'éclat d'Essonne, puis une blessure profonde et longtemps saignante, je veux dire la préférence accordée au maréchal Bourmont sur le duc de Raguse, vétéran de l'armée d'Egypte, un des meilleurs généraux d'artillerie, et après des promesses formelles à lui faites, pour commander l'expé-

devoir et la simplicité de mœurs étaient les seuls mots d'ordre de son esprit intègre. Aussi Marmont, en lui accordant beaucoup d'estime et un peu

---

dition d'Alger. Il avait, d'ailleurs, été consulté le premier d'entre les généraux sur le projet de cette guerre.

Ce n'est pas tout. Marmont, par une fatalité inouïe, se trouvait à Saint-Cloud auprès du roi Charles X quand parurent les ordonnances de juillet en violation de la Charte promulguée par Louis XVIII. Encore n'était-ce pas le tour de service de Marmont comme major général de la garde royale. Il était sorti, dans la soirée du 26 juillet 1830, de l'Institut, dont il était membre, pour aller remplacer officieusement à Saint-Cloud un de ses collègues absent. Là, il reçut l'ordre de prendre le commandement de la première division militaire.

Alors les mêmes hommes qui avaient influencé le duc de Raguse en 1814 vinrent tenter derechef autour de sa personne toutes sortes de suggestions, afin de sauver par lui, prétendaient-ils, la monarchie malgré elle-même, en s'unissant aux mécontents pour faire rapporter les fatales ordonnances et opérer l'arrestation des ministres. Il serait, lui disait-on, porté en triomphe! Le duc de Raguse répondit qu'il ne savait que trop ce qu'il en coûte pour vouloir s'élever à des considérations patriotiques en dehors des règles positives (*Mémoires*, t. VIII, p. 279), et il garda sa consigne. Or, sa fidélité militaire de 1830 ne condamne-t-elle point le genre de dévoûment civil adopté par le duc de Raguse en 1814 en dehors de son épée? Est-ce cet embarras que Chateaubriand a voulu exprimer par les paroles suivantes : « Le duc de Raguse, homme d'esprit et de mérite, bon soldat, savant, mais malheureux général, prouva pour la millième fois qu'un génie

moins d'amitié peut-être qu'aux autres personnes de
son entourage, laissait voir son véritable caractère.

Testot-Ferry, afin de mieux s'examiner, tenait

---

militaire est insuffisant aux troubles civils? (*Mémoires d'Outre-
Tombe*, t. IX).

Quoi qu'il en soit, après les évènements de 1830 Marmont
eut un profond dégoût de la condition où le plaçait la fortune,
et il se condamna à un exil volontaire à l'âge de cinquante-
six ans. L'empereur de Russie lui offrait une magnifique position, mais le maréchal refusa honorablement. Il fit de
Vienne sa résidence d'été, et de Venise sa résidence d'hiver.
J'ai sur la vie intime du duc de Raguse les documents les
plus curieux. En voici un que je tiens de son médecin particulier, le docteur B..., et qui dépeint toute l'agitation d'esprit
de l'infortuné maréchal. Je cite textuellement : « J'ai, dit le
docteur, vu le maréchal souvent sérieux, mais rarement triste.
Il avait pourtant ses instants de mélancolie, et je me souviens
de lui avoir entendu tenir un propos que j'ai trouvé bien
grave dans sa bouche. Un matin que nous attendions, en causant dans son cabinet, l'heure du déjeuner, le maréchal se plai-
gnit que, depuis quelque temps, il ne pouvait dormir. — « Peu
de temps après m'être couché, disait-il, je m'endors de ce
qu'on appelle le premier sommeil ; mais bientôt je me ré-
veille, non pas entièrement, mais dans un état de vague som-
nolence, et en cet instant les pensées les plus tristes, les
idées les plus sinistres viennent assiéger mon cerveau : je
songe alors, avec un sentiment de terreur indéfinissable, à
toute ma vie passée, et il me prend un tel découragement,
que si je m'en croyais en ce moment, j'irais me précipiter
dans le grand canal, la tête la première. » — « Je dois à la vérité
de dire, ajoute le docteur, que ces paroles du duc de Raguse
firent sur mon esprit une si vive impression, que l'effet pro-

journal de toutes ses actions. Voici ce que je lis dans une note où il apprécie avec son stoïcisme ordinaire certaines particularités : « J'ai dîné au-

---

duit par ce langage ne s'est jamais effacé de ma mémoire. Je ne chercherai pas à savoir si le maréchal a, oui ou non, mérité les reproches qui lui ont été adressés sur les deux plus graves circonstances de sa vie militaire ; mais j'aurai toujours présent à l'esprit cette étrange confession d'un cerveau inquiet plutôt que malade, et ces seules paroles m'empêcheront éternellement de croire à sa justification. »

L'impression du docteur lui est personnelle : tout autre, en effet, aurait pu penser, avec raison, qu'il suffisait du malheur de l'exil, de la fatalité de sa vie, de la perte de sa fortune et du souvenir du pays natal pour amener jusqu'au paroxysme le découragement du maréchal. Les voyages étaient le seul remède capable d'adoucir cette situation! Aussi, en 1834, le duc de Raguse se mit en relation avec plusieurs savants et touristes distingués, et parcourut la Hongrie, la Transylvanie, la Russie méridionale, la Crimée, les bords de la mer d'Azoff; visita Constantinople, la Syrie, la Palestine l'Egypte, et écrivit les relations de ses voyages (5 vol. in-8°; Paris, 1837).

Dans certaines de ses pages (voir, par exemple, p. 106 et suiv. du t. I), le duc de Raguse a une rapidité de style rappelant celui de l'*Histoire de Charles XII*, qu'il lisait beaucoup dans sa jeunesse, et au point d'exalter son imagination (*id.*, p. 172). Le portrait de Souvarow (*id.*, p. 230) est de main de maître. L'auteur allie le coup d'œil ethnographique et militaire au coup d'œil politique dans son parallèle de la Russie avec les autres puissances, et notamment de la Turquie. Toutefois, les faits ont contredit l'assertion du maréchal (t. II, p. 154), à savoir, qu'on ne peut contrebalancer l'in-

jourd'hui chez le maréchal ; j'y ai beaucoup entendu parler de Metternich, dont on a fait presque
un héros... Le chapitre des illusions ne tarit ja-

---

flence de la Russie à Constantinople. Le duc de Raguse ne se
doutait guère alors qu'un successeur de Napoléon Ier décide-
rait glorieusement le contraire à Malakoff et à Sébastopol.

L'érudition du duc de Raguse se mêle à son imagination
vive et mobile pour intéresser le lecteur par une foule de ci-
tations diverses, mythologiques, historiques et religieuses, selon les lieux qu'il parcourt : ici, c'est la forêt d'*Hylée*, où périt Anacharsis, ami et disciple de Solon ; là, c'est une île où
relâchèrent les Argonautes avant de se rendre au Bosphore.
Ailleurs il retrouve, son Homère à la main, les lieux chantés
par le plus divin des poètes, et il indique le village bâti sur
une partie de l'ancienne Troie, comme on signalerait une
pauvre cabane construite sur l'emplacement d'un riche et antique palais. Près de Damas, il s'arrête à l'endroit ou saint
Paul fut frappé d'une vision céleste ; mais c'est à Jérusalem
que l'illustre voyageur éprouve les émotions les plus vives,
comme si la foi était toujours prête à pénétrer le cœur des
hommes pour adoucir et sanctifier leurs souffrances ! L'on sent
qu'il faut ici compter parmi elles le douloureux poids de
l'exil. Le tome IV décrit les mœurs des Arabes et de l'Egypte.
Un autre ouvrage du duc de Raguse (*Voyage en Sicile* ; Paris,
1838) renferme un chapitre remarquable sur Syracuse : c'est
un abrégé excellent de l'histoire de cette ville célèbre. La
plume de Pausanias n'aurait pas mieux fait.

Le caractère politique et militaire de Marmont a tellement
prévalu sur l'attention publique, qu'on ne s'est presque point
aperçu qu'il se créait une véritable renommée littéraire par
sa plume tantôt grave, tantôt légère. Sous ce dernier rapport,
il n'était pas homme à épargner à son lecteur une petite his-

mais pour un grand dignitaire qui m'a semblé quelquefois se tromper également sur les personnes et sur les choses, et qui, d'après ses habi-

---

toriette à l'occasion de la cathédrale de *Girgenti*, bâtie par le roi Roger. Là, les effets d'acoustique sont tels que, d'une des extrémités de cette basilique, en parlant très bas, on est entendu à une assez grande élévation à l'extrémité opposée. « Ainsi, raconte le duc de Raguse, le sacristain de l'église, se trouvant près de l'orgue, fut mis un jour, sans le vouloir, dans le secret de la confession de sa femme, et il en éprouva une si violente colère qu'il ne put ni contenir son indignation, ni cacher ce qu'il venait d'apprendre. »

L'ouvrage, qui a mérité au duc de Raguse la réputation la plus solide comme écrivain et comme homme de guerre, est celui ayant pour titre : *De l'esprit des institutions militaires* (Paris, 1845). Le maréchal Bugeaud disait que tout officier doit avoir un exemplaire de ce livre dans son porte-manteau; et le général Ferry répétait souvent, avec son originalité d'expression habituelle, que cet ouvrage est le *bréviaire* de l'homme de guerre. Les écrivains de l'antiquité, Polybe, dans sa *Tactique militaire*, et Végèce, dans son livre *De re militari*, sont laissés bien loin derrière par le lieutenant de Napoléon : le duc de Raguse sera placé avec Jomini, je n'en doute point, au premier rang des écrivains militaires. Cette œuvre est évidemment le résultat des relations et des entretiens que le duc de Raguse avait eus avec Napoléon. Telle était la pensée du général Ferry. Le maréchal était bien venu à parler de l'artillerie, au progrès de laquelle il a beaucoup contribué. Il a dit cette parole vraie (page 85) : « Ce qui donne la victoire n'est pas le nombre des hommes que l'on tue, mais de ceux qu'on effraie. » Il résume les succès de défense et d'attaque les plus renommés de l'histoire; mais

tudes et son organisation, ne saurait jamais les apprécier à leur juste mesure. De bas adulateurs le circonviennent sans cesse. »—Parmi d'autres notes

---

qu'aurait-il dit de l'attaque et de la défense de Sébastopol pendant onze mois de tranchée ouverte! Je prie le lecteur de remarquer cette singulière formule du maréchal en fait de philosophie de la guerre, si l'on peut s'exprimer ainsi : « J'aimerais mieux un général ayant de l'esprit comme cinq et du caractère comme dix, qu'un général ayant de l'esprit comme quinze et du caractère comme huit » (p. 228 et suiv.). Marmont a-t-il été toujours fidèle à cette théorie? L'Empereur ne l'a pas cru du moins : car, lorsque sur le brick l'*Inconstant*, à son retour de l'île d'Elbe, au milieu du cercle de ses principaux officiers, il passait en revue tous les maréchaux d'empire et résumait leurs qualités et leurs défauts, il dit de Marmont : « Beaucoup d'esprit et d'intuition, mais peu de tête. » (*Note de M. Larabit, un des compagnons d'exil de l'empereur à l'île d'Elbe.*)

Le duc de Raguse éprouvait souvent les angoisses de la gêne dans son cruel exil; toutefois, ses manières et ses habitudes conservaient toujours quelque chose de magnifique. Ainsi, raconte son médecin intime, « un jour que nous dînions chez le consul de France à Florence, M. de Bellocq, j'ai vu, de mes propres yeux, le duc de Raguse, sa toilette achevée, prendre des ciseaux et couper les effilés faits aux manchettes de sa chemise par l'usure et la vétusté. Le lendemain, il offrait à une dame, pour laquelle il avait beaucoup d'estime, un charmant bijou qui lui coûtait trois cents francs. »

Vers la fin de l'hiver de 1852, le mal du pays s'empara du duc de Raguse, et, après quelques jours d'une langueur incurable, il mourut le 3 mars, à neuf heures et demie du matin, au palais *Lorédan*. Toujours occupé, dans son exil, de la

plus ou moins sévères, on en trouve quelques-
unes écrites en chiffres. Cette sorte d'hiéroglyphe,
dont notre général avait seul la clef, ne prouve
autre chose sinon que jusque dans le for de sa
conscience il gardait du respect et de la retenue.

On sait, par tout ce qui précède, la part glorieuse
que notre brave général a prise aux évènements
militaires d'une longue période de temps; nous

---

pensée de son pays natal, il a légué à la ville de Châtillon les
objets les plus précieux qu'il possédât, comme ses insignes,
ses armes, son portrait, ses cartes, lesquelles sont les meilleures de l'époque et en grand nombre, et enfin le portrait du duc
de Reichstadt. Ce portrait avait été offert au maréchal en 1830,
à Vienne, par le jeune et infortuné prince, qui avait vu
comme dans un songe rapide l'éclat le plus vif des grandeurs
humaines. C'est une délicieuse miniature encadrée d'or massif
ciselé, représentant une figure rose, animée et imberbe de
dix-huit ans, mais profondément pensive; des yeux bleus et
intelligents, une bouche légèrement contractée. Le prince
a les bras croisés sur la poitrine, et les regards tournés vers un
admirable buste de son père en marbre blanc placé sur une
console et le front ceint d'une couronne de lauriers.

Le duc de Reichstadt avait voulu remercier Marmont du
plaisir que lui avait fait le récit de ce dernier concernant les
campagnes d'Italie, et pour cela il avait écrit de sa main, au
bas du portrait, ces vers de Racine, en changeant le premier
mot.

Arrivé près de moi par un zèle sincère,
Tu me contais alors l'histoire de mon père.
Tu sais combien mon âme, attentive à ta voix,
S'échauffait au récit de ses nobles exploits.

allons le voir maintenant couronner la seconde moitié de sa vie par toutes les vertus du chef de famille et du citoyen.

Dans la vie intime, le bon général était un modèle de douceur, de patience et d'urbanité. Il avait voulu être le premier instituteur de ses enfants, et il n'avait pas eu de peine à se faire aussi simple qu'eux, afin de mieux graver dans leurs jeunes cœurs les préceptes de morale qu'il fortifiait de son exemple et des actes de sa vie passée. Aussi, n'oublieront-ils jamais les entretiens et les leçons du jeune âge, ni les épanchements d'un ordre plus élevé, si propres à leur inspirer cette noble émulation qui fait ressembler les fils aux pères.

« Je t'engage, écrivait-il à son fils aîné alors élève de cavalerie de Saumur, à remplir tes devoirs sans exception avec la plus minutieuse exactitude, et à ne te négliger sur aucune partie de ceux auxquels il t'importe de te consacrer. La volonté ferme de parvenir, même sans le secours d'aucune faveur, est encore la meilleure garantie de ton avancement futur. Placé autrefois dans des circonstances bien plus défavorables que celles où tu te trouves, je puis dire avec assurance que loin d'avoir été aidé par qui que ce soit, j'ai conquis ou plutôt j'ai arraché par la force des choses les divers grades dont je me suis trouvé successivement revêtu. Je n'avais d'autre parti que celui de vouloir; je m'arrangeais de manière à ce que ma conduite fût irréprochable; je cherchais à soigner, dans des temps difficiles, mon instruction militaire et à saisir toutes les occasions de me rendre utile; je n'épargnais ni peines, ni soins à ce sujet. Je n'avais pour protecteur que moi seul, et des résolutions fortement arrêtées. A la vérité je ne suis pas allé vite: mais je me suis passé du vil rôle de solliciteur, je n'ai eu recours à aucune sorte d'intrigue, et j'ai fini par commander un régiment de dragons, et un peu plus tard, un corps de l'ex-garde impériale. — Comme je n'étais pas protégé, j'ai eu nécessairement à me plaindre d'une foule de passe-droits; cependant justice m'était toujours rendue dans les notes et les rapports qui me concernaient; et dans l'un de ceux-ci on lisait : *aussi bon à présenter à ses ennemis qu'à ses amis.* — Je ne te parle de cela, mon ami, que dans l'unique but de stimuler ton émulation, et pour te démontrer qu'avec une activité qui ne se dément pas, des sentiments honorables, l'amour du métier, le respect pour la discipline sans laquelle il n'y aurait pas d'armée possible, et une instruction convenable, il n'est pas probable que l'on soit longtemps oublié. — Dans mon jeune âge j'étais adroit, leste, dispos, audacieux dans l'occasion. M'étant rendu familiers tous les exercices, j'avais acquis

une assez parfaite intelligence de toutes nos manœuvres ; mon coup d'œil était exercé ; je ju-
geais fort promptement du parti que l'on pouvait
tirer d'un terrain ou d'une localité quelconque :
aussi la surveillance et la disposition de nos avant-
postes m'a été fréquemment confiée. A présent,
je suis rouillé sur ces choses, mais elles m'ont longuement occupé, et je m'y appliquais d'une manière toute spéciale. Savoir faire des reconnaissances
au milieu de pays variés, rédiger des rapports d'une
manière nette et concise, évaluer les ressources d'une
contrée, etc., entraient pour beaucoup dans les ac-
quisitions de science militaire auxquelles j'aspi-
rais sans cesse. Avec le désir fortement prononcé
d'atteindre cette sorte de but, je restais on ne peut
plus étranger aux intrigues, aux tracasseries, aux
petites rivalités qui s'exerçaient autour de moi ; je
n'avais en vue que le bien du service, et tous mes
efforts tendaient à l'obtenir. Sans cette règle de
conduite et ce désintéressement, il est vraisemblable que je serais arrivé à de meilleurs résultats
personnels, mais j'aurais aussi éprouvé la douleur
de ne les avoir pas suffisamment mérités. »

Le noble caractère du général, et sa haute mo-
ralité militaire se montrent dans cette lettre si remarquable, et s'accordent bien avec les nombreux témoignages d'estime de tous les généraux

que j'ai nommés précédemment. Il n'était on le
voit, ni ambitieux, ni solliciteur, ni envieux, ni
mobile dans ses principes. Il abandonnait au contraire, les voies de la fortune lorsqu'elles lui sem-
blaient le moins du monde tortueuses ou opposées
à ses devoirs ; il savait servir son pays, et non point
plaire aux hommes puissants.

Le général avait éminemment les manières de
la bonne compagnie, et, dans le monde, il était
plein de réserve et de discrétion. Il savait écouter,
parlait peu mais toujours à propos, et il s'exprimait
dans un langage aussi digne que châtié. Toutefois,
sous une apparence sévère, il professait la plus
grande tolérance et ne manquait ni d'un aimable
abandon, ni de gaîté ; mais si quelque chose le
choquait il s'arrêtait tout court, et cette protestation
silencieuse imposait autour de lui au moindre dé-
vergondage d'esprit ou de paroles. Il n'aimait pas
la familiarité, je veux dire ce certain laisser-aller
dans les relations, lequel finit par altérer le respect
de soi-même et des autres, lien délicat et le plus solide entre tous ceux qui unissent les hommes (1).

Il était avec les gens de sa maison d'une bonté

(1) Dans des réflexions judicieuses sur les mœurs françaises,
Napoléon trouvait qu'en France les hommes sont naturellement enclins à une familiarité déplacée, mais que les femmes
donnent de la noblesse à leurs sentiments.

dont rien n'approche. Il voulait que le dimanche,
dans son appartement même, ils eussent leur petite table de jeu, et il ne souffrait pas que, pendant la durée de son service autour de lui, une
vieille et honorable domestique restât trop longtemps debout. Il la faisait asseoir et lui recomman-
dait d'avoir toujours le plus grand soin de sa santé
dont il se croyait lui-même responsable, à cause
des longues années que cette brave fille avait passées dans sa maison ou près des siens. On ne
trouve plus guère de dévoûment parmi les domestiques (1); mais les qualités des chefs de familles comme celles dont je viens de parler sont-
elles aussi bien communes?

Il était dans tout ce qui se rapportait à lui d'une
modestie et d'une abnégation rares : non seulement il n'eût pas voulu paraître meilleur qu'il n'é-
tait, mais il s'est toujours cru de bonne foi inférieur

---

(1) Ma conscience m'inspire de citer ici notre bonne *Hélène
Parisot*, âgée de quatre-vingts ans passés, et qui, après avoir
pris soin de mes jeunes années et avoir passé la plus grande
partie de son existence dans ma famille, a quitté sa retraite
pour se dévouer gratuitement et par affection au service d'un
de mes neveux, et risquer encore en ce moment des fatigues
dont son âge la dispense. Qu'on me permette ici cet hommage
du cœur ! Je crois que la bonne et honnête fille dont je viens
de parler mériterait bien une de ces honorables mentions que
fait annuellement l'Académie française selon le vœu du phi-
lanthrope Monthyon.

aux autres, ne souffrait point que ses enfants lui parlassent de ses glorieux faits d'armes, et leur avait enjoint de ne pas le désigner par ses titres dans leur correspondance. Un des hommes qu'il a le plus aimés à Châtillon, a été le docteur Bourée; personne n'en sera surpris : le docteur Bourée unissait à beaucoup de modestie une grande délicatesse d'esprit, un goût épuré en littérature et un cœur parfait (1). Le général avait aussi les plus grandes sympathies pour M. de Savoisy, son ancien compagnon d'armes au 10ᵉ chasseurs; pour MM. Lapérouse, et pour M. de Coulmier, dont l'hospitalité avait été pour lui des plus aimables, et dont il aimait l'exquise urbanité.

Après cinq années de veuvage, Testot-Ferry s'était marié en secondes noces avec Mˡˡᵉ Fabry, issue d'une ancienne famille parlementaire de Bourgogne, et sœur d'un intrépide officier qui avait appartenu au corps d'armée du prince d'Eckmühl, et avait fait avec ce maréchal toutes les campagnes de 1806 à 1815. Le général Ferry avait contracté ce mariage à Châtillon-sur-Seine, petite ville embellie par la délicieuse résidence que le duc de Raguse s'y était faite et animée par les nom-

---

(1) Un décret du Président de la République, en date du 7 avril 1852, a autorisé la ville de Châtillon à donner à l'une de ses rues la dénomination de rue *Docteur-Bourée*.

breuses branches d'industries nouvelles créées par ce grand dignitaire dans son pays natal.

Pendant vingt campagnes de guerre, le général Ferry avait vu la mort sous toutes ses faces, et il semblait qu'il eût touché aux limites d'une vie paisible; mais hélas! la maxime du sage qui nous enseigne à ne nous dire jamais heureux avant la fin de notre vie, allait lui être applicable dans sa patrie adoptive. En effet, il y perdit sa seconde femme (1), et de onze enfants il n'en resta que trois à son foyer dévasté (2). Autant de fois que ce juste

---

(1) En 1826.

(2) Le baron Testot-Ferry avait eu de sa première femme, nièce du général Plauzonne, cinq enfants, dont il ne reste plus aujourd'hui que deux : 1° M. Gustave Testot-Ferry, juge de paix à Mâcon, marié à Mlle de Saint-Géran. La modestie de cet homme de bien paralyse ici ma plume, mais il ne saurait m'empêcher de dire que toute la population mâconnaise rend hommage à son éminent esprit de droiture et de conciliation; 2° Mlle Blanche Ferry, habitant Beaune, et mariée à M. Perrin de Monthéron, d'une famille ancienne. Le deuxième enfant né de ce mariage s'appelait Auguste, mort en 1832 à l'âge de vingt-trois ans. C'était un jeune homme d'une haute et solide instruction, et qui s'était attiré les sympathies du célèbre helléniste Gail. Il existait tant d'analogie d'idées et de penchants scientifiques et littéraires entre ce remarquable jeune homme et son père, qu'ils ne pouvaient l'un et l'autre se quitter. Nulle épreuve ne pouvait être plus forte : le général fut littéralement muet de douleur pendant plusieurs semaines Il avait déjà bien pleuré sa petite Amélie, charmante jeune

fut éprouvé par les rigueurs de la Providence, autant de fois on le vit s'incliner avec larmes, mais sans murmure, sous la main de Dieu. Il ne manquait pas un seul jour de puiser des forces nouvelles dans la prière, et d'abandonner son âme à une méditation religieuse devant un crucifix (1). Il se mettait, disait-il, en communication avec ceux qui sur cette terre avaient été les plus doux objets de ses affections ; il les appelait *sa famille du ciel*, et les conjurait d'être une égide pour ceux que Dieu lui conservait encore.

Après une vie aussi remplie d'émotions, le repos monotone d'une petite ville aurait pesé à tout autre qu'au général Ferry ; mais il cultivait les sciences et les lettres avec ferveur, et trouvait sa solitude en harmonie avec ses goûts. Il m'a souvent répété qu'on ne saurait être en meilleure compa-

---

fille morte en 1819. Il faut appliquer à notre intrépide général ce passage du poète :

Les cœurs de lion sont de vrais cœurs de père.

Des six enfants du second lit il ne resta plus au général que M. Henri Testot-Ferry, lequel demeure à *Bussières*, dans le Mâconnais. C'est un géologue éminent, qui entretient des rapports suivis avec les sommités de la science en France et à l'étranger pour l'étude des hautes questions paléontologiques.

(1) Dans toutes ses campagnes, le général avait porté dans ses vêtements un petit crucifix que conserve précieusement sa famille.

gnie qu'entre Pascal et Bossuet ; « il faut, ajoutait-il, pour se former un cours complet de haute et solide philosophie, adjoindre à la société de ces deux grands hommes celle de Fénelon. Sa parole onctueuse, sa bonté surhumaine, sa douceur angélique et son humilité sont comme un aimable correctif du zèle ardent et de l'énergie de l'aigle de Meaux (1).

Plutarque était une de ses lectures favorites, et à l'occasion de sa sympathie pour ce livre si cher aux hommes d'expérience, il me parlait de mon père dont il appréciait beaucoup les solides et précieuses qualités. « J'entends encore, m'écrivait-il, (2) votre bon père me parler de Plutarque son auteur favori, et je me vois pendant nos promenades solitaires, attentif à son langage plein de candeur, de sens et d'une attrayante simplicité. Sa conversation, toujours judicieuse et spirituelle était pour moi remplie de charme et d'intérêt » (3).

---

(1) Lettre du général du 10 octobre 1843.

(2) Lettre du 11 janvier 1850.

(3) Mon père (Thomas-Joachim Mignard) était juge de paix à Châtillon, où sa réputation de probité et de bon sens vivra longtemps encore après lui. En 1832, à l'époque où le choléra commençait à sévir dans les campagnes environnantes, mon père alla trouver son juge suppléant qui, toujours, se chargeait des fonctions du ministère *extra muros*, et lui dit : « Je ne veux pas que vous vous exposiez, puisque vous êtes père d'un enfant. Quant à moi, j'ai établi les miens ; je suis

Laissons le général se peindre lui-même dans cette lettre chaleureuse qu'il m'écrivait le 23 novembre 1843 :

« A une époque déjà reculée, *les ouvrages militaires*, avec Salluste, les fameux *Commentaires* de César et un volume des œuvres de Montesquieu faisaient le fonds de ma bibliothèque portative.

« L'énergie de Salluste, le grandiose de ses magnifiques et vivants tableaux; le génie stratégique de César, la rapidité de ses savantes marches : tout cela était en parfait rapport avec notre vie nomade pendant ces guerres éternelles où la France, convertie en un vaste camp, lançait ses formidables cohortes sur tous les points du continent européen, ou plutôt sur le monde entier.

« Dans des temps d'agitation belliqueuse où le cri : *en avant !* retentissait de toutes parts, les noms des diverses branches des sciences naturelles m'étaient à peu près inconnus. Il fallait, pour me les apprendre, pour me faire aimer ce que chacun d'eux résume, les loisirs d'une paix qu'avaient amenée d'effroyables désastres.

---

au terme de ma carrière, et vous ne faites que commencer la vôtre. J'irai donc dans les campagnes, et vous tiendrez ma place à la ville. » — Ce seul trait suffit, ce me semble, pour justifier tout ce que le vertueux général Ferry accordait d'estime à mon père.

« Pendant la durée de nos armistices, je lisais Xénophon, Thucidyde, l'admirable petit volume intitulé : *Grandeur et Décadence des Romains*, et, avec ces livres, quelques traités modernes sur la seule profession qui me fût alors familière. Ces études, où je prétendais puiser des inspirations, étaient, malgré leur attrait, souvent interrompues. J'y procédais en quelque sorte avec un cheval entre les jambes, et à ciel découvert, etc. »

On vient d'entendre le général avouer qu'il n'avait, avant son séjour à Châtillon, presque aucune teinte des siences naturelles : eh bien ! l'activité de son esprit était telle, sa mémoire si heureuse et ses goûts si studieux, qu'il devint sans beaucoup d'autres secours que de lui-même, un excellent botaniste. Il s'était créé une bibliothèque bien choisie, où il nous laissait puiser Eusèbe Gris et moi. Ce dernier était mon guide dans les études botaniques, et nous nous félicitions de nos goûts personnels pour cette aimable science, puisqu'ils nous avaient fait rencontrer et aimer un des hommes les plus éminents que nous ayons jamais connus et doué de l'assemblage des plus précieuses qualités du cœur. et de l'esprit (1).

(1) Quoique le général fût très assidu à l'étude, il avait coutume de dire qu'il ne fallait pas sacrifier son corps à son es-

Ainsi la religion, les livres, les conversations intimes, et les longues promenades consacrées à la recherche des plantes animaient les heures de repos du vieux soldat. Il fut une des personnes dont Mme Victorine de Chastenay (1) appréciait le plus

---

prit, mais qu'il convenait bien plus tôt de viser constamment à établir un équilibre complet entre l'un et l'autre. Aussi nous provoquait-il sans cesse Eusèbe Gris et moi à de fréquentes herborisations dans les lieux qu'on peut assurément considérer comme les plus intéressants de la Bourgogne au point de vue de la botanique. Ainsi, nous trouvions dans les bois de Rochefond l'*Hepatica triloba* et le *Leucoïum vernum ;* dans ceux de Voulaines l'*Arbutus uva urci*, le *Dianthus superbus*, le *Buphtalmum salicifolium*, etc.; à Essarois, l'*Orchis militaris ;* Au Val-des-Choux, le *Cypripedium calceolus* et la *Cineraria sybirica ;* à Villers, de belles pelouses émaillées du *Daphne cneorum* (Thymété) ; à Bréviande, le *Daphne mezereum ;* à la source de la Coquille d'Etalente, le *Linaria alpina ;* à Chaumont-le-Bois, l'*Orchys myoïdes* et les plus beaux genres d'orchys, etc., etc. Je mettais à profit ces excursions en composant un herbier de la flore du pays châtillonnais dont j'ai fait hommage à la bibliothèque de ma petite ville, en y joignant un texte manuscrit approprié au recueil de ces plantes, ainsi qu'un détail des terrains géologiques. Je fais le vœu qu'on y conserve avec un soin bienveillant ces modestes résultats de mes pérégrinations avec le général Ferry.

(1) Mme la chanoinesse (du chapitre d'Epinal) Louise-Marie-Victorine, comtesse de Chastenay-Lanty, est née à Paris le 7 avril 1771, et morte à Châtillon-sur-Seine (Côte-d'Or) le 9 mai 1855. Fiez-vous aux biographies parisiennes : il y en a une qui fait mourir cette dame vers 1830, juste vingt-cinq

l'intimité. Le *Calendrier de Flore*, ouvrage charmant de cette illustre dame, était tombé sous la
main de notre studieux militaire, à Bruxelles, à

---

ans avant sa mort. Elle est le dernier et un des plus illustres
rejetons d'une famille des plus anciennes de la Bourgogne,
puisque dès les premières croisades on trouve dans nos chro-
niques plusieurs Chastenay qui y figurent aux diverses reprises de ces guerres. Un frère unique de Mme Victorine, et
qui avait épousé Mlle Henriette *de la Guiche*, est mort pair
de France en 1834, sans laisser de postérité. Son père, Louis
Gui de Chastenay, avait adopté sans arrière-pensée la réno-
vation sociale de 1789. Il fut un des élus de la noblesse du
bailliage de Châtillon, et alla siéger à l'Assemblée constituante. Il avait épousé Mlle d'*Herbouville*, alliée aux Crillon et
aux Choiseul.

On peut voir à la Bibliothèque de Châtillon, dans une
histoire manuscrite de la famille de Chastenay, que cette famille a possédé de vingt à trente seigneuries en Bourgogne;
qu'elle s'est alliée au prince d'Orange, et que le prince de
Condé porta, en 1770, le deuil d'une tante de Mme de Chastenay. On peut voir encore d'autres détails dans une remarquable notice de M. G. Lapérouse.

Il existait une grande liaison entre Mme Victorine et Mme Adélaïde, sœur du roi Louis-Philippe. Ce prince avait aussi beaucoup d'affection pour cette première dame, entre les mains de
laquelle j'ai vu une lettre de lui conçue dans les termes d'une
véritable amitié. Mais c'est assez insister sur la naissance, qui
n'est, après tout, qu'un hasard heureux, seule chose dont bien
des gens peuvent invoquer exclusivement la faveur. Mme Victorine avait une trop grande supériorité de mérite et d'intelligence pour ne pas être fière, à bien juste titre, d'avantages
plus personnellement dus à elle-même. Elle possédait toutes

une époque où il ne songeait guère aux innocentes délices que cette emplette lui ménageait.

Il avait un goût prononcé pour les sciences exac-

---

les vertus, la grâce et la distinction qui honorent le plus son sexe, et elle fut en tout temps la mère des pauvres : aussi leur voix éloquente s'éleva-t-elle jusqu'au fatal tribunal révolutionnaire de 1793 pour sauver son père.

Rien de ce qui touche aux lettres et aux arts ne demeura étranger à cette illustre dame. Elle se distingua dans tout ce qu'elle apprit. Elle étudia avec le zèle d'un écolier d'élite le grec, le latin, les langues vivantes, les sciences naturelles, la physique et jusqu'aux mathématiques. Elle professa un culte pour l'astronomie, science qui agrandissait son esprit et ravissait son imagination : c'était une des élèves les plus assidues du célèbre Arago. La musique charmait les loisirs de Mme Victorine : elle y acquit un talent supérieur comme pianiste, et y mêla toute la finesse de goût de son accompagnateur, l'éminent et suave violoniste Baillot. Elle se livrait à des lectures sans fin, qui compromirent sa vue. Son érudition était immense. Elle trouvait encore le temps d'écrire une multitude de lettres et de billets, où elle était la reine du genre. Sa correspondance fut si étendue, que son exécuteur testamentaire a brûlé plus de cinquante mille lettres.

Quoique Mme Victorine appartînt à une époque où la métaphysique sensualiste était en grande vogue, elle conserva très pur le dépôt des pieux sentiments chrétiens qu'elle avait recueillis dans sa famille. Je possède une longue et remarquable lettre de cette dame à mon père, qui lui avait demandé quelques idées sur l'immortalité de l'âme. Mme Victorine commence par une invocation à Dieu ; puis elle démontre que l'homme n'est pas son centre à lui-même, mais que Dieu est ce centre unique, et que par conséquent l'homme est créé

tes et une véritable aptitude pour les mathématiques, qu'il s'était rendues familières jusqu'à traiter
les plus hautes questions du calcul infinitésimal.

---

pour tendre à la perfection. Je regrette que ce document
précieux et inédit ne puisse prendre place *in extenso* dans
cette simple note biographique.

L'illustre dame avait sa résidence d'hiver à Châtillon, et sa
résidence d'été en son château d'Essarois. Elle réunissait pendant toute l'année une société d'élite. Il y avait plus d'une
sorte de gens heureux autour d'elle : les pauvres qu'elle nour-
rissait, ses domestiques qu'elle pensionnait et mettait en
chambre après un certain nombre d'années de services, et
enfin les nombreuses personnes qu'elle comblait chaque jour
de ses bons offices. On ne pourrait véritablement se faire une
idée de la plénitude d'une telle existence si l'on n'apprenait
que le temps de cette excellente dame était on ne peut mieux
ménagé, et qu'elle travaillait la nuit plutôt que de rien remettre au lendemain.

Les gens de lettres et les savants étrangers la visitaient à
Essarois. Elle les tenait sous le charme de sa mémoire et de
son esprit, deux facultés brillantes et infaillibles en elle : on
aurait dit Corinne ou Mme de Staël elle-même, et chacun se
retirait content de son propre mérite, que la supériorité et la
bonté d'une éminente interlocutrice avaient fait valoir. Le
chevalier de *Boufflers* a visité Mme Victorine en 1813, et a célébré dans les vers suivants, que je crois inédits, la fontaine
Nicote du parc d'Essarois :

> Fontaine, de qui l'onde aussi fraîche qu'utile
> Embellit ces jardins par eux-mêmes si beaux,
> Mais dont j'aime encor mieux les nymphes que les eaux,
>   Vous suivez votre cours facile
>   Sans que rien vienne vous troubler :

« Dans ma solitude, lorsque rien ne me dérange, m'écrivait-il, je fais de l'histoire, de la stratégie selon la coutume d'un vieux soldat, de l'analyse

---

Heureux qui, comme vous tranquille,
A son penchant se laisse aller.
Faut-il que le sort nous repousse
Et nous oblige à faire effort
Contre cette pente si douce
Qui nous ramène à votre bord !

Un mot sur les ouvrages de Mme Victorine.

Le *Calendrier de Flore* (Paris, Crapelet, 1802) est un des plus charmants écrits de ce genre, parce que l'auteur a mêlé toute la grâce possible à l'attrait de la science des fleurs. Ses exposés n'ont rien de pédantesque : on en est prévenu d'avance par ces premiers mots gracieux du livre : « Le charme des fleurs ne s'analyse point, et c'est pour cela qu'il est universel et qu'il atteint l'âme elle-même. » Je ne conseille pas d'autre livre aux demoiselles qui voudraient s'occuper de botanique. Elles y trouveront des images parlantes et ingénieuses très propres à fixer invariablement leur mémoire. L'auteur avait fait hommage d'un exemplaire de cette œuvre au savant *du Theil*, qui, pour perpétuer ce souvenir, fit imprimer en tête de son exemplaire ces mots : « Offert par Mme Victorine de Chastenay, la plus aimable personne de son temps. » Il disait vrai. On peut juger du plaisir que le général Ferry, dont le goût pour la botanique devenait de jour en jour plus fervent, eut à faire connaissance avec ce livre, qui était encore pour lui-même un inconnu dans sa bibliothèque. De là à des rapports de la plus agréable intimité avec l'auteur, il n'y avait qu'un pas.

Les titres des autres ouvrages de Mme Victorine sont un peu effrayants pour un lecteur touché de la témérité de l'entre-

algébrique, et enfin de la physiologie végétale. La longue suite des curieux et admirables phénomènes de cette dernière science forme dans son en-

---

prise de la part d'une femme d'un caractère d'esprit plus gracieux que sévère. Quatre gros volumes in-8°, imprimés à Paris en 1808 (*Du Génie des Peuples anciens*), ont pour objet le développement de l'esprit humain chez les peuples depuis les premiers temps connus jusqu'au commencement de l'ère chrétienne. Si l'on conteste la force, on ne contestera ni la grâce ni l'érudition qui brillent dans tout le cours de ce grand ouvrage, où il ne se trouve ni appendices, ni notes, ni commentaires, ni renvois aux sources. Mme Victorine était l'ennemie jurée de tout ce qu'elle appelait les entraves d'une lecture : c'était un aveu tacite que la science n'était point son fait, et qu'elle n'entendait s'attacher qu'à ses impressions. Aussi n'a-t-elle pu échapper à la monotonie d'un long tableau synoptique, quelque agréablement paraphrasé que sa plume facile l'ait offert à ses lecteurs.

Quatre autres volumes in-8°, dédiés à M. le baron Sylvestre de Sacy, ont pour titre : *De l'Asie*, ou *Considérations religieuses, philosophiques et littéraires sur l'Asie* (Paris, 1832). L'auteur examine cinq époques embrassant les premiers temps connus jusqu'à nos jours. On se demande comment Mme Victorine n'a jamais cessé d'être aimable ni d'humeur égale lorsqu'elle restait plongée, soir et matin, dans l'érudition si ingrate des fastes de la Chine, de la sagesse des *Brama*, des *Wishnou*, des *Bouddha*, des *Siva*, et dans les faits et gestes de l'*islamisme*. J'ai toujours pensé qu'elle entreprenait les douze travaux d'Hercule, et qu'elle soutenait comme elle le pouvait un petit coin de la massue du dieu. Ce n'est pas à dire pourtant que bien des écrivains eussent fait les mêmes efforts avec autant de grâce et d'aplomb que cette célèbre Bourgui-

semble, comme dans ses parties, un hymne d'une incomparable beauté à la louange du Créateur. »

Il est intéressant de savoir par lui-même quel

---

guonne. Peu auraient aussi bien parlé qu'elle de la ville sainte : «Jérusalem subsiste, mais elle n'apparaît plus que dans l'horreur de son deuil ! Cette ville, néanmoins, est pour tous la ville sainte. Saladin y baigna d'eau rose le temple encore tout parfumé du plus pur encens des chrétiens. » (*De l'Asie*, t. IV, p. 393.)

L'ouvrage de Mme Victorine qui ait excité les meilleures sympathies des gens de lettres c'est, sans contredit, celui ayant pour titre les *Chevaliers normands en Italie et en Sicile* (Paris, 1816). L'auteur était douée d'un esprit chevaleresque parfaitement en rapport avec son sujet. On est séduit par cet exposé simple et entraînant : « L'an 1002 ou environ, quarante Normands, en habits de pèlerins, se reposèrent à Salerne au retour de la terre sainte. Ils étaient hauts de taille, beaux de visage et habiles dans la science des armes. Les Sarrasins, en ce moment, assiégeaient la ville de Salerne. Dieu toucha le cœur des pèlerins : ils demandèrent des armes au prince de Salerne, et fondirent tout à coup sur les assiégeants. Ils en tuèrent un grand nombre, mirent en fuite le reste, et délivrèrent la cité. Le peuple, à leur retour, les porta en triomphe. » L'auteur termine tout aussi bien qu'elle a commencé : « Il semblait en ce temps, dit-elle, que l'épée des chevaliers servît d'aviron au commerce et fût devenue le sceptre des arts. »

Il n'était pas possible qu'une plume aussi féconde que celle de Mme Victorine ne laissât aucune œuvre posthume. Je savais depuis longtemps, par l'aimable Mme du Potet, que son illustre amie travaillait sans cesse, malgré son âge avancé. Ce qu'elle écrivait n'est plus un mystère aujourd'hui. L'ouvrage encore manuscrit qui occupait tout son temps, excepté l'après-

fut le point de départ de ses préférences pour l'é-
tude de la botanique.

« Autrefois, m'écrivait-il encore, je marchais

---

dîner et la soirée, temps consacré par elle à ses amis, a pour
titre : *De l'Europe jusqu'au règne de Constantin*. Cette œuvre
n'est rien moins que l'étude de la révolution opérée parmi les
peuples par le christianisme.

Une des meilleures preuves de la pureté d'esprit et d'imagination de Mme Victorine, c'est qu'elle n'a jamais eu la
pensée d'écrire un roman. Le seul tribut qu'elle ait payé au
merveilleux, c'est sa traduction des *Mystères d'Udolphe*, de
l'anglais Anne Radcliffe (4 vol. in-12), traduction entreprise
par elle à l'âge de vingt-six ans. Il n'est aucun de ses amis
auquel il ne soit échappé une de ces appréciations qui ont du
trait parce qu'elles s'échappent du cœur. Ainsi l'un d'eux a
dit : « La vie de Mme Victorine est un hymne continu de charité et de bienfaisance. » Un autre, touché de la candeur de
son âme, a écrit « qu'elle a été aussi pure jusqu'à son dernier
souffle qu'au sortir des mains de Dieu. » Son amie la plus
distinguée m'écrivait : « Je suis ambitieuse de louanges pour
l'amie que je pleure, tant je crains qu'elle ne reçoive jamais
toutes celles qu'elle mérite. »

J'ai assisté plus d'une fois, dans le calme et frais séjour
d'Essarois, aux réceptions intimes de Mme Victorine. On y parlait de tout ce qu'il y a de plus élevé en fait de morale, de
philosophie religieuse et de littérature. Le général Ferry était
un des plus assidus à ces fêtes de l'esprit et à ces épanchements exquis de bonne compagnie. Mme Victorine professait
tant d'estime pour le caractère du général, qu'elle avait conçu
la pensée de demander à ses fils tous les documents dont ils
pouvaient disposer, afin d'en faire usage pour honorer la mémoire de son noble ami; mais c'est lui-même qui devait pleu-

beaucoup, et j'allais au loin ; mais, au début, je ne voyais dans de belles campagnes que des positions militaires plus ou moins favorables : je plantais mes piquets, je plaçais ma tente, j'établissais mon camp, par exemple, sur les *Jumeaux*, sur le *mont Lassois*, d'où je dirigeais mes opérations par des points propres à m'en assurer la réussite ; je dressais des embuscades dans le *bois de Vesvre*, dans la *Grande-Forêt*, à la fameuse et mémorable descente de *Noulot*, et, sans paix ni trève, dans cette guerre acharnée de partisans, au milieu de cette vie bien plus qu'aventureuse, j'obtenais partout les plus heureux succès. » Toutes les positions que cite ici le général dans le voisinage de la petite ville de Châtillon-sur-Seine sont éminemment stratégiques, et l'ont toujours été. Elles commandaient des voies romaines dont les vestiges sont encore bien apparents. Le choix que le général fait ici de ces positions pour diriger ses armées imaginaires atteste sa sagacité et son coup d'œil d'une expérience consommée. Il ajoute :

« Mais un jour il advint qu'à l'issue d'un com-

---

rer sur la tombe de cette illustre dame, et je ne croyais guère que ma modeste plume serait destinée à retracer des souvenirs qui auraient revêtu tant d'éclat sous celle de Mme Victorine de Chastenay.

bat formidable, de belles fleurs se présentèrent soudain à mes yeux ravis ; alors le carnage cesse, les manœuvres et les combinaisons guerrières s'évanouissent, et, dans l'oubli complet de ces opérations homicides, je m'empresse de cueillir, je cueille avec délices un gros et magnifique bouquet que j'apporte triomphalement chez moi.

« Tel a été mon début dans la botanique ; je m'occupais presque exclusivement de l'art de la destruction, et voilà que par une subite métamorphose, le goût des productions naturelles, des productions végétales surtout, remplace en dominateur tous ceux qui l'avaient précédé.

« Cet exposé de la variation de mes idées est à la lettre. D'abord tout soldat ; ensuite, et presque sans transition, tout botanophile. Ne me proposant d'ailleurs qu'un délassement, et satisfait de me voir dans cette sphère d'observation que j'ai toujours affectionnée, je chemine souvent seul au milieu des bois et des sites les plus solitaires et les plus écartés, et là, à l'aspect de ces fleurs qualifiées de sauvages, je me dépêche de mettre en complet oubli le fracas et le vertige de nos agitations politiques. »

Il est bon de savoir à l'occasion de cette lettre, que le général se rendait coupable envers moi d'un anachronisme volontaire, et que ne voulant pas

remonter à des souvenirs pénibles, ou en fati-
guer les autres, il m'avait fait une habile fiction au
lieu de la réalité qu'il dépeignait ainsi à ses enfants :

« Après la journée sanglante de *Hohenlinden*
(1800), je dus traverser le champ de bataille. Sur
plus d'une lieue d'étendue le terrain était jonché
de morts et de mourants. Parmi ces derniers, il y
en avait qui faisaient des gestes et poussaient des
cris horribles en montrant d'affreuses blessures ;
un grand nombre se soulevaient dans un suprême
effort et demandaient qu'on les achevât. J'étais seul,
marchant sans détourner la tête, profondément im-
pressionné de ce spectacle déchirant, et placé sous
le coup d'émotions que je n'avais pas encore éprouvées à ce point, moi, vieux soldat, qui ne tremblais
pas pour moi-même, mais qui ne pouvais voir de
sang-froid et sans frémir les souffrances d'autrui.
Je piquai des deux pour m'éloigner au plus vite de
ces lieux, lorsque j'aperçus un champ émaillé de
fleurs. Je m'y dirigeai, mis pied à terre et cueillis
un bouquet qui fixa longtemps mon attention. Je
dus en ce moment à ces fleurs une puissante diversion, et ne songeai plus qu'à elles jusqu'à mon
retour au camp. C'est par reconnaissance que je
me suis plu à m'en occuper depuis, et j'ai toujours
cherché et trouvé par elles un aimable et salutaire
délassement. »

Et une consolation, aurait pu ajouter le général; car qui oserait nier que Dieu n'ait voulu créer à profusion sur notre route âpre et pénible quelque baume qui en adoucisse le trajet. Regardez les fenêtres et le seuil des plus humbles maisons, et (je l'ai souvent remarqué dans la population ouvrière, à Genève surtout) vous les trouverez rarement vides de quelques fleurs, pendant que les riches du monde hébergent chez eux les plantes des deux hémisphères. J'aime Virgile, parce qu'il ne s'adresse jamais à nous que sous le nom de *malheureux mortels* (1); j'aime les fleurs parce qu'elles servent à notre âme comme d'un réveil vers Dieu quand nous marchons tous courbés vers la terre!

Simple et modeste au plus haut degré, le général adorait la solitude. Paris lui était devenu insupportable, et il n'est jamais revenu de cette impression de dégoût suscitée en lui par les dernières convulsions politiques dont il avait été témoin. Ainsi, il faut le reconnaître, certaines de nos répugnances ou de nos sympathies sont des symptômes de situation. Cependant il croyait peu à la sincérité des démonstrations affectueuses des Parisiens, et il disait qu'ils s'abattent à jour donné sur les provinces pour jouir du confortable qu'elles leur présentent, et ont bientôt oublié leurs hôtes après les avoir beaucoup loués chez eux.

---

(1) *Mortalibus ægris.*

Un autre reproche fait par notre général aux Parisiens m'a paru beaucoup plus sérieux, c'est celui de leur prétention à un monopole exclusif jusque dans le domaine si large, si indépendant et si universel des lettres et des arts. Il regardait avec raison comme une grande anomalie que Paris eût, par une aveugle préférence et sans mesure tous les encouragements, tous les honneurs et toutes les récompenses, pendant que les provinces en sont déshéritées, ou leurs hommes d'élite méconnus. Je lui répondais que Napoléon Ier avait déjà remédié par sa rare prévoyance à l'abus inhérent aux meilleures conceptions, puisqu'il dépistait dans les provinces les hommes d'avenir, et que s'il eût gouverné plus longtemps, il aurait senti la nécessité d'une décentralisation de la capitale, afin de ne pas laisser s'amollir et peut-être s'oblitérer le ressort des provinces; mais, ajoutais-je, le soin de cette judicieuse et paternelle politique est sans doute dévolu à la sagesse de son successeur.

On voit que je ne partageais pas l'antipathie du général pour Paris, moi, homme de lettres ardent et inconnu, qui brûlais d'aller le plus souvent possible me retremper dans la capitale, et qui en ai toujours regretté le séjour (1), ce qui a été

_____

(1) Je n'oublierai jamais les bonnes années où je me plongeais avec délices, à Paris, dans les plus pures sources des

cause de mes tâtonnements sans fin avec la fortune
et avec des professions peu sympathiques aux lettres.
Il faut savoir un beau jour, mais à temps, opter en-

---

sciences et des lettres. Comment n'aurais-je pas présente au
souvenir la modeste et intelligente figure du baron *Méneval*,
secrétaire intime de Napoléon Ier. Je l'ai vu, sous la Restauration, dans la compagnie d'une personne aussi modeste et
aussi simple que lui, et qu'il honorait de son amitié. Cette
personne serait assurément connue aujourd'hui au point de vue
littéraire, si l'épicuréisme, dans la bonne acception du mot,
et la paresse la plus aimable, n'avaient pas dominé son ca·
ractère. *Lavrillat* (mort en 1835, né à Châtillon en Bourgogne)
était son nom. J'avais été placé chez lui pendant mes études.
Il a semé en pure perte une quantité de jolies lettres entre les
mains d'une multitude d'amis. Elles voltigent au vent comme
les feuilles des sibylles; et c'est dommage, car Dupaty n'en
a jamais écrit de plus agréables, de plus fines, ni de plus
spirituelles sur l'Italie, où Lavrillat avait voyagé dans la compagnie de M. de Ségur. C'était encore une bonne époque littéraire : mon hôte et moi, nous lisions Térence dans la compagnie du jeune M. de Corberon, le même sans doute qui occupe
aujourd'hui un rang à l'Assemblée Législative.

Un autre de mes compatriotes bourguignons, Edme-Fran-
çois-Marie *Miel*, né à Châtillon le 6 avril 1775, mort à Paris
le 28 octobre 1842, était un des plus intimes amis de Lavrillat; mais il s'est montré moins paresseux que ce dernier pour
laisser des traces de lui-même. Le père de Miel était organiste,
et sa mère était fille d'un sculpteur : il a donc été bercé dans
le goût des arts, et l'on peut dire qu'il a répondu dignement
à tous ces échos de son enfance. Deux années bien employées
par lui à l'Ecole polytechnique donnèrent une base solide à
son esprit dans l'arène de la critique littéraire et artistique où

tre le brillant tourbillon de Paris si l'on veut se produire, et la vie simple et paisible de la province si l'on veut, au contraire, vivre à l'écart. Autre-

---

il excella. Frochot, qui avait conservé beaucoup de cœur dans sa haute fortune, favorisait de tout son pouvoir et sans calcul le mérite de ses compatriotes : à ce titre, Miel lui dut un emploi important dans les bureaux de la préfecture de la Seine, et il y fut jusqu'en 1833, époque où il prit sa retraite, un des chefs de division les plus distingués et les plus utiles à l'administration. Miel suivit les mêmes traditions de bienveillance, car personne n'était ni plus serviable, ni plus hospitalier que lui, et ne porta plus loin l'amour de sa ville natale.

Le temps de ses loisirs était bien conduit : Miel formait son goût dans les musées et au Conservatoire de musique. Il rendit compte de plusieurs salons de peinture, notamment en 1814, 1817, 1828 et 1834. Sa critique chaleureuse, mais toujours honnête, judicieuse et sincère, était, a-t-on dit quelque part avec vérité, appréciée chez les étrangers comme en France. *David* l'aimait : j'ai été témoin de ses excellentes relations avec Miel. *Ingres* doit à ce dernier l'explosion de justice qui éclata enfin tout à coup en faveur du génie de ce grand artiste.

Miel s'occupa un des premiers de l'étude du gothique et en établit judicieusement la transition à celui de la renaissance dans les trois arts qui se lient le plus étroitement : peinture, sculpture et architecture. Il publia des notices remarquables sur Jean Cousin, Jean Goujon et Philibert Delorme. L'exaltation et la vivacité de Miel tenaient à l'entraînement de ses convictions. Sa parole était quelquefois un peu vive ; mais il était plein d'aménité, de courtoisie et d'atticisme dans tout ce qu'il écrivait. Son volume sur Lesueur, avec les vingt-deux

ment, quelques-uns s'exposent à être toujours en guerre avec leur esprit, et peut-être à s'exclure de leur véritable rang dans ce pauvre monde.

---

tableaux de la vie de saint Bruno (Paris, 1819, in-f°), fait autorité dans l'art.

Il était l'ennemi juré de *l'école romantique*, et peu de conversations se passaient à son foyer ou à sa table sans qu'il rompît des lances contre le mauvais goût. On peut dire qu'il a inspiré à son neveu Nisard, de l'Académie française, le premier ouvrage qu'ait écrit cet habile critique, et qui concerne les poètes de la décadence romaine. L'oncle ne cessait de rappeler à son neveu que le romantisme est une *école facile*, car l'imagination, guide suprême de cette école, a la prétention de ne subir nulle entrave, même celle du goût. Le jeune adepte entendait répéter tous les jours que le goût a sa mission dans les arts comme la raison dans tous les actes de la vie morale. Souvent ainsi nos hommes d'élite sont partis du giron de la famille avec le germe d'une protestation contre le faux goût. Bientôt ils ont eux-mêmes fécondé ce germe et établi leur renommée en agissant avec efficacité sur l'esprit public.

Miel avait provoqué la sympathie des grands artistes de l'époque. Il avait ses coudées franches dans tous les journaux et les publications périodiques, tant on avait de confiance en son bon sens littéraire. Ses notices sur Gluck, Garat, Viotti étaient bien accueillies, ainsi que ses nombreux articles de critique musicale. Il a contribué à populariser la renommée de *Beethoven*, auquel l'opinion s'obstinait à refuser une place près de Mozart. Le célèbre violoniste Baillot aimait et estimait beaucoup Miel. Un de mes plus agréables souvenirs est d'avoir profité de cette liaison pour entendre la meilleure musique de chambre qui se fît alors. Miel est un

Cependant le bon général avait déjà 84 ans ; et quoique ferme encore et vigoureux dans son maintien, il s'affaiblissait sous l'étreinte d'une oppression

---

des créateurs de la Société libre des beaux-arts (1830) ; il se plaisait à l'appeler *sa seconde fille*. Il a écrit cinq volumes des annales de cette Société, qu'il croyait peut-être un peu trop sérieusement une rivale de l'Institut. On a encore de lui un beau volume in-8° intitulé : *Histoire du sacre de Charles X dans ses rapports avec les beaux-arts et les libertés publiques de la France.* Il a laissé en manuscrit un ouvrage concernant la peinture, l'architecture et la musique, auquel était destiné le titre d'*Histoire de l'art français.* Les vives préoccupations de Miel comme membre militant de la Société libre des beaux-arts lui ont dérobé la meilleure partie de son temps : aussi n'a-t-il pu achever une œuvre commencée depuis dix ans, et qui lui aurait sans doute fait le plus grand honneur.

Dans cette petite galerie d'éminents Bourguignons, je vais placer encore un savant bibliothécaire de la ville de Paris. Son fils, et aujourd'hui son successeur à la même bibliothèque, M. Hippolyte Rolle, un des plus aimables entre les spirituels feuilletonnistes de la capitale, a bien voulu me fournir quelques notes sur cette chère mémoire.

Rolle (Pierre-Nicolas), né à Châtillon-sur-Seine le 17 juillet 1770, descendait de l'illustre mathématicien du même nom (Michel Rolle), qui se distingua, sous le règne de Louis XIV, par d'importantes découvertes en géométrie et en algèbre, publia plusieurs savants écrits sur les mathématiques, fit l'éducation du fils de Louvois, mérita l'attention et la faveur de Colbert, et mourut membre de l'Académie des sciences. (Voir l'*Histoire de l'Académie des sciences*, année 1719, contenant l'éloge de Michel Rolle.)

Pierre-Nicolas Rolle se destina d'abord au barreau où l'ap-

qui ne lui laissait guère de trève. Ses lettres ne renfermaient plus, comme précédemment, soit les souvenirs de nos herborisations d'autrefois, soit la

---

pelaient l'exemple et le succès de son père, homme d'une rare capacité et du plus noble caractère, avocat et plus tard procureur à Châtillon-sur-Seine. — En 1792, inscrit au tableau des avocats au Parlement de Dijon, Pierre-Nicolas Rolle comptait déjà parmi les jeunes gens qui annonçaient un brillant avenir. La vivacité de son esprit, la beauté de ses traits, la chaleur de ses paroles, l'attrait et la distinction de toute sa personne l'avaient fait remarquer dès son début. Les évènements politiques l'enlevèrent à cette carrière si heureusement commencée. Il était dans l'intimité de Poncet, Fremiet, Jacotot, Berlier et autres Bourguignons éminents.

Elu le 3 septembre 1792 capitaine de grenadiers par les volontaires réunis de l'arrondissement de Châtillon-sur-Seine, Rolle suivit l'élan général et marcha avec enthousiasme à la défense de la patrie. Il était de la fameuse *colonne infernale* qui formait l'avant-garde de l'armée, et occupa la Belgique. Rolle prit part aux faits mémorables de cette campagne, et s'y conduisit en homme de cœur. Après les batailles de *Famars* et d'*Anzin*, et le siège de *Valenciennes*, où il fut blessé, il passa à l'armée des Alpes et continua à s'y distinguer à la tête de ces grenadiers de la Côte-d'Or à qui un homme qui se connaissait en bravoure et en héroïsme, le général Biron, dit un jour : « Je vous connais; j'ai combattu avec vous : vous êtes des braves. »

Au milieu de cette vie périlleuse et active, le goût des lettres et des savantes études, plus encore que la passion de la gloire militaire, possédait le jeune capitaine. Cédant enfin à cet irrésistible penchant, Rolle quitta le service pour rentrer dans la vie civile et se livrer aux travaux de l'esprit.

monographie des plantes qu'il rencontrait dans
ses promenades. Les réflexions du vieillard qui se
sent mourir avaient succédé aux gracieuses images

Admis à l'Ecole normale le 19 frimaire an III (1794), ou plutôt élu par l'administration du département de la Côte-d'Or
et envoyé à cette célèbre école, il présida à sa formation.

De l'Ecole normale, Rolle passa à l'Ecole polytechnique,
où il exerça les fonctions de substitut du directeur jusqu'en
1796.

Sa capacité et ses talens le désignèrent bientôt à de plus
hautes fonctions. Nommé vers la fin de 1796 administrateur
du département de la Côte-d'Or, il voyait s'ouvrir devant lui
la carrière des honneurs et des grands emplois. Comme les
deux Carnot, Maret, Berlier, Frochot, Marmont, Junot, etc.,
ses compatriotes, ses collègues et ses amis de lycée, il eût certainement conquis une position éminente ; mais l'amour des
lettres fut encore le plus fort. Rolle renonça à toutes ces
grandes espérances, à cette séduction des brillants emplois,
pour vivre définitivement de la vie indépendante et studieuse
où l'entrainaient la simplicité de ses goûts et la noblesse d'un
caractère fier et désintéressé, épris avant tout de sa liberté
et de son repos.

Cette passion de l'étude et des lettres le conduisit à Paris en
1804 ; là il forma bientôt des liaisons et des amitiés selon
ses préférences et ses penchants. Les savants, les littérateurs,
les écrivains en renom devinrent ses émules, ses guides et
ses familiers. Il se lia intimement avec Victorin Fabre, connut Millevoye, retrouva l'illustre Fourier qu'il avait connu à
l'Ecole polytechnique, forma amitié avec Tissot, Ginguené,
Van Praët, le savant bibliophile; avec Quatremère de Quincy,
Etienne Quatremère, Jomard, Dacier, Millin, etc., etc. En-
couragé par eux et sous leurs auspices, Rolle prit part à la

des champs et des forêts solitaires; et, sans avoir
jamais calculé son âge, tant ce beau vieillard me
semblait ferme de corps et d'esprit, il fallut bien
m'apercevoir, aux signes dont je viens de parler,

---

rédaction de plusieurs recueils littéraires ou d'érudition. La
Revue philosophique, la *Revue encyclopédique*, le *Journal des
arts*, le *Mercure de France* publièrent de lui d'excellents travaux de bibliographie, de philosophie et de critique, toujours
remarquables par la justesse des idées, la clarté du style et
la sincérité du savoir.

Rolle continua cette vie de travail agréable et de charmantes amitiés jusqu'en 1810; c'est alors que Frochot, son
ancien camarade, devenu comte de l'empire et préfet de la
Seine, le nomma conservateur en chef de la Bibliothèque de
la ville de Paris. Cette nomination combla ses vœux; la passion de toute sa vie allait se satisfaire. Bibliographe distingué
et plein d'ardeur, il gouverna la Bibliothèque avec un zèle,
un savoir, un goût, un dévoûment qui n'eurent de rivaux et
de pareils que dans l'excellent et passionné M. Van Praët,
alors conservateur de la Bibliothèque impériale, dont l'héroïsme bibliographique, si on peut ainsi dire, est devenu pro-
verbial. Entre les mains de Rolle, la Bibliothèque de la ville
s'enrichit d'année en année, et acquit une importance qu'elle
était loin d'avoir avant lui. On peut dire que Pierre-Nicolas
Rolle en fut véritablement le fondateur et le père.

Placé ainsi aux sources abondantes de l'érudition, Rolle
donna désormais à ses travaux un caractère plus sérieux, plus
suivi et plus complet. L'Académie des inscriptions et belles-
lettres avait mis au concours une question de haute érudition qui touchait aux profondeurs de la mythologie et des religions antiques. Rolle envoya à ses doctes juges un mémoire
qui obtint le prix. De ce mémoire couronné le savant au-

que Dieu réclamait celui qu'une longue et vertueuse vie avait rendu si digne du respect et des
hommages des hommes.

Le général succomba, le 25 août 1856, à dix heu-

---

teur, par de nouvelles et patientes recherches, fit le grand
ouvrage qui est son titre de gloire, et qui parut en 1812, en
trois volumes in-8°, sous le titre de : *Recherches sur le culte
de Bacchus considéré comme force reproductive de la nature.*

« Cet ouvrage, a dit un célèbre critique du temps dans la
Revue encyclopédique, réunit tout ce qu'exigeait cette grande
et honorable entreprise : excellente méthode de disposition et
d'exposition, bonne foi, sagacité, lumières, habitude, et soin
religieux de remonter toujours aux véritables sources et de
les creuser jusqu'au fond. Le style, toujours fidèle aux
convenances du sujet, réunit la concision à la clarté, et
n'est dépourvu ni d'intérêt ni de tournure. On sent que l'auteur est un esprit bien fait, étendu et pénétrant. L'espace
qu'il a parcouru dans les champs, dans les landes de l'érudition est immense, et il a su s'y placer heureusement et
avec habileté dans le domaine de l'histoire et de la philosophie. Nos historiens, nos philosophes, nos poètes feront bien
de lire ce savant ouvrage. »

Tel est le jugement que porta de l'ouvrage de Rolle le savant M. Dacier, juge compétent en ces matières. Je dois aux
savantes notions que j'ai puisées dans ce livre l'avantage d'a-
voir interprété (page 12 de mon *Excursion archéologique dans
la Bourgogne septentrionale*) le *Jupiter Bemilucius,* divinité
locale que Montfaucon avait mal définie. Comme j'ai parlé,
à cette occasion, du savant ouvrage de Rolle, je n'y reviens
pas ici.

Rolle entreprit ensuite l'*Histoire générale des religions de
la Grèce.* Malheureusement, il n'a publié que le premier vo-

res du matin, à une attaque d'apoplexie qu'avait précédée quelques jours plus tôt le traitement très-douloureux d'une vaste plaie causée par un anthrax occupant toute la région dorsale droite, et

---

lume de ce curieux travail. Le reste est resté manuscrit. Retiré à la campagne, dans sa chère Bourgogne, aux environs de Châtillon-sur-Seine, Rolle employa les quinze dernières années de sa vie à achever cette grande histoire mythologique que la mort l'a empêché de mettre au jour. Il y trouva un charme pour sa vieillesse, pleine d'ardeur, comme sa jeunesse, pour l'étude et l'érudition. Il s'éteignit sans souffrances le 24 août 1856, après cette honorable vie qui n'avait eu que l'ambition de l'indépendance et de l'étude. Il était membre de la Légion-d'Honneur, de la Société des antiquaires de France, de l'Athénée des arts, de la Société philotechnique et de l'Académie de Dijon. Il ne comprenait pas le dénigrement des provinces, si habituel dans la bouche de quelques médiocrités parisiennes. Il partageait, au contraire, la pensée libérale des sommités scientifiques de Paris, à savoir que la science et les lettres ont des foyers partout. Cette pensée n'était pas comprise alors comme aujourd'hui, et il m'écrivait ces mots en décembre 1852 : « Les Parisiens ne s'occupent guère des travaux des Académies hors de Paris, et surtout du mouvement littéraire des provinces, quoiqu'ils valent bien les leurs. »

Rolle se rappelait toutes les dates, tous les évènements, tous les noms, et jusqu'aux généalogies des familles avec lesquelles il avait eu les moindres rapports. Cette faculté, si indifférente au vulgaire, est précieuse pour administrer ou pour commander. Napoléon dirigeait habilement les hommes, parce qu'il ne perdait jamais de vue ce qu'ils étaient et ce qu'ils avaient été.

pendant lequel, malgré les plus vives souffrances, le général n'avait fait entendre aucune plainte.

C'est sur la terrasse de sa petite maison à Châtillon (1), terrasse où il aimait à venir prendre l'air, et à récréer sa vue de quelques fleurs cultivées pour lui plaire, par sa digne gouvernante (2), qu'il tomba pour ne plus se relever. C'est là que la mort est venue surprendre l'homme, mais non le chrétien; car il avait communié la veille de l'Assomption, huit jours avant cette grande douleur réservée à ses enfants et à ses amis.

---

(1) Elle est habitée en ce moment par un autre sage occupé de hautes études mathématiques, et cherchant dans la religion les grandes pensées dont le célèbre Laplace a refusé de s'inspirer. J'ai suffisamment dénommé par là M. Voisot, ancien principal du collége de Châtillon.

(2) Elle s'appelle *Reine Fortin*. J'ai eu un des derniers souvenirs du général, car j'avais soin de pourvoir son petit jardin de quelques-unes des fleurs qu'il affectionnait le plus. Voici ce qu'il m'écrivait à l'occasion d'un de ces petits présents : « Vers la mi-septembre, mon *Dianthus superbus* était couvert de ses fleurs aériennes découpées avec tant de finesse et d'élégance. Comme s'il eût voulu m'indemniser des soins que je lui ai prodigués et me témoigner sa reconnaissance, c'est à la lettre qu'il en étalait une multitude à mes yeux. Tout surpris de cette richesse vraiment inespérée, j'examinais sans cesse les charmantes corolles de ces fleurs revêtues d'un si gracieux coloris. Chacune de mes attentives et fréquentes inspections, pour moi toujours pleines d'intérêt, ne manquait jamais d'être un remerciment pour vous.

Plutarque, on le sait, ne manque jamais d'ajouter à la peinture morale de ses héros ce que son éminent traducteur Amyot appelait la *portraicture*. Il aurait semblé en effet, à Plutarque, n'avoir pas suffisamment fait connaître, sans ce double point de vue, l'homme illustre signalé par lui à la postérité. Je peux bien essayer ici d'agir de la même manière, car celui dont j'esquisse la vie réunissait toutes les vertus antiques, et s'il était né Grec ou Romain au lieu d'être né Français, il aurait appartenu de droit à Plutarque.

Le général Testot-Ferry avait une taille avantageuse et les traits réguliers ; sa physionomie était franche, ouverte et martiale, mais tempérée par la modestie et la dignité ; son port était chevaleresque et majestueux : c'était un bel homme de guerre dans toute l'acception du mot. Les fatigues réitérées pendant ses campagnes sans repos avaient fortifié son tempérament, et lui avaient donné, comme il le disait, un corps de fer. Il n'éprouva pendant vingt-cinq ans d'autres malaises que ceux qu'avaient occasionnés ses blessures.

De 1792 à 1794, exposé à des combats incessants la nuit comme le jour, il passait des mois entiers d'hiver sur la neige ou sur la glace. On le vit un certain jour de l'année 1794, tomber de lassitude dans un sillon, et s'y endormir si profondément qu'un violent orage étant survenu, des torrents de pluie inondèrent le champ dans lequel il se trouvait, sans qu'il s'aperçût de la tempête. Il s'éveilla seulement lorsque l'eau qui remplissait le sillon lui couvrit la figure. C'était un marcheur intrépide : en 1795, ne recevant point de solde et n'ayant que six francs en numéraire, il fit en moins de trois jours, soixante lieues à pied, de Chambéry à Arnay-le-Duc. Il est vrai qu'il venait confondre d'infâmes calomniateurs et déjouer les menées perfides de lâches ennemis. A cette époque l'honneur s'était réfugié aux armées, pendant qu'à l'intérieur l'anarchie, les dénonciations, et la haine terrifiaient les populations, et désolaient les familles.

Les nombreux documents manuscrits que le baron Testot-Ferry a laissés aux diverses époques de sa carrière, prouvent qu'il exerçait sans cesse son intelligence sur sa noble profession. Il y a des études sur le service des troupes légères, des considérations sur les différents ordres de bataille, quelques analyses du traité des grandes opérations militaires, des réflexions sur la guerre au point de vue moral, des études hippiques, etc.

Il portait très haut le sentiment de la dignité du soldat : aussi préserva-t-il maintes localités, et surtout les couvents, du pillage et des tristes conséquences de l'invasion. Etait-il chargé de lever des contributions, il le faisait avec une parfaite intégrité et avec les ménagements dus à des populations vaincues et malheureuses. Associer ainsi les sentiments d'humanité au courage et à l'intrépidité au champ d'honneur, c'était comprendre la vraie mission du soldat.

Quoique sévère pour ceux qu'il commandait, il leur était dévoué jusqu'au sacrifice, et montrait une sollicitude de tous les instants pour leur bien-être : aussi dut-il plus d'une fois la vie à l'affection et au dévoûment qu'il avait su leur inspirer. Un de ceux-là étant devenu Prussien par suite de la perte de nos provinces Rhénanes, écrivait en 1835 au général Ferry dans l'unique but de lui demander de ses nouvelles, lui disant qu'il ne l'avait pas vu depuis la bataille de Leipsik. Il lui racontait qu'ayant l'esprit inquiet depuis le récit qu'il avait entendu faire des périls auxquels son ancien chef avait été exposé, il avait obtenu de quitter son rang pour tâcher de le revoir ; qu'il l'avait aperçu de loin à la tête de ses escadrons, sur son cheval *Hantz, gris de souris*, et qu'il était alors revenu satisfait à son rang.

Les Châtillonnais, compatriotes d'adoption du général, montrèrent les plus vifs regrets de la mort du vieux soldat qui était venu, après beaucoup de gloire, se recueillir au milieu d'eux. Ils l'accompagnèrent en foule à sa dernière demeure.

Ne dirait-on pas que je viens d'esquisser l'histoire d'un homme antique, celle d'un Romain de

l'âge primitif des hautes vertus et des beaux caractères. Il ne serait pas difficile de le dessiner à
plus grands traits ; toutefois, si quelqu'un supplée
sans trop d'efforts à mon faible talent, je doute
qu'il dépasse jamais ma bonne volonté.

Entre l'humble sépulture d'Eusèbe Gris, savant
modeste, ami du général, et le mausolée de gra-
nit du maréchal Marmont, duc de Raguse, a été
placée au cimetière de Saint-Vorles la tombe du
général Ferry, avec cette inscription :

ICI REPOSE LE CORPS
DE M. LE GÉNÉRAL TESTOT-FERRY,
BARON DE L'EMPIRE,
COMMANDEUR DE L'ORDRE DE LA LÉGION-D'HONNEUR,
CHEVALIER DE SAINT LOUIS,
EX-COLONEL DE LA VIEILLE GARDE,
ET PREMIER AIDE DE CAMP
DE SON EXCELLENCE
LE MARÉCHAL DUC DE RAGUSE,
DÉCÉDÉ A CHATILLON-SUR-SEINE
LE 25 AOUT 1856.

NÉ A ARNAY-LE-DUC LE 20 MAI 1773,
IL ENTRA AU SERVICE LE 4 DÉCEMBRE 1789,
SERVIT 40 ANS,
ET FIT, DE 1792 A 1815,
VINGT CAMPAGNES DE GUERRE
SUR LE RHIN, EN ITALIE,
SUR LE DANUBE, EN SUISSE,
EN ALLEMAGNE, EN DALMATIE,
EN ESPAGNE ET EN FRANCE.
. . . .
IN TE DOMINE SPERAVI.

FIN.

NOTA

Je suis loin d'avoir épuisé la liste de nos gloires militaires bourguignonnes de l'empire. Par exemple, je n'ai pas reproduit dans cet ouvrage le nom du vice-amiral *Dupotet*, né à Chaugey (Côte-d'Or); et la raison, c'est que j'avais déjà esquissé ailleurs (*Album du Châtillonnais*) une notice sur cet intrépide marin. — Si je n'ai pas donné non plus la biographie de *Junot*, né à Bussy-le-Grand, près de Semur, en 1771, et mort à Montbard en 1813, c'est que la duchesse d'Abrantès a écrit tout ce qu'on pouvait écrire sur cette illustre mémoire.

J'ajourne à une époque où j'aurai recueilli de plus amples documents la biographie du général *Veaux*, né à Semur en 1764, mort à Dijon en 1817; celle du général *Heudelet*; celle du général *Michel*, né à *Peintre*, près d'Auxonne, tué à *Waterloo* à la tête des grenadiers de la garde (son corps n'a pas été retrouvé); celle du général *Vaudrey*, etc.

Auxonne est une pépinière de braves qui ont légué leur mémoire aux fastes de la guerre; on y trouvera plus tard le nom de M. le général du génie *Bergère*, directeur de l'Ecole d'application d'artillerie et du génie à Metz, etc.; ceux des colonels du génie MM. *Radepont* et *Redouté*; de M. le colonel d'artillerie *Noblet*, etc., etc.

Châtillon a produit aussi ses braves en renom, tels que : le colonel d'artillerie Eugène de Framery, mort depuis peu à Châtillon avec le titre de général de brigade; les colonels Marcoux, Brunot, Portemont, etc.

Si l'on en juge par ses illustrations militaires encore vivantes, Dijon marchera en tête de cette liste d'honneur.

APPENDICE

RECTIFICATIONS ET NOTES

———

Page 6, ligne 4 de la note, au lieu de : les *Ferry*, lisez : les *Testot*.

P. 12, à la note : M. Ferry aîné, après avoir de nouveau consulté ses souvenirs, m'écrit que c'est à Arles que s'est passé le fait.

P. 33, au lieu du 23 au 28 avril, lisez : du 12 au 28 avril. — En effet, la bataille de *Montenotte* a eu lieu le 12 avril 1796 (23 germinal) ; celle de *Millesimo* le 15 ; celle de *Dego* le 14 et le 15 ; celle de *Mondovi* le 21 : ce qui fait cinq jours de batailles, dont quatre consécutives. Le 28, Bonaparte accordait, à *Cherasco*, un armistice au Piémont. (Voir, pour la certitude de ces dates, M. Thiers, *Révolution française*, 2ᵉ éd., t. VIII, p. 227 et suiv. ; et Th. Lavallée, *Histoire des Français*, t. IV, p. 215 et suiv.)

P. 36, ligne 11, au lieu du 24 novembre, lisez : 14 novembre. (Th. Lavallée, *loc. cit.*, p. 225.)

P. 40, ligne 19, lisez : *Albuquerque*.

P. 45, ligne 19, et p. 131, ligne 4, lisez : *escadron*, au lieu de : *bataillon*.

P. 46 et 47 : Un des motifs les plus particuliers de la part de l'Autriche pour vouloir s'emparer des papiers de nos plénipotentiaires, c'était de s'assurer jusqu'à quel point les princes de la Confédération germanique s'étaient avancés vis-à-vis du Directoire, dont la politique avait été de détacher de l'Autriche les membres de cette Confédération. (Voir Jomini, *Vie politique et militaire de Napoléon*, t. I, p. 342.)

P. 51, ligne 4, lisez : *sept* jours, au lieu de : *cinq* jours.

P. 66, 3ᵉ alinéa, au lieu de : *Montebello*, lisez : *Marengo*.

P. 91, ligne 2 de la note 1, lisez : 1800, au lieu de : 1801.

P. 97, 1ᵉʳ alinéa, au lieu de : 14 décembre, lisez : 15 décembre.

P. 118 : Testot-Ferry avait extrait ces maximes des œuvres de Ganganelli, afin de s'en faire une règle de conduite.

P. 120 : L'aide de camp Lafosse est devenu officier général. C'était un militaire d'une grande distinction et neveu de l'illustre général Dumoustier, de la garde impériale. Ferry était très lié avec Lafosse. Ils se trouvèrent ensemble au corps d'élite des dragons de la garde.

P. 132, ligne 3 : Retranchez la négative *pas*.

P. 148 : Jomini, *loc. cit.*, t. III, p. 326, dit « que si le projet de se faire déclarer souverain du Portugal a réellement existé dans la pensée de Soult, il faut supposer, en faveur du jugement et du patriotisme de Soult, que ce n'était qu'un moyen de se créer un parti en Portugal, à cause de la position difficile où se trouvait ce chef d'armée. »

P. 149, ligne 20, lisez : *Arrizaga*.

P. 151, ligne 1, lisez : du 18 au 23 avril.

P. 157, note 1, au lieu du 12, lisez : le 13 mai.

P. 160, ligne 11, au lieu de : charger à fond le 1ᵉʳ escadron, mettez : charger à fond *avec* le 1ᵉʳ escadron.

Voici en quels termes Jomini (*loc. cit.*, t. III, p. 442), parle de l'affaire de *Lérida* :

« Le 23 avril 1810, le général O'Donnel crut surprendre nos troupes de la rive gauche de l'Ebre et s'avança hardiment sur la tête de pont de Lérida par les plaines de *Margalef*. En même temps, la garnison de la place tenta une sortie qui fut contenue ; et, pendant que le général Harispe repoussait la tête de colonne d'O'Donnel, le 13ᵉ de cuirassiers, soutenu par la division Musnier, chargea en flanc la 1ʳᵉ division espagnole, la culbuta, et, après un combat vif et court, lui fit mettre bas les armes ; l'autre division prit la fuite. L'ennemi, outre ses morts et ses blessés, perdit cinq mille prisonniers. »

P. 162, ligne 12, lisez : *incertain*.

P. 171 : Dans un renseignement subséquent, M. Ferry fils m'apprend que, lorsque son père entra aux dragons de la garde, *Letort, Ornano* et *Saint-Sulpice* étaient déjà généraux.

P. 180, ligne 2, au lieu de : *Soult*, lisez : *Davout*. Le maréchal Soult était alors en Espagne. Je ferai remarquer que j'ai suivi l'orthographe de M. Thiers pour le nom d'un de ces maréchaux, quoique généralement on écrive *Davoust*.

P. 181, ligne 15, lisez : *Gorodeczno*.

P. 182 : Le général Plauzonne n'avait pu, malgré tous ses efforts, parvenir à modérer l'ardeur du 106e de ligne, qui faisait partie de sa brigade. Ce fut en cherchant à le retenir dans une poursuite aventureuse au-delà de la *Kolocza* qu'il reçut la mort sur le pont même de *Borodino*, d'où il avait expulsé les chasseurs de la garde russe. (Voir le comte de Ségur, *Campagne de Russie*.)

Jomini (t. IV, p. 120) a dit avec son énergique concision : « Plauzonne meurt victime de l'ardeur de ses bataillons. »

P. 183, ligne 17, au lieu du chiffre tronqué : 30,00, lisez : 30,000.

P. 186 : « 80,000 combattants sortirent de Moscou du 14 au 19 octobre. » (Th. Lavallée, *loc. cit.*, p. 474.)

P. 187, ligne 4 : D'après Jomini (t. IV, p. 169) et Th. Lavallée (p. 474), c'est le 25 octobre 1812 qu'eut lieu la bataille de Malojaroslawetz.

P. 188, 2e alinéa : *Krasnoé*. Jomini et Th. Lavallée nomment ce lieu *Krasnoï*.

P. 189 : Jomini a écrit *Orcza, Kutusof* et *Studzianka*.

P. 195, note, ligne 15, au lieu de ces mots : *de premier consul*, lisez : *du premier consul*.

P. 199, ligne 7 : La date du 28 février, pour la coalition de la Prusse avec la Russie, est donnée par M. Thiers. Th. Lavallée donne celle du 22 février, et M. Martin (de Gray) celle du 1er mars.

P. 204 : L'illustre général Letort commandait en chef les dragons de la garde. Ferry marchait sous sa direction aussi bien à la journée de Lutzen qu'à celles de Hollendorf et de Peterswald. (Voir p. 215.)

P. 208, 1er alinéa : Les négociateurs s'étaient rendus à Prague dès le 14 juillet; mais le congrès ne s'ouvrit réellement que le 29 de ce mois.

P. 222, ligne 13 : Les *trois autres chefs furent faits prisonniers*. Il y a ici une rectification importante à faire. Le maréchal *Macdonald* ne fut point fait prisonnier. Il passa l'Elster à la nage, et alla garder les bords du Rhin avec les maréchaux Marmont et Victor, ainsi que je le dis en tête de la page 228.

Le général Dufresse, dont il est question à la même page, s'était lié intimement avec Ferry à Niort.

P. 224, ligne 11, au lieu de m'exprimer ainsi : L'empereur dirigeait en personne les mouvements de *la petite troupe*, il aurait été plus exact de dire que l'empereur dirigeait les mouvements de ses différents corps : il y avait là, en effet, l'infanterie, les grenadiers à cheval et les dragons de la vieille garde, etc.

P. 233, ligne 8, au lieu de : *Vaudœuvres*, lisez : *Vandœuvres*.

P. 267, ligne 5, au lieu de : *Colonel d'état-major aux éclaireurs de la garde*, lisez : *Colonel-major des éclaireurs de la garde*.

P. 279, ligne 16, lisez : *Letorg*. C'était un général d'artillerie, qu'il ne faut pas confondre avec le général *Letort*, des dragons de la garde.

P. 321, ligne 10 : Le numéro du renvoi aux notes est 1, au lieu de 3.

P. 327 : Je vais répéter ici la description héraldique de la ligne 17 de la note, parce que cette description y a été mal ponctuée.

Cocarde de l'île d'Elbe : centre amaranthe avec trois abeilles et pourtour blanc.

Drapeau de l'île d'Elbe : écu d'argent à la barre de gueule semée de trois abeilles d'or, ou, pour être intelligible à tout le monde : drapeau blanc ayant une barre transversale amaranthe avec trois abeilles.

Pendant le trajet de l'île d'Elbe, le petit nombre de ceux qui n'avaient pas conservé leur cocarde de l'empire ajoutèrent comme ils le purent une troisième couleur à la cocarde de l'île d'Elbe. (*Renseignements de M. Chanat.*)

P. 354, ligne 3, il est nécessaire de faire remarquer ici au lecteur que c'était *Lecourbe* qui commandait la petite armée du Jura. — *Suchet* était alors à la tête du 7ᵉ corps à *Chambéry*.

P. 356, ligne 2, au lieu de ces mots : elle préféra *celui de* l'abus, lisez : elle préféra l'abus etc.; — et, même page, 14ᵉ ligne de la note, au lieu de : *ce mettrait*, lisez : *le mettrait.*

P. 368, à l'occasion de cette indifférence peu équitable de Marmont, nous avons vu déjà dans plusieurs passages du texte tout l'intérêt que le maréchal *Ney* témoignait, au contraire, à Ferry, et combien ce dernier aurait eu d'avantage à devenir l'aide de camp de ce maréchal. On le savait à l'armée : le passage suivant de la lettre de *M. Viel*, un des officiers supérieurs du régiment de Ferry, écrite en 1814, atteste à la fois et le crédit dont notre brave colonel jouissait près du maréchal, et l'estime dont les compagnons d'armes de Ferry l'entouraient :

« C'est à vos bontés, mon cher colonel, que je dois d'être vu ici avec quelque intérêt par mon nouveau chef (le maréchal Ney), car c'est par suite de la façon particulière dont vous m'avez recommandé au général *Guyot*, que lui-même a bien voulu dire quelque chose en ma faveur.

« Vous avez laissé en moi, mon colonel, des souvenirs ineffaçables. Je n'oublierai jamais le temps que j'ai passé près de vous; je me le rappellerai sans cesse, et ce sera tou-

jours pour le regretter. Pourquoi a-t-il fallu nous séparer ?
Si, comme je me plais à le croire, le maréchal Ney est
prompt à tenir ses promesses, je réclame de votre amitié de
m'apprendre ce qui vous arrivera d'heureux, car personne
plus que moi ne désire *tout ce qui peut vous arriver de bonheur et d'agréable,* etc. »

P. 380, 2e alinéa, au lieu de : élève de *cavalerie,* lisez :
élève de l'*école de cavalerie.*

P. 391, ligne 7 de la note, au lieu de : *Rochefond,* lisez :
Rochefort; et ligne 12, ibid., au lieu de : *thymété,* lisez : *thy-
mélé.*

P. 401, ligne 5, au lieu de : *Hohenlinden,* lisez : *Memmingen*
(même campagne, 11 mai 1800).

Nota bene. — Tout ce que j'ai raconté touchant les faits
d'armes du général baron Testot-Ferry résulte de ses états
de services et des archives de la guerre. Un ouvrage récent
(*Napoléon Ier et sa garde impériale,* par M. Fieffée; Paris,
Furne, 1859) accorde à notre général une bien honorable
mention.

Je regrette qu'il ne me soit pas resté une place suffisante
dans cet appendice pour y faire figurer plusieurs autres notes
telles que l'extrait du titre de la chancellerie (16 mars 1814),
qui conférait au général le titre de *baron de l'empire,* et telles
que les lettres-patentes du roi Louis XVIII (27 janvier 1815),
confirmatives de ce titre de *baron.*

———

J'ai reçu un peu trop tardivement, pour les faire figurer
dans mon texte même, des renseignements très curieux que
je dois à la bienveillance de MM. Larabit et Sari. Les documents, placés dans cet Appendice, suivant la pagination de ce
texte, n'ont pas beaucoup de suite, parce qu'ils se composent
de réponses à des questions diverses que j'avais posées; mais
ils méritent tout l'intérêt du lecteur.

Je laisse d'abord parler M. le sénateur Larabit :

« Je sais qu'on a prétendu, depuis l'évènement, que le colonel Campbell avait, à Livourne, des relations de galanterie qui lui avaient fait oublier la surveillance de l'île d'Elbe. Je n'ai pas entendu parler de cela à cette époque. Campbell n'était pas en station fixe à l'île d'Elbe. Sa frégate n'était pas toujours dans le port ni en vue de *Porto-Ferrajo*. Campbell était invité de temps en temps chez l'empereur ; on le voyait quelquefois danser aux soirées de la princesse Pauline ; mais il s'éloignait souvent, et je crois que ses absences étaient plus fréquentes que sa présence. L'empereur n'était pas prisonnier à l'île d'Elbe : la frégate anglaise le surveillait sans doute ; mais il était libre, et deux fois il sortit de l'île d'Elbe avec le brick pour passer quelques jours à la *Pianosa*.

« Peu avant le 26 février, on avait le pressentiment du départ. Je logeais, avec le général Cambronne, dans le fort de l'Etoile, qui dominait le petit palais et le jardin de l'empereur, et plongeait sur la pleine mer. Pendant deux jours, la frégate anglaise courut des bordées continuelles à 1,000 ou 1,500 mètres au large de Porto-Ferrajo. Du saillant d'un bastion du fort l'Etoile, je voyais l'empereur observer avec une longue vue les mouvements de la frégate : il semblait le faire avec anxiété ; et, moi-même, je suivais attentivement les manœuvres de la frégate et les mouvements de l'empereur. Il était facile de prévoir un départ, mais non d'en connaître le but. Le 26 février au matin, la frégate n'étant plus en vue du port, on fit, dans la journée, les préparatifs de voyage, et, à cet effet, plusieurs bâtiments avaient été réunis d'avance à *Porto-Ferrajo*. L'ordre de se mettre en mer ne fut donné que vers quatre heures ; le trésorier de l'empereur fit quelques avances d'argent aux officiers qui pouvaient en avoir besoin. Je crois me rappeler que la flotille partit à huit ou neuf heures du soir. Je ne me souviens pas si un coup de canon a été tiré. Le brick l'*Inconstant* pouvait avoir une douzaine de canons en batterie.

« Je suis certain que plusieurs mois avant le départ on a
su qu'il avait été question d'enlever l'empereur, de l'île d'Elbe.
On songeait même à se mettre en état de défense : cette pensée était alors dans tous les esprits; mais aucun ordre n'a été
donné à ce sujet. Je me rappelle très bien qu'on parlait, dès
cette époque, d'une translation à Sainte-Hélène. Je connais-
sais le nom de cette île éloignée par des relations de voyages,
et ce nom m'avait frappé.

« La Pianosa n'est pas un îlot, mais une île d'une ou plusieurs lieues carrées, dont le sol est très fertile. Elle avait été
habitée et cultivée du temps des Romains, et l'on y voit des
ruines qui proviennent, dit-on, d'un palais d'Agrippa. Plus
tard, les habitants ont été plusieurs fois enlevés par les pira-
tes barbaresques, et, depuis un grand nombre de siècles, elle
était inhabitée; mais elle a un port, des sources de très bonne
eau douce; elle est couverte d'oliviers sauvages et de prairies,
et, à certaines époques de l'année, les *Elbois* des côtes voisines y venaient en armes pour faire quelques récoltes, et
ils y laissaient leurs chevaux à l'état de liberté pendant
plusieurs mois.

« Dans le traité du 11 avril 1814, il n'est pas question de
l'île de la Pianosa; mais cette île avait toujours suivi la destinée de l'île d'Elbe, et particulièrement de *Porto-Longone :*
l'empereur avait donc dû penser que la *Pianosa* lui appartenait aussi bien que l'île d'Elbe, et il tenait beaucoup à établir
sa possession, soit à cause de l'île elle-même, soit dans le but
de se ménager un prétexte pour se mettre en mer avec son
brick. Dans la première quinzaine qui suivit son arrivée à l'île
d'Elbe, il alla visiter la Pianosa et il y coucha sous sa tente
de campagne; il y retourna encore dans le mois de juillet. Il
avait l'intention d'y construire un village avec des moyens de
défense, et d'y établir une colonie d'Elbois pour la culture
des terres : il voulait faire greffer les nombreux oliviers sauvages qui s'y trouvent.

« Dans les premiers jours de juin il me fit donner l'ordre

de me rendre à *Porto-Longone* et de l'y attendre ; il y arriva
le lendemain, et me dit qu'il m'envoyait à la *Pianosa* avec
huit pièces de canon, vingt canonniers et une compagnie
du bataillon franc de l'île d'Elbe. Il me montra sur un
plan de la Pianosa un cap élevé qui s'avance en mer en avant
du port, et me dit : « Dans les vingt-quatre heures vous met-
trez là vos huit pièces en batterie, et vous tirerez sur tout ce
qui se présentera. » Je ne sais s'il craignait sérieusement d'être
inquiété dans cette prise de possession, ou si cet ordre énergique était une suite de ses habitudes de guerre.

« Tout était prêt : je partis avec quelques chaloupes et des
bateaux portant les canons et leurs affûts. Bientôt ils étaient
en batterie à la position indiquée. La petite garnison se logea
dans des grottes et parmi des ruines, et je fis construire sous
la batterie un corps-de-garde voûté pour quarante hommes.
La construction du village fut ajournée, et je revins à l'île
d'Elbe au bout de deux mois. Ainsi que le dit M. Noisot,
l'empereur y envoya les chevaux de son escadron polonais
pour y paître en liberté et par mesure d'économie.

« J'ai été naturellement curieux de savoir ce qu'était devenu l'établissement commencé à la Pianosa, et, dans un
voyage que j'ai fait à l'île d'Elbe en 1854, j'allai visiter la petite colonie. Dans les premières années qui suivirent le départ
de l'île d'Elbe, la Pianosa avait été tout à fait abandonnée. De
1830 à 1850, plusieurs essais de colonisation furent inutilement ordonnés par le grand-duc de Toscane ; mais enfin un
fermier principal intelligent a complètement réussi : il y a
établi une vingtaine de familles dans des fermes construites
sur différents points de l'île. La batterie existe, mais sans
canons ; le corps-de-garde voûté est solide et abrite sa petite
garnison. Une église a été construite. J'ai vu, dans l'île, des
vignes qui produisent d'excellent vin ; j'ai vu de beaux
champs de blé et d'avoine. Une vingtaine d'enfants, nés à la
Pianosa, n'ont jamais vu d'autre terre. Enfin, les oliviers,
qu'on ne croyait pas pouvoir greffer, le sont aujourd'hui. En

1854 il y avait déjà plus de trois mille arbres produisant d'excellente huile d'olive. Ainsi, les bonnes intentions de l'empereur se sont enfin réalisées trente-cinq ans après lui.

« Ce n'est pas seulement en vue des côtes de France que l'empereur a parlé de Sainte-Hélène : il en avait déjà été question deux mois auparavant. Il savait très bien qu'on voulait violer le traité de Fontainebleau, et que les millions promis pour sa personne, sa famille et sa garde, lui étaient déjà refusés.

« J'ai vu le prince de Monaco à son arrivée devant le golfe Juan ; j'ai même intercédé près du général Bertrand pour qu'on le laissât passer. Quelques heures avant la rencontre du prince de Monaco on avait arrêté sur la route un jeune officier d'artillerie aujourd'hui colonel en retraite. Il était d'Antibes, et neveu d'un des illustres généraux de l'empire ; il venait de visiter son oncle dans une campagne des environs de Grasse. Ce jeune officier, mon camarade de promotion, savait que j'étais avec l'empereur à l'île d'Elbe ; il demanda naturellement à me voir : il était mon ami, nous eûmes ensemble une longue conversation sur la route ; j'avais cherché à le déterminer à nous suivre. L'empereur, informé de cette circonstance, nous fit venir, lui demanda des nouvelles de son oncle, et voulut, devant moi, le charger d'un message. Quoique très attaché à l'empereur, il refusa avec respect, mais en alléguant son attachement à ses nouveaux devoirs. Tous les esprits restaient froids à la première nouvelle du débarquement, jusqu'à ce que la volonté de la France et la fermentation générale eussent entraîné toute l'armée. Malgré son refus, l'empereur le traita avec bienveillance, lui donna ses proclamations pour les porter à Antibes, et lui laissa toute sa liberté. Bientôt cet officier reprit son service dans l'armée ; mais après les Cent-Jours il aurait pu solliciter des faveurs en s'honorant de sa résistance : il n'en fut rien ; il se laissa même persécuter comme bonapartiste.

« Le maréchal Bertrand a été longtemps malade à l'île

d'Elbe ; il y a perdu un fils. Pendant ses chagrins il voyait à peine l'empereur ; mais dans les derniers mois il sortait tous les jours avec lui. Je les voyais ensemble à la maison de campagne de *San Martino*, dont l'empereur m'avait chargé de surveiller les travaux. Ils étaient souvent engagés dans de très vives conversations, et je suis persuadé que le maréchal Bertrand a été le seul qui ait reçu la confidence du projet de débarquement en France.

« Comme le disait le commandant Baillon, son maréchal des logis du palais, on a cru, en effet, que l'impératrice était venue passer quelques jours avec le roi de Rome sur une montagne près de *Marciana*, gros village isolé sur un des caps de l'île d'Elbe ; mais Marie-Louise avait déjà d'autres affections, et il est certain aujourd'hui que cette visite était celle d'une dame polonaise, et que son bel enfant était le comte W...

« Je crois qu'il n'est pas inutile de rappeler qu'indépendamment de la violation du traité de Fontainebleau, méditée par les ennemis de Napoléon, ils ont même voulu s'acharner contre sa vie. On sut à l'île d'Elbe qu'un assassin y avait été envoyé. On en demeura fort préoccupé pendant quelque temps ; mais l'assassin disparut. »

On a parlé beaucoup, mais très diversement, d'une anecdote qui, tout en accusant quelque faiblesse humaine de la part du grand homme, montre pourtant le soin qu'il apportait à la dignité et à l'honneur de ses officiers. J'ai obtenu de l'éminent M. Larabit quelques éclaircissements dont le fond peut se résumer dans ce qui va suivre.

Il y avait à l'île d'Elbe une jeune Française pleine de grâce et d'esprit. Elle avait été amenée à Porto-Ferrajo par son père et sa mère, qui y tenaient un certain rang. Il est aujourd'hui avéré que la jeune personne avait un culte secret pour l'empereur ; mais nul ne s'en doutait, car elle était très réservée avec tous les courtisans. Un officier d'artillerie qui depuis a eu en Amérique et en Europe une existence très agitée, et qui est mort général en 1830, était devenu éperdument amoureux de la jeune personne. Il la poursuivait de ses protestations d'amour, auxquelles elle restait très indifférente : cependant il voulait absolument l'épouser. Il en demanda la permission à l'empereur ; mais Napoléon respectait trop ses officiers pour ne pas les désillusionner en pareille occurrence. Un jour que le brave Raoul était devenu trop pressant, l'empereur lui fit des représentations et lui demanda le consentement de son père ; puis, rompant tout à coup l'entretien : « Au surplus, lui répéta-t-il plusieurs fois en le congédiant, prenez des renseignements, beaucoup de renseignements. » Longtemps après cette scène, Raoul parlait à M. Larabit de sa gratitude, et racontait à tous ses amis cet honnête avertissement. Peu de temps après la seconde invasion des armées étrangères, la jeune personne épousait un colonel russe ; mais l'illustre et discret exilé n'y était pour rien.

M. Larabit racontait en 1854, à M. Noisot, ce singulier incident d'un récent voyage à l'île d'Elbe : « *San Martino*, maison de plaisance de Napoléon, maison où j'ai fait tant de travaux et où je voyais tous les jours l'empereur, est devenu la propriété du prince russe Demidof. J'étais curieux de revoir ces lieux que l'empereur avait beaucoup affectionnés : je m'y suis présenté avec un jeune Anglais mon ami, aujourd'hui secrétaire du gouvernement des îles Ioniennes. Nous avons été arrêtés à portée de fusil par plusieurs domestiques ; j'ai envoyé ma carte à l'intendant, qui était un Français : bientôt il est arrivé lui-même, et, malgré mes titres à l'accès de cette maison de plaisance, il nous déclara brusquement qu'elle appartenait à un prince russe, et qu'il n'y laisserait entrer que l'empereur de Russie ou le grand-duc de Toscane. Quelques jours après mon départ, M. X., qui revenait d'inspection en Corse, se présenta en force à *San Martino,* et s'en fit ouvrir toutes les portes. »

Voici une lettre on ne peut plus intéressante que M. Sari, lieutenant de vaisseau sur le brick l'*Insconstant* en 1815, m'a fait l'honneur de m'écrire le 17 juillet 1859 :

« Il n'y a pas eu de coup de canon tiré comme signal de départ de l'île d'Elbe. Des ordres avaient été donnés d'avance pour que tous les navires qui composaient notre petite flottille suivissent la manœuvre du brick l'*Inconstant*. — Le 26 février 1815, à huit heures du soir, l'empereur était à bord, et, vingt minutes après, l'*Inconstant* était sous voile. — La *Perdrix*, corvette anglaise de trente-deux canons, qui venait mouiller de loin en loin à *Porto-Ferrajo*, avait toujours à son bord le colonel *Campbell*, commissaire du gouvernement britannique, qui allait faire sa visite au gouverneur, le général Drouot, lequel la lui rendait ou ne la lui rendait pas. C'était toute la cérémonie, et la corvette s'en retournait à Livourne.

« La frégate française que nous vîmes à une grande distance dans l'est de la Corse était, comme nous l'avons su depuis, la frégate la *Fleur-de-Lys* (ancienne *Dryade*), commandée par le capitaine de vaisseau chevalier de *Garrat* (ancien émigré), qui fut destitué pour ne nous avoir pas barré le passage. Cette frégate faisait route pour *Livourne*, où, à son arrivée, elle apprit que l'empereur avait quitté l'île d'Elbe la veille. D'après l'aveu des officiers de cette frégate, qui étaient tous de mes camarades, j'ai su qu'on ne s'était nullement inquiété de nous, et qu'on nous avait pris pour un brick marchand. En effet, sur ma proposition, l'empereur m'avait donné l'ordre de faire déguiser le brick de guerre en bâtiment marchand, et vingt hommes furent occupés, pendant la première nuit, à peindre avec toutes les fantaisies des navires de commerce notre pauvre *Inconstant*, lui si coquet la veille. Cette métamorphose fut terminée avant le jour.

« Pendant les soixante-six heures de traversée, le porte-voix (qui est le sceptre du commandement de l'officier de marine à la mer) n'est pas sorti de mes mains. Cependant nous ne manquions pas d'officiers, à commencer par le capitaine commandant la flottille, vieillard infirme et timide auquel le hasard avait fait donner, douze jours auparavant, le commandement du navire qui devait jouer un si grand rôle dans les destinées de la France et de son élu! Le brick l'*Inconstant* armait dix-huit caronades du calibre de dix-huit. »

Napoléon discernait d'un coup d'œil le mérite et la valeur des hommes qui l'entouraient. Or, le dévoûment et l'intelligence du jeune lieutenant de vaisseau M. Sari le frappèrent, et il ne s'adressa qu'à lui seul pendant toute la traversée.

M. Jean-Matthieu-Alexandre Sari est né le 20 février 1792 à Ajaccio. Il entra au Prytanée de Saint-Cyr en mai 1802, et dans la marine impériale en septembre 1807. Lieutenant de vaisseau et décoré en 1815, il est légataire de Napoléon Iᵉʳ pour services rendus à l'île d'Elbe, et légataire du roi Joseph-Napoléon pour les vingt années d'exil passées avec ce prince. Tous ces hauts témoignages de reconnaissance de la part de la famille impériale répondent avec équité au vif et inaltérable attachement de M. Sari pour elle.

Les arts ont consacré l'évènement sur lequel je viens de donner des détails tout à fait neufs. On voit aux galeries de Versailles un tableau dû au pinceau de Baune, et qui représente le départ de l'île d'Elbe. Entre les personnages, et au premier plan, figurent les généraux Bertrand, Cambronne et Drouot, M. Larabit, le colonel Baillon et le capitaine Noisot.

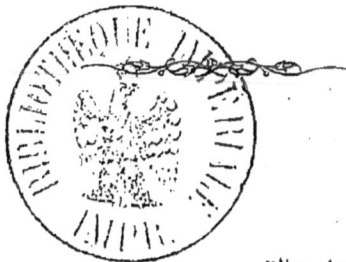

Dijon, imprimerie J.-E. Rabutôt.

OUVRAGES DE M. MIGNARD

Correspondant du Ministère de l'Instruction publique,
Membre des Académies de Dijon, Lyon, Lille, Besançon et de plusieurs autres Académies
françaises et étrangères,
Secrétaire de la Société archéologique de la Côte-d'Or,
Chevalier de l'Ordre pontifical de Saint-Grégoire-le-Grand, etc.

Éducation de famille, Morale chrétienne. Paris, 1851, in-12; chez Jacques Lecoffre et Ce, rue du Vieux-Colombier, 29.

De l'Étude de l'Histoire pour les jeunes élèves qui suivent les cours de latins. Paris, 1851, in-8°.

Histoire de différents Cultes, Superstitions et Pratiques mystérieuses d'une contrée bourguignonne. Dijon, 1851, in-4°, avec 10 planches. Se trouve à Paris, chez Didron, rue Saint-Dominique, 23.

Éclaircissements sur les Pratiques occultes des Templiers; un premier Mémoire. Dijon, 1851. — Deux autres Mémoires. Paris, Dumoulin, 1852 et 1853, in-4°; dont l'un sous le titre de *Monographie du Coffret de M. le duc de Blacas,* et l'autre sous le titre de *Preuves du Manichéisme de l'Ordre du Temple,* avec 5 planches.

Statistique de la Milice du Temple. Paris, 1853; Dumoulin, quai des Augustins, 13.

Histoire et Légende concernant le pays de la Montagne. Paris, Victor Didron, 1853.

Découverte d'une ville gallo-romaine dite *Landunum.* Paris, 1854; Didron et Dumoulin, in-4°, avec 13 planches.

Du Chant liturgique; résumé critique et état de la question. Paris, 1854, in-8°, Didron.

Bourgogne septentrionale, ou Album pittoresque de l'arrondissement de Châtillon-sur-Seine, ouvrage artistique et historique. Châtillon et Dijon, 1855; grand in-folio, avec 65 planches exécutées par M. Nesle, artiste peintre, membre de la Société libre des Beaux-Arts, correspondant de l'Académie de Dijon et de la Société d'Archéologie de la Côte-d'Or. — SOMMAIRE du texte de M. Mignard : « Aspect intérieur de l'église Saint-Vorles. — Le sépulcre et les deux principales chapelles. — Iconographie d'un tableau représentant la translation des reliques de saint Vorles. — La Douix. — Tympan byzantin de l'église de Prusly. — Gurgy-le-Château, Bure-les-Templiers, la Couroierie, Epailly, la chapelle Saint-Thibaut. — Les châteaux d'Origny et de Jours. — Lettre sur la fontaine d'Etalante, dite *la Coquille.* — Le château d'Autricourt. — *Excursions archéologiques dans le Châtillonnais* : Inscription antique expliquée à l'aide de pierres sigillaires. — Coffret des Templiers. — Interprétation nouvelle du Jupiter d'Ampilly. — Thermes de Lanssuine, ville ruinée, dite *Landunum,* etc. — *Autres excursions par les voies romaines et leurs embranchements.* Cette partie de l'ouvrage renferme un précis historique des lieux suivants : le mont Lassois, l'église Saint-Marcel, l'abbaye de Pothières, Larrey et alentours, le Duesmois, Aignay et alentours, Bremur et sa légende, Recey, monastères de Lugny et du Val-des-Choux, Voulaines, château de Montigny, etc.; description de Châtillon à vol d'oiseau. »

Histoire de l'Idiome bourguignon et de sa Littérature propre, ou Philologie comparée de cet idiome; suivie de poésies françaises inédites de Bernard de La Monnoye, in-8°, Dijon, 1856; Lamarche et Drouelle, éditeurs.

Le Roman en vers de très excellent, puissant et noble homme Girart de Rossillon, jadis duc de Bourgogne, publié pour la première fois d'après les manuscrits de Paris, de Sens et de Troyes, avec de nombreuses notes philologiques et neuf dessins, dont six chromolithographiés; suivi de l'histoire des premiers temps féodaux. Paris, 1858; Aubry, Dumoulin, Techener, etc.

Noëls d'Aimé Piron, en partie inédits, recueillis et mis en ordre, avec un avant-propos historique, un glossaire, et la musique des airs les plus anciens et les moins connus. Dijon, 1858, librairie Lamarche.

Dijon, imp. J.-E. Rabutot.

www.ingramcontent.com/pod-product-compliance
Lightning Source LLC
Chambersburg PA
CBHW071949270326
41928CB00009B/1393